大江戸旗本
春夏秋冬

戸森麻衣子
Maiko Tomori

東京堂出版

目次

第四章◇仕える人々、出入する人々

はじめに

「三つ」の顔を持つ旗本たち

江戸時代の旗本で一番有名な人物は誰かと聞けば、「遠山の金さん」こと、遠山金四郎景元《かげもと》と答える方が少なからずいるに違いありません。彼が江戸の都市行政を担当し、町奉行所の御白洲では罪科の申し渡しをしていたことは、桜吹雪の刺青などフィクションも多分に含められていますが、時代劇でもお馴染みの姿です。そこでふと考えてみます。町奉行所で仕事をしている時以外の金四郎景元は、どのように過ごしていたのでしょうか。さすがに町人姿に変装して町方をぶらぶらしていたはずはありませんが、毎日、ご飯を食べ、家族と交流していたはずです。それなら、彼の住む屋敷はどういう構造になっていたのか、家臣はいたのか、生活費はどこから出ていたのかなど、素朴な疑問が浮かんでくるのではないでしょうか。時代劇ではそうした私生活の部分を、描いているようで描いていません。それでも不自然にはならないのですが、歴史的に見て本当のところはどうなのかが気になるという方もいるでしょう。そうした疑問に応えるべく、旗本の「仕事」以外の活動に焦点を当ててみたのが本書です。

現代の私たちも、会社や役所で働き、友人グループや地域社会の中での顔を持ち、そして家庭での立場もあるなど、複数の属性を持っているわけですが、それと同じように、旗本もいくつかの属性の中で生きていました。

旗本にとって第一の顔は、徳川将軍の家臣として「役」＝職務を務めること、具体的に言えば、町奉行や勘定奉行などとして行政を担ったり、書院番や小姓組番などとして江戸城の警備を担当したりするなど、いわば表側の活動です。幕府の役人として務めていた表側の活動は、役職の種類による違いが存在するにしても、わかりやすさはあります。職場に出勤し、与えられた仕事をして、夕刻に帰宅するというルーティーンが繰り返されていきます。江戸城の警備を担当する役職や将軍・将軍家族の日常生活をサポートする役職には宿直勤務の形態もありますが、それとて、現代における警察官や看護師などの勤務スタイルに引き付けて考えればイメージが湧くことでしょう。そうしたサラリーマン的な毎日を送っていたとも言える旗本と現代の私たちを比べてみると、実は根本的な違いもあります。

徳川家から領地（＝知行所《ちぎょうしょ》）を与えられている旗本は、領地を支配して百姓から年貢・諸役を取り立て、それを自分の家の収入として管理し、家族や家臣団を養っていました。それを、役を務めるのと並行して行っていました。その収入が、役を務める際の経費等の原資となるのであって、町奉行などとして仕事をする対価として報酬が与えられていたのではないのです。また、旗本は、江戸にある自分の屋敷で、家臣と共同生活を営んでいました。現代の私たちなら、勤務を終えて会社や役所を出れば、そのあとは自由です。気が向けば、居酒屋やカフェにふらっと寄って過ごすこともできます。しかし旗本の場合、江戸城へ「出勤」する際にも「退勤」する際にも家臣や奉公人が供をし、屋敷へ戻った旗本を出迎えるのも家臣でした。妻子は屋敷に住んでいますが、家族関係よりも、旗本と家臣を包摂する組織を軸に退勤後の時間は進むのです。屋敷へ戻った旗本は、仕事から離れて「私人」になれるわけではありませんでした。

正確に示しておくと、旗本には、将軍から領地（＝知行所）を拝領し、領地を治めて収入を得る「知行取」の旗本と、幕府から家禄《かろく》として米金を支給され、その米金で暮らしを立てる「蔵米取《くらまいとり》」の旗本の二種類がありました。後者は、受け取った俸禄米《ほうろくまい》を現金に替える手間はかかりますが、現代のサラリーマンの方式とさほど変わりません。しかし、前者は大変です。領地があるからと言って、何もしないで待っていても収入は得られません。知行所村々の百姓と定期的に連絡を取り、時には家臣を知行所に派遣して作柄の状況を把握させて指示を出し、百姓から年貢・諸役の米金を納入させなければなりませんでした。旗本がすることは租税を取り立てるだけではありません。小さいながらも領主なので、村々に対して「政治」を行うことも求められます。大名に比べると旗本の政治的権限は限定的でしたが、それでも、凶作なら年貢について変更を許してやったり、村で盗人が出れば警察面の対応をしたり、用水路などのインフラ整備にも配慮しなければなりませんでした。旗本本人だけでそれらの仕事をすることはできないので、その要員としても家臣を召し抱える必要があったのです。

言うなれば、知行取の旗本は、役所に勤めながら、同時に不動産管理会社を運営しているようなものなのです。家臣を採用して、知行所の管理や旗本家の経理を行わせ、仕事内容に応じて給金を支払いました。旗本は社長の立場であるとも言えます。この採用した家臣には、旗本が江戸城に登城する際の供をさせたり、自身や家族の生活の世話を行わせたりもしました。また、旗本が幕府の役職を務めるうえでの補助的業務も担わせていました。家臣は「社員」のようなものですが、「会社」の仕事だけでなく、「社長」に関係するあらゆる仕事を担わせていたと言えます。そのために旗本は、家族以外の存在、家臣や奉公人が常に身の回りにいる生活を送っていたのです。現在でも、例えば地方議員には、自身が経営する事業と議員としての政治活動を兼業している方がいますが、事業のために雇用している従業員に議員としての活動を手伝わせることは、目的外の労働にあたり、当然禁止されています。しかし、旗本の家臣は、旗本に関するオールラウンドの仕事を受け持つことになります。それは、旗本の家臣というものが、旗本の「家」という組織を支えることを本分とする存在であるためです。旗本の「家」とは何なのか、それを示すのが、実は本書の真のテーマでもあります。

将軍と旗本の関係をめぐる基本構造

少々難しい話にはなりますが、将軍と旗本をめぐる当時の基本的な構造を説明しておきましょう。旗本は、徳川将軍と主従関係を結び、徳川将軍に奉公する恩恵として領地（「知行取」旗本の場合）が与えられていました。その「見返り」行為の一つが、町奉行を務めることだったり、江戸城の番衛を務めることだったりしました。「見返り」行為にはそのほかに、戦《いくさ》が発生した時に兵として出兵することも含まれます。将軍の命令に応じて出兵しますが、その際、旗本は軍団の小隊長相当になるので、武器を持って戦う兵士や従者を召し連れる必要がありました。この兵士・従者要員が旗本の家臣なのです。彼らは、旗本の世話係として召し抱えられているわけではなく、兵士・従者要員であるということ、それが旗本家臣の本質です。

徳川将軍は、奉公＝「見返り」行為を期待して旗本に領地を与えます。このように領地が与えられることのほうが先にあり、その恩顧に旗本は報いなければならないのです。町奉行などとして職務を務めた報酬として領地が与えられるのではないという意味は、こういうことです。百姓から年貢・諸役を取るという行為は、旗本家を運営していくための原資を得る行為であると共に、将軍に属する兵団に必要な兵糧と金銭的準備を整えるという意味もあります。旗本は、そうして確保した米金を使って町奉行や書院番士などとしての務めを果たし、戦が発生すれば出兵したのです。

改めて注意すべきなのは、領地は旗本個人に与えられるのではなく「家」に対して与えられる点です。旗本の「家」とは、旗本本人＝当主とその直系家族・傍系家族、そして家臣もその構成員に含み込まれる共同体で、代々の当主によって継承されていきます。継承により、主従関係の永続性が期待できます。このように考えてくれば、旗本という存在について理解するには、旗本の「家」というものをまず理解しなければならないことに気づくはずです。

しかし、その旗本の「家」について知ることができる文献は少ないのが現状です。もちろん、ここまで説明してきたような将軍と旗本の主従関係をめぐる基礎構造については、学術的な議論もあり、論文や研究書も各種発表されていますが、どうしてもとっつきにくいものがあります。そこで本書では、旗本の実態に具体的な事例を通して触れていく中で、旗本の「家」とはどのような特質を持っていたのかが、いつのまにか把握できるように構成を立てています。例えば、旗本が住んでいる屋敷の構造や、旗本の系譜をめぐるトピック、旗本の家族や親類関係、家臣や奉公人のこと、旗本の生活ぶりなど、現代の私たちの毎日に引き付けて考えられる事柄を取り上げます。

なお、旗本が幕府に対して「役」として務めていた表側の諸活動については、役職があまりに多岐にわたることもあり、関係する文脈でしか触れていません。幕府政治史において、個々の旗本がどのような活躍をしたのかを扱った本や、幕府職制の概要を説明した本は多々ありますので、それらを参照していただければと思います。それらに書かれていることと、本書で示す旗本の姿を対照させてみれば、江戸時代の旗本とはどういう存在だったのかが、より立体的に見えてくるはずです。

旗本の「家」の組織

第一章は旗本屋敷の話から始めていきますが、それに先立って、旗本の「家」の組織はどういうものだったのかについて、簡単に概観しておきたいと思います。

現代の家庭が、夫婦とその子供で構成される単婚小家族、またはそれに夫婦の父母が加わる三世代家族などの単位で独立した住居を構えるのと違って、旗本屋敷の敷地内には、血縁で繫がる家族以外に家臣・奉公人と家臣の家族が同居し、一種のコミュニティを形成していました。旗本屋敷の広さは二、三〇〇坪から二、三〇〇〇坪程度、敷地の中心に旗本とその家族、そして奥女中が居住する御殿《ごてん》と呼ばれる主要建物があり、周囲には家臣団とその家族が住まう長屋や、奉公人の居住空間が数軒から二、三〇軒ほど取り巻いていました。屋敷における旗本の私生活は、男性の家臣団や女性の奥女中らによって支えられていました。電気もガスもない時代であり、何もかも人力で行わなければならないので、旗本に相応しい「格式高い生活」を送るには男女の人手が不可欠だったのです。

家格によって違いはありますが、原則的に、旗本本人は男性家臣、奥方は奥女中から世話を受けて生活します。常に家臣や奥女中が側にいるので、家族の団らんが中心にある現代の家庭生活とは全く異なります。そうした基本的な枠組みが生活に与える影響は、上流階層ほど強いといえ、例えば将軍と御台所《みだいどころ》（将軍正室）の生活空間は離れていて、決まった時間に決まった場所でしか面会しません。しかし旗本家では、そこまで厳格なやり方は取られていませんでした。確かに、庶民のように家族一緒にご飯を食べることができないなどの窮屈さはありますが、夫婦の関係が至極親密であることも珍しくありません。家臣や奥女中が見ているからといって、みっともない姿をさらしたり、弱音を吐けないわけでもなかったようなのです。追々、具体的な事例を通して示していくことになりますが、武家としてかくあるべきとする理想はあっても、実態が伴わないでいました。本書においては、こうした旗本家にとっての理想と実態の乖離を示すことが一つのポイントとなっています。そこに、旗本の私生活の面白さがあると言っても過言ではありません。

旗本を対象とした先行研究との関係

本書は学術書とは言えないので、何らかの先行研究の捉え直しを意図したということはないのですが、歴史学（日本近世史）の分野で旗本がどのように取り扱われてきていて、現在はどのような段階にあるのか、その中で本書がどのように位置づけられるかを少しだけ書いておこうと思います。

そもそも本書執筆の動機は、ごく普通の旗本が、江戸で日常生活をどう送っていたのかがわかる本があってもよいのではないかと思ったことです。ただ、そうしたことを、一つの家、一人の人物の事例に即して書くならわりと容易なのですが、それだと平均的な旗本像を示すとは言い難い点が厄介なのです。最初に遠山氏の話を出しましたが、実は当時から評判が高かった旗本に関しては史料が残りやすいという傾向があります。それは、子孫がその人物を顕彰する目的もあって関係史料の保存を心掛けたからにほかなりません。川路《かわじ》聖謨《としあきら》関係文書や江川《えがわ》坦庵《たんなん》（太郎左衛門）関係文書がまとまって残っているのはその典型例です。旗本の数は江戸時代後期に約五〇〇〇家あったとされますが、史料が現存している家は多いとは言えません。そのため、遠山・川路・江川のような、歴史に名が残る旗本の関係史料を用いて何かを叙述しようとすると、その人物の政治的活躍を前面に押し出すことになりがちです。だからこそ、そうした視角にあえて背を向け、「家」や家臣、家族のことなどに注目したいと思いました。統計的なデータによって客観的に示すことはなかなか叶いませんが、いくつもの家の史料から事象を拾い上げ、平均的な姿を探ろうと心掛けていきます。

旗本とは何か、を概観的に知りたい場合、しばしば参照されるのが、新見吉治『旗本』（吉川弘文館、一九六七年）や鈴木壽『近世知行制の研究』（日本学術振興会、一九七一年）などの本です。『旗本』には、本書でも取り上げている、旗本の親族関係・家臣団・家計に関する内容がまとめられており、旗本のベーシックな部分を理解するためには現在も不可欠な書と言えます。内容が古びてしまっているわけではないものの、発行からすでに五〇年以上を経ており、新しい視点で旗本像を概観できる本があってもよいように考えました。

歴史好きの方に向けた一般書なら、小川恭一『江戸の旗本事典』（角川ソフィア文庫、二〇一六年）の存在を挙げられるでしょう。旗本に関する〝これぞ〟というトピックが取り上げられており、読者を大いに旗本世界に惹き付けたと思いますが、個々のトピックの掘り下げが浅い点が惜しいと言えます。例えば「判元改《はんもとあらため》」についてもしかりです。旗本家の相続における重要な手続きの一つである「判元改」においては、実死亡日と届出死亡日を大幅にずらしたり、死去の事実を隠して進めることが慣行として罷り通っていました。『江戸の旗本事典』では、そうした事実があったことは指摘していますが、なぜそのようになったのか、その背景が十分に示されているとは言えません。本書では、旗本社会の裏に所在した事情にできるだけ踏み込んでいきます。

なお、旗本の「家」を対象とした学術研究には、成果にむらがあるとも言えます。「家」の骨格に関わる部分、例えば旗本の知行所支配については、身分制社会の特性が反映されていることもあり魅力的なテーマなので、研究は多数見られます。それは、旗本と知行所村々が対峙したことを示す史料が豊富に残っているからでもあります。一方で、純粋に屋敷内部のことを取り上げる研究は多くありません。生活史・家族史として分析する視角も想定されますが、まとまった史料が少なく、なかなかアプローチしにくかったためです。本書は、その隙間を埋めていこうともしています。

本書を通読すれば、旗本本人、そして旗本の家族や家臣らが、幕府体制下の江戸でいかに生き、暮らしていたのかが総合的に理解できるはずです。本書のタイトルを『大江戸旗本　春夏秋冬』としたのは、彼らが、移り行く四季の日々をどのように受け止めて過ごしていたのかを端的に表すものとしたかったためです。

日記史料などの一次史料から明らかにするということ

本書を構成するうえで、もう一つこだわっているのが、風説史料ではなく日記史料などの一次史料をベースとすることです。

旗本に関する衝撃的なエピソードは、自身の経験に即して作成された記録よりも、風説留《ふうせつどめ》といったタイプの史料に残りがちです。風説留とは、世間の噂話を書き留めた記録一般を指します。人々の口端にのぼるくらいですから、皆が驚くような話が多いのは当然です。野口武彦『幕末の毒舌家』、氏家幹人『旗本御家人――驚きの幕臣社会の真実』などを読むと、旗本の世界は破茶滅茶だったと印象づけられるくらい、とんでもない旗本のエピソードに触れることができます。実は両書とも、旗本だった大谷木《おおやぎ》醇堂《じゅんどう》という人物の随筆『醇堂叢稿《じゅんどうそうこう》』の記事をベースにしています。旗本が書き手ですから、同じ旗本の噂話は耳に入りやすく、興味関心もあって記事が書き留められたのでしょう。

江戸時代後期には、大谷木醇堂に限らず、様々な立場の人々が旗本に関する噂話や評判を聞きつけて書き綴っていました。『よしの冊子』（松平定信の家臣による風聞探索書）、『藤岡屋日記』（江戸町人による情報書）や『文政雑記』『天保雑記』（在江戸の藩士による風聞書）などにも旗本のエピソードは豊富です。しかし、その話は本当なのか嘘なのか、脚色が含まれているのか検証できない点がどうしても弱点と言えるでしょう。また、風説留にある史料からは、ごく平凡な旗本の日常生活は汲み取れません。ゆえに本書では、そうした風説史料は極力使わず、旗本自身や家臣自身が記した日記や家伝文書に拠って叙述していきます。地味な話に傾きがちですが、それでも、旗本屋敷に暮らす人々の喜び、悲しみ、驚き、苦しみといった人間的な諸相が描けたのではないかと思います。

史料をもとに、旗本屋敷での生活をひもといていく中で見えてきたのは、当時の女性や子供の姿でした。武家の女性でも、江戸城大奥や大名家の奥向の女性ならば色々と手掛かりもありますが、中・下級武士の家となると、女性や子供の日常生活の様子を知ることは容易ではありません。今回得られたのも断片的な情報ばかりですが、近年の女性史研究の成果に学びつつ、像を結んでみました。それにより、意図していたわけではありませんが、旗本の家族像を知ることができる本にもなったと思います。

典拠史料について

本書では、平均的な旗本の姿がイメージできるように、そして異なる家でも似たような事象が見られることを示すために、様々なタイプの旗本関係史料群から関連する史料を拾い、叙述していきます。使用した主要な史料について、ここで簡単に紹介しておきます。

①旗本（一三〇〇石）三嶋家の関係史料

西脇康編著『旗本三嶋政養日記――幕末・維新期を生きた旗本みずからの記録』に翻刻された日記や系譜などの関係史料を参照しました。また、本書に所収されていない明治期史料の複製本を同書編著者の西脇氏のご厚意により閲覧させていただき、叙述に盛り込んでいます。三嶋政養《まさきよ》日記は、旗本本人の日記でありながら、屋敷での生活や家族・家臣のことに細やかに目を向けて書き留めている、稀有な史料です。

②旗本（三〇〇〇石）金森家の関係史料

旗本金森家の譜代家臣である中井氏が残した史料群である「中井大右衛門家文書」（個人蔵）を各所で参照しています。主に、「日記」（天保一五年〔一八四四〕）、「奥掛年中行司《（ママ）》」（安政二年〔一八五五〕）、「役用私用共日記」（文久二年・文久三年〔一八六二・六三〕）の記事を引用しています。ほか、越前市編『旗本金森左京家関係文書』に所収されている、金森家に伝来した史料や知行所村々に残った関係史料も併せて用いました。

金森家は、旗本ながら大名に准ずる格式を与えられて参勤交代もする、交代寄合という特殊タイプの旗本なので、史料の解釈にも難しさがあるのですが、中井大右衛門が残した文書には、その特殊性を差し引いても余りある魅力的な旗本屋敷の世界が書き留められています。

③旗本（七〇〇石）小笠原久左衛門日記

田中正弘「徳川幕府大番組衆　小笠原久左衛門の幕末日記」に翻刻された安政五年（一八五八）の日記史料を参照しています。次の④彦坂三太夫日記と共に「公私日記」（役職に関する事柄と私的な事柄を併記する日記）ですが、彼らが当時就いていた役職が繁務でないためか、屋敷内での日常生活や家族の話題が日記の記事によく登場します。同じ公私日記でも、奉行職などに就任していて繁務だと「公日記」（役職に関する日々の行動等を記す）型に傾きがちで、「家」や家族のことが書かれなくなってしまいます。閑職の旗本だからこそ見える世界があるのです。

④旗本（一二〇〇石）彦坂三太夫日記

塩野芳夫「幕末期における直参旗本の生活――嘉永二年・彦坂家『日記』」に翻刻された嘉永二年（一八四九）の日記史料を参照しています。三太夫はこの年、使番《つかいばん》という役職を務めていますが、やはり「私」の面を中心に書いた日記になっています。

⑤旗本（二〇〇俵）桂川《かつらがわ》家の関係史料

桂川家は幕府の御医師の家筋なので、典型的な旗本ではありません。しかし、桂川家に生まれた娘が後年になって、旧幕時代の生活を思い出して記した今泉みね『名ごりのゆめ』があり、文書に残りにくいタイプの情報が含まれているので、旗本家の生活を知るうえでの貴重な手掛かりを得ることができます。女性という軸を立てて旗本の「家」を見ることは重要だと筆者は考えています。

⑥旗本（八〇〇石）保々《ほぼ》家の関係史料

上野国勢多《せた》郡津久田《つくだ》村（現、群馬県渋川市赤城町）の池田家は、旗本保々家の知行所名主を務めた家ですが、江戸時代後期に保々家の家計監視を行うようになったため、各種の関係史料が残っています（池田元明家文書。群馬県立文書館所蔵の県史収集複製資料により閲覧）。家計史料は旗本の家伝文書として残りにくいため、こうした史料の存在は貴重です。

右記のほかにも各種の旗本史料を参照しました。なお、本文中において出典を逐一提示することは省略しています。三嶋家の話なら①、金森家の事例なら②のいずれかから採ったというようにご判断ください。①から⑥以外に使用した旗本関係史料についての情報は、巻末の参考文献一覧に付しておきました。

なお、旗本と言っても、最上位は家禄九〇〇〇石、下は家禄一〇〇俵程度まであり、その格差は非常に大きいです。それらを旗本とひとくくりにするのは無理があります。右に示した通り、本書を叙述するために参照した史料は、例外はあるものの、家禄七〇〇石から三〇〇〇石くらいまでの旗本家の史料です。数のうえでの旗本のボリュームゾーンは家禄五〇〇石から一〇〇〇石層なので、中核的な層のやや上層だと捉えてもらえばよいと思います。本書には、この階層の旗本家の姿が示されていると考えてください。

第一章　旗本屋敷の空間構造

第一節　幕府から与えられる屋敷、自ら獲得する屋敷

旗本の拝領屋敷

旗本世界へのいざないは、旗本やその家族・家臣が日常生活を営んでいた空間がいかなるものだったのかを知ることから始めましょう。

旗本に限らず、徳川将軍の直臣《じきしん》（直接に主従関係を結んでいる武士・その他）のほとんどが、江戸に屋敷を拝領しています。大名では、上屋敷・中屋敷・下屋敷というように複数の屋敷を拝領するのが一般的です。対して旗本は一ヵ所のみである場合が多いですが、下屋敷を与えられる家もありました。大名家において中屋敷・下屋敷は、隠居や嗣子《しし》の住まう空間として、また別荘として利用されることが多いとされます。旗本でも複数の屋敷を必要とする理由は同じです。とはいえ、旗本は家臣も少なく、財政規模も小さいので、大名家で行われたように、居屋敷とは別に自己資金で抱屋敷（江戸郊外

の町人地・百姓地を買い入れて屋敷地とする）を獲得するようなことは稀でした。

旗本屋敷の平面構造は、大名屋敷と相似的であると言ってよいでしょう。外部とは門や塀、表長屋《おもてなが や》（表長屋は、居住機能を持つと同時に、外部と隔てる塀としての機能を持った建物）などによって遮蔽されており、往来から中の様子が見えないようになっています。敷地の中央には、主人やその家族の居住空間に役所空間等が複合している「御殿《ごてん》」（住居《すまい》、主屋《おもや》とも言います）の建物が配置されていました。旗本の住まいを「御殿」というのは大袈裟な気もしますが、三〇〇〇石規模の旗本においては「御殿」の呼び方が使用されています。「御殿」の周辺に家臣の住居が用意されていました。たいてい、長屋形式の集合住宅です。また、米蔵や文庫蔵といった物品の収蔵施設や、厩《うまや》や屋敷稲荷社なども敷地内に配置されていました。

そうした諸要素を敷地内に取り込む必要があることから、旗本には広大な面積の拝領屋敷が与えられていました。五〇〇石以下の小身旗本でも三〇〇坪程度、禄高数千石の大身旗本の屋敷は一〇〇〇坪を超えていきます。なお、「拝領屋敷」といった場合、将軍から与えられるのは屋敷の土地だけであって、建物は自己資金で建築する必要がありました。庭園に石を配置したり庭木を植えたりするのも同じ扱いです。つまり、建物も庭木も私的財産ということになります。仮に、幕府によって屋敷が召し上げられたとしても、それら私的財産に属するものは、他所へ運び出す権利や売却して換金する権利が認められていました。土地は原則的に徳川将軍家＝公儀の所有物であり、大名や旗本・御家人に対しては、利用する権利を「拝領」させているだけである、という考え方が当時はありました。だからこそ、幕府は大名や旗本から屋敷や、ひいては領地を召し上げることもできたのです。

江戸の草創期には、町人に対しても武家地同様の原則が適用されて土地が与えられていたと言えます。しかし、町人地においては江戸時代二六〇年余の間に町人同士による売買が重ねられていったため、実質的に土地は私有財産であるという認識が定着していきました。それゆえ、明治維新時に新政府は大名屋敷や旗本屋敷を接収することはできても、町人地を同様の論理で接収することはできませんでした。町人地に対しては百姓地同様に地券も発行されます。一方で、大名屋敷や旗本屋敷は明治政府によって収公され、いわゆる「公有地」となり、新設された官公庁や学校用地などとして利用されていったことは、よく知られています。

旗本が屋敷を拝領するにあたっては、土地境界線の確認調査が実施されたうえで、土地の受け渡しが行われました。一連の手続きを幕府が管理しているのも、先に述べた「武家地は徳川家の土地である」という認識を反映しているからです。「屋敷絵図面帳」（国立国会図書館所蔵）によると、拝領屋敷の管理や調査を行っていたのは普請奉行に属する諸役人だったことがわかります。普請奉行は、「普請」という語から思い浮かぶ通り、江戸城の石垣や堀・橋の普請に関する用務を司る奉行ですが、それ以外にも、拝領屋敷に関わる用務や江戸の上水路の管理など多端な職掌を担当していました。拝領屋敷の引き渡しは、土地の区画図を作成し、隣接する屋敷の家臣が立ち会って、境界に打ってある定杭の位置を確認したうえで行われました。史料には「地割棟梁」という肩書を持つ者も出てくるので、今の測量士のような存在も管理に関与していたのでしょう。

屋敷の相対替をめぐる大名と旗本の関係

拝領屋敷は徳川家から拝領したものなので売買は許されませんが、当事者間による交換は認められていました。それを「相対替《あいたいがえ》」と言います。もっと広い屋敷に住みたい、隣接地に屋敷を拡大したい、などと考えた側が、土地を交換してもよいという相手に話を持ちかけて相対替に至ることになります。当事者双方の合意が形成されたのちに、幕府に願書を提出して、了承が得られれば相対替が成立しました。

当たり前ながら、別々の場所に所在する二つの土地を等価交換できることなど、まずありません。そのため、土地面積や立地から算出される査定価格の差額分を授受して最終的な調整を行うという方法が取られました。多くの場合、最初のアクションを起こした側が、相手側が納得できるような条件を提示することになると思われます。よって、表向きには「交換」の形を取りますが、実質的には売買の性格を含んでいます。この相対替、二者間で交換されるだけならまだシンプルでわかりやすいのですが、実際には、三家以上が関係したり、一筆《いっぴつ》の土地を二区画以上に区分する「切坪」を駆使して複雑にやりとりされる相対替も行われていました。町人地における土地区画の基本（最小）単位である「町屋敷」において分筆が許可されないのに対し、武家屋敷では可能だっただけでなく、土地が四辺形ではない多角形・凸多角形などの形状に線引きされて受け渡しされることも少なからずあったのです（【図1】）。そうした沿革を反映しているのでしょう、大正期に発行された地籍図で見比べてみても、旧町人地では、江戸時代前期の町割で生まれた短冊形地割が持続しているのに対し、旧武家地

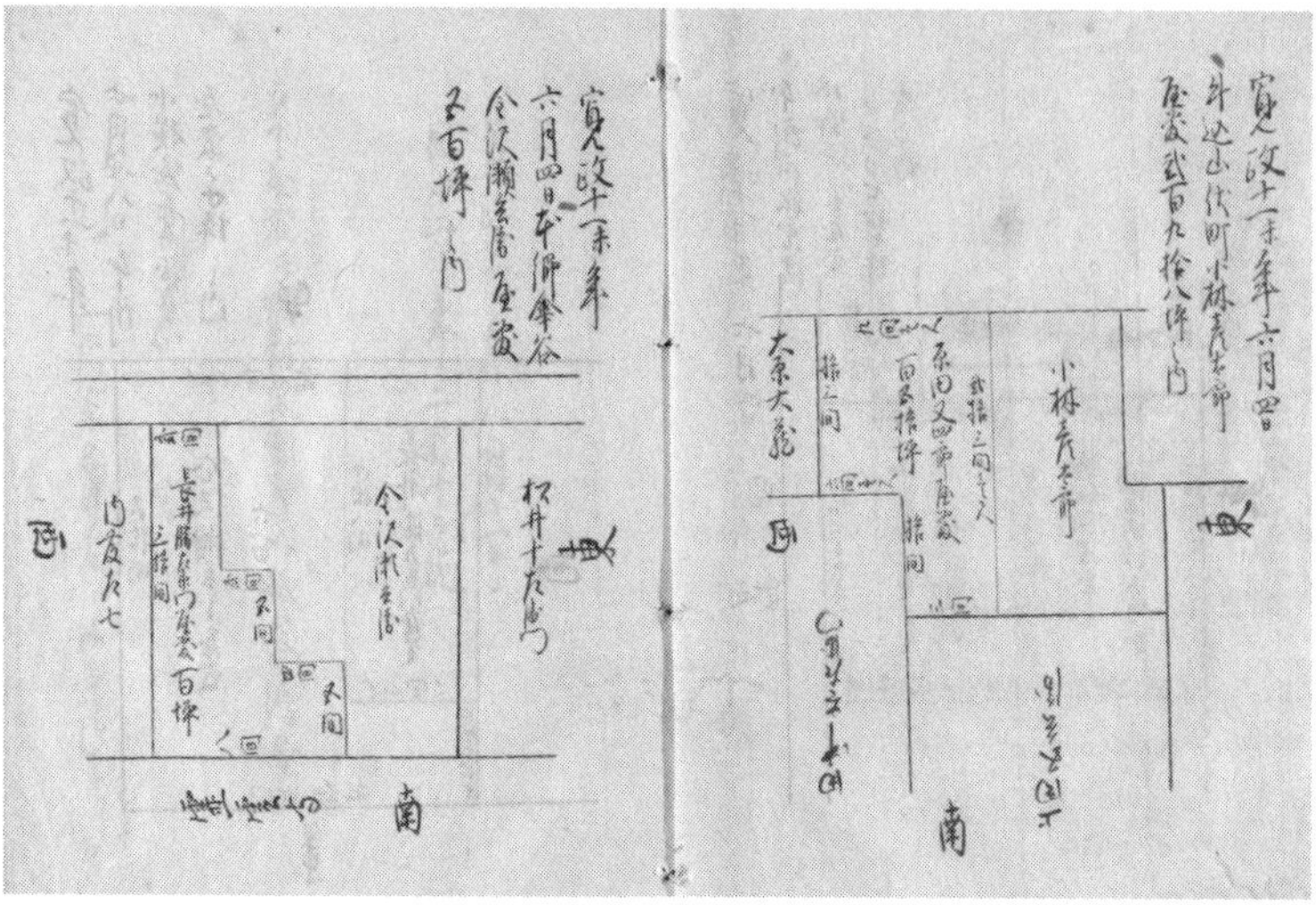

【図１】切坪相対替により様々な形状に区画された武家地の例（「相対替被下屋敷切坪絵図書抜」第一冊、国立国会図書館所蔵）

のほうでは辺の数がやたらと多い土地区画を多数見つけることができます（東京市区調査会『東京市及接続郡部地籍地図』上巻、一九一二年）。

江戸の武家屋敷に関する研究は、大名屋敷を対象とした研究が中心的です。相対替の研究も、大名の屋敷地意識を解明することを目的としたものが多いと言えます。しかし、本書のテーマは旗本なので、旗本側の視点に立って屋敷交換の動向を見ていくことにします。

三〇〇〇石の旗本渋谷家は、信濃国の大名である松代藩真田家と寛政八年（一七九六）に相対替を行っています。土地面積は同じ二〇〇〇坪で、真田家からは谷中三崎《やなかさんさき》の下屋敷の土地の一部を切坪して渋谷家に渡し、渋谷家からは深川永代橋《えいたいばし》向の下屋敷を渡しました。面積は同じですが、土地の価値はかなり違うはずです。渋谷家が所持していた深川永代橋向の屋敷地は、

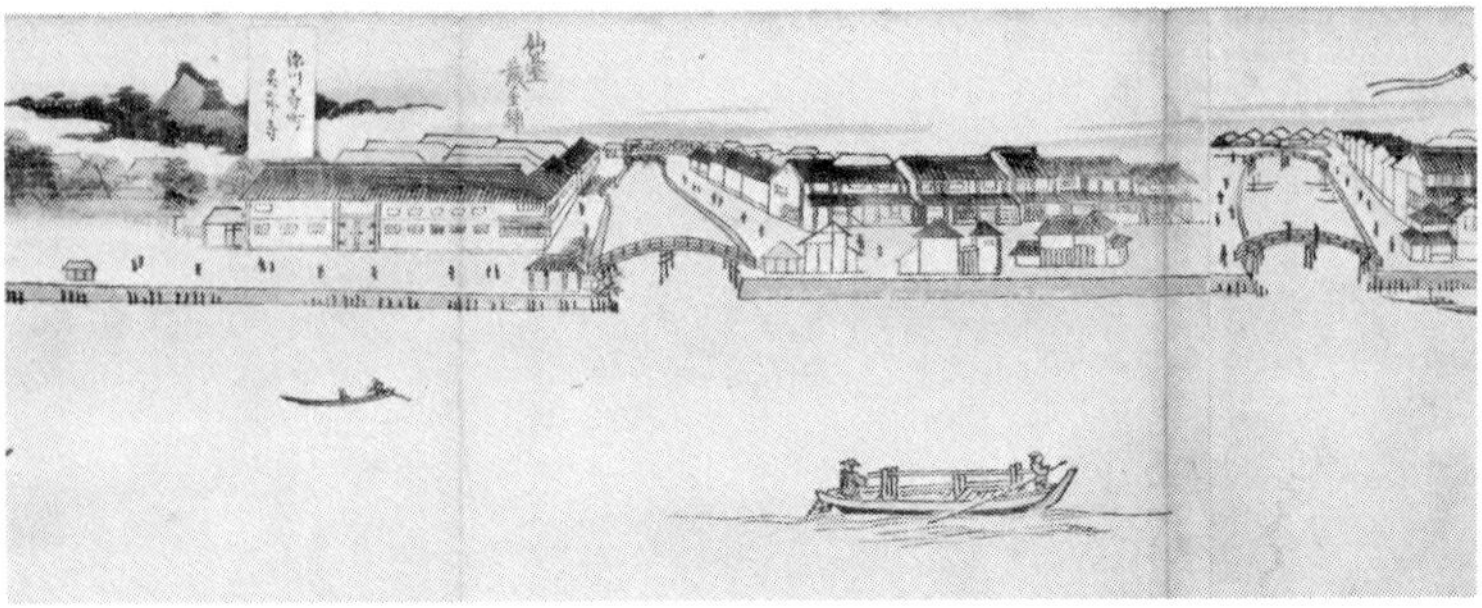

【図２】仙台藩深川蔵屋敷の遠景（「東都隅田川両岸一覧　東」、国立国会図書館所蔵）
中央の堀割の左手で水路が屋敷内に引き込まれている。なお大名藩邸は一般的に、本図に表現されているように漆喰塗の表長屋が敷地周囲を取り囲むが、旗本屋敷では板塀になることが多い。

隅田川と繋がる水路に接していました。船着き場を設置することも可能で、蔵屋敷として使うには絶好の立地です（【図2】【図3】）。当然ながらこの相対替は真田家側から持ちかけられた話で、交換の際には「御添金」（取引によっては「引越料」の名目にする場合もある）として真田家から渋谷家に対して金五〇〇両が渡されています。五〇〇両が土地の査定金額の差ということになります（国文学研究資料館所蔵信濃国松代真田家文書）。

松代藩領は信濃国内にあるので、国許から江戸まで舟運を使ってダイレクトに物資を運び入れるわけではありませんが、財政面や産業政策の理由により蔵屋敷として利用できる屋敷地を新たに獲得しようとしたと考えられます。しかしながら、一〇万石の真田家にとって二〇〇〇坪という面積は満足できる広さではありませんでした。そのため、さらに隣接する旗本近藤家からも相対替にて三〇〇坪を手に入れ、面積を広げています。こうして拡大していった深川小松町の松代藩下屋敷は、幕末期段階において全体面積が四二七三坪にも及んでいました。渋谷家と近藤家のほかにもターゲットとした旗本にアプローチし、

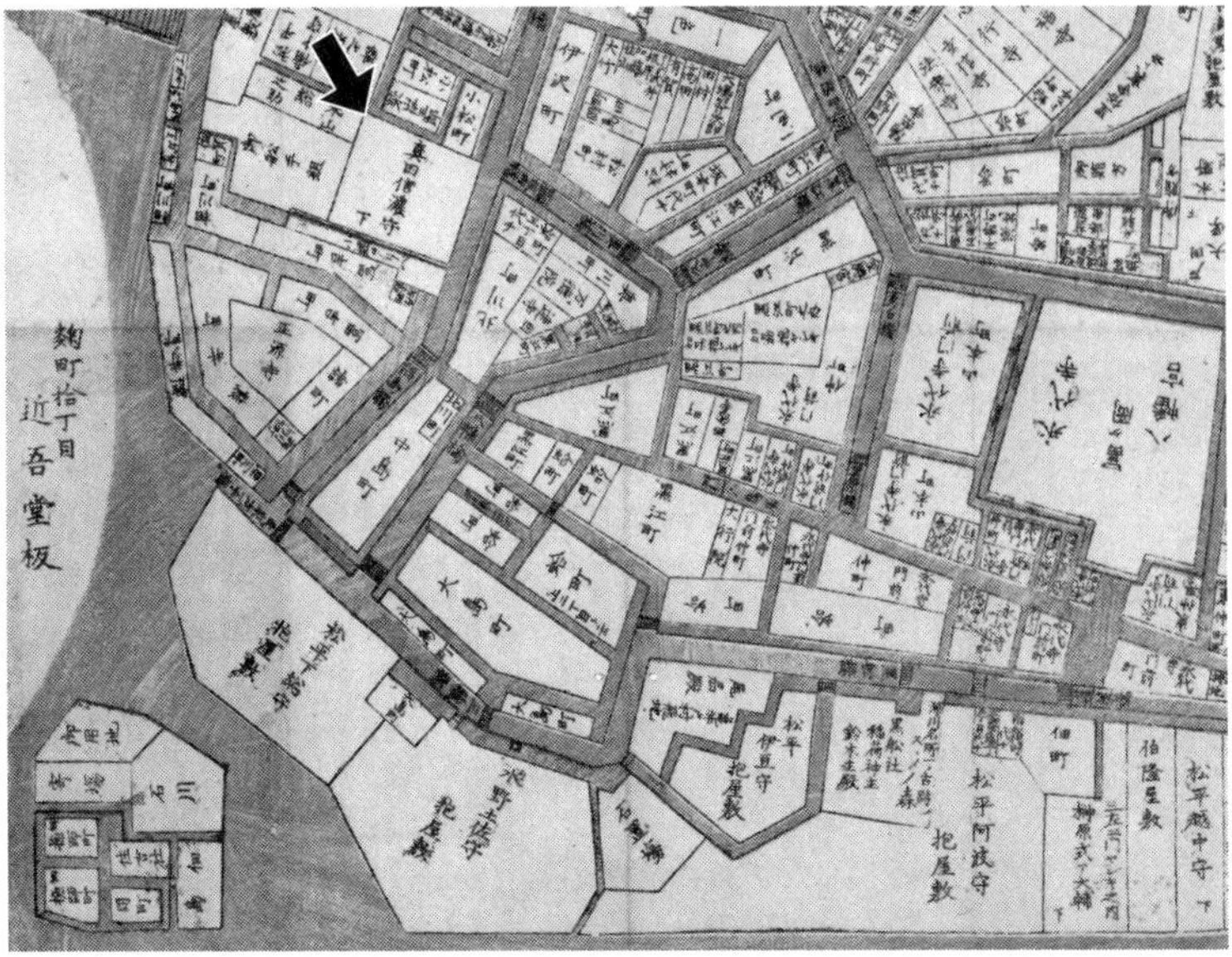

【図３】松代藩真田家深川下屋敷の場所（「深川之内」［江戸切絵図］近吾堂版）

段階的に拡張地を獲得したことがわかります。資金面で有利な大名家は意中の土地を手に入れていき、旗本家側は、そうした大名家側の意図に対して受け身にならざるを得なかったのでしょう。もし仮に、大名同士の相対替だとしたら、体面やライバル意識も絡んでややこしいことにもなりかねませんが、大名と旗本の関係なら交渉の進めやすさもあったはずです。ちなみに、屋敷地を獲得したい側の大名家が旗本家に直接申し込みを行うのではなく、御坊主（これは幕府御家人の役職名）を介在させたようです。御坊主は、交渉が決裂すれば、のちに禍根が残るようなことが懸念される案件、例えば縁組などについても、武家間の水面下交渉を担いました。とはいえ、旗本家側がその申し入れを突っぱねることもできた

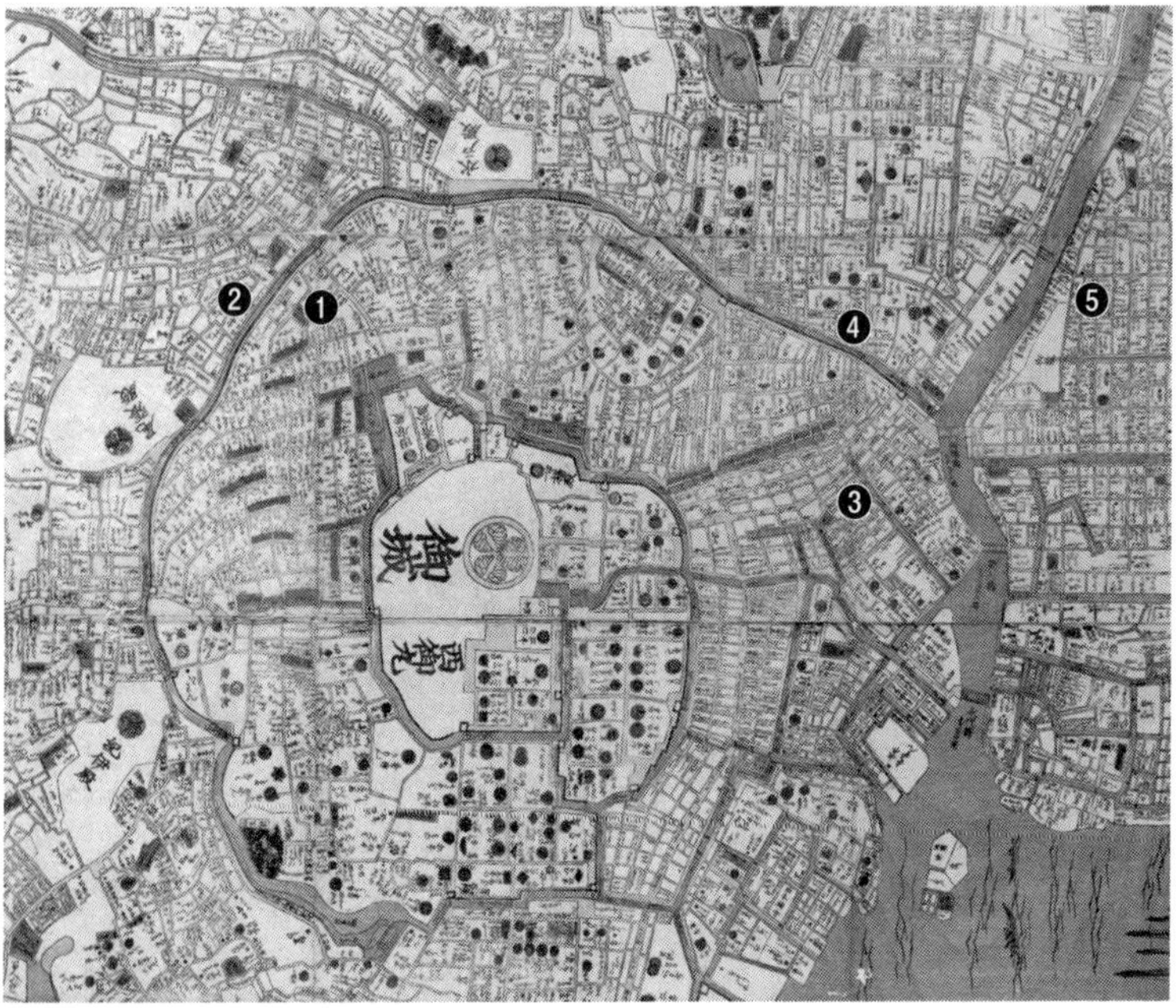

【図４】旗本三嶋家の屋敷変遷（「嘉永御江戸絵図」、国立国立図書館所蔵）

はずです。しかし、江戸時代後期において旗本の財政はどの家でも厳しくなっていたので、多額の「御添金」が提示されれば、申し入れに応じる方向に揺れ動いたのではないでしょうか。なお、渋谷家は大身旗本なので、牛込御門内と、この深川の二ヵ所に屋敷を持っていました。深川の屋敷を手放したとしても支障がなかったため、相対替に応じたとも考えられます。真田家との交換で手に入れた土地は谷中三崎です。さすがに渋谷家ほどの家格の旗本が江戸郊外の谷中で生活するのは世間体が悪すぎますが、牛込御門内なら問題ありません。そもそも深川の屋敷は旗本本人の居屋敷でなかった可能性が高く、それで真田家に目を付けられたのかもしれません。安政期（一八五四〜六〇）に至っても渋谷氏は牛込御門内の居屋敷（一一〇〇坪）に住まっているので、それほど損のない取引だったと言えます。しかし、中には目の前に多額の「御添金」をぶら下げられて承諾し、とんでもない場所への引っ越しを余儀なくされた旗本もいたはずです。

旗本家の屋敷地移転の状況を見てみると、現在のように不動産情報が公開されているわけでないにもかかわらず頻繁に移転していることが判明します。旗本三嶋家の場合、幕初から幕末に至るまで、一四代のうちに、①田安御留守居町（牛込御留守居町）邸（慶長期）→②牛込船河原（寛永期）→③浜町（文化期）→④下谷向柳原《むこうやなぎわら》（文政期）→⑤本所石原《いしわら》（天保期）と四回、居屋敷を引っ越しました（【図4】）。そのうち文化期の浜町移転以降はすべて相対替によるもので、江戸時代後期の動きが顕著です。当事者が三者以上にわたる相対替や、旗本同士による相対替が多い傾向が窺えます。江戸時代後期の旗本社会においては、その時点での事情に応じた相対替が心理的な抵抗なく組まれるようになっていたと言えるでしょう。

拝領屋敷をめぐる認識の変化

安政期に幕府は、大名・旗本・御家人らの屋敷所持状況を把握するために悉皆調査を行い、「諸向地面取調書」（国立公文書館内閣文庫所蔵）を作成しています。「諸向地面取調書」には、大名・旗本・御家人らが幕府から与えられた拝領屋敷の場所や面積だけでなく、抱屋敷や借地など私的に取得された土地の情報も記載されているので、武家屋敷の実態的な状況を読み取ることができます。また、嘉永期（一八四八～五四）以降には「江戸切絵図」が相次いで版行されているので、大名や旗本屋敷の情報を地図情報と対照させて把握できます。こうした史料から判明する幕末期段階の江戸の武家屋敷の状態は、江戸時代前期に、幕府が城下町構想に基づいて屋敷地を諸家へ拝領させた際の意図とは大きく変わっていたと言えるでしょう。大名・旗本それぞれの思惑や経済的事情によって実質的な土地取引が重ねられた結果現れた、江戸における武家の「勢力図」の一つとして見える面もあります。旗本は概して、好立地から追いやられていったはずです。特にそれを反映しているのが本所・深川地区です。もともと本所・深川は、明暦の大火（一六五七年）以降に低湿地の埋め立てなどによって開発された土地です。町人地も武家地もありますが、武家地としては格が低かった点は否めません。それが時代の変化の中で、経済的な観点から一等地に変貌することになったわけです。ゆえに、大名真田家と旗本渋谷家間の相対替のような事例が発生するに至ったと言えるでしょう。

補足しておくと、渋谷家のように二ヵ所以上の拝領屋敷がある場合や、与えられた拝領屋敷が広すぎる場合、持て余していたとは限りません。使っていない既存の建物（長屋など）があれば、貸して賃貸収入を得ることが広く行われていました。旗本の拝領屋敷は武家地内なので、町人に貸すことはできませんが、その旗本の縁者や拝領屋敷を受領していない御家人、藩士（藩士の中には、江戸藩邸へ通勤する者もいた）、江戸遊学の武士（学問や武芸を学ぶ武家の若者たち）へ貸し出す例はよく見られます。短期の場合には、家臣用に建てられた長屋の一軒分を貸し出すのが一般的ですが、長期にわたる場合は土地だけを貸すこともありました。その場合、塀などで区画を分けるので、まるで別の屋敷地のように見えたはずです。旗本屋敷に別の旗本が敷地内同居しているケースは意外と多いです。旗本のほとんどは拝領屋敷を受領しているはずですが、その本来の拝領屋敷は、経済的な事情などから別の旗本や誰かに貸してしまい、自身は親戚の旗本屋敷に身を寄せ、敷地の一角に建てた小さな家にこじんまりと住んでいたりもしました。こうした様相は、旗本・御家人に共通して見られました。しかし旗本の場合、幕府から上使《じょうし》が派遣されることもあるため、このあと第二節で触れていくような建築上の「特別装置」が不可欠なはずです。借家・借地住まいの旗本が、そうした点をどのようにクリアしていたのかは気になるところです。

これらの実態を踏まえると、旗本らは拝領屋敷について、徳川家から拝領した土地であるという大原則は心の片隅に意識しているものの、自分たちにとって都合のよいようにカスタマイズして構わないという認識を持っていたと思われます。どのようにその土地を利用するか、その方法にかかる厳しい制限もないですし、場所・条件にかかる不満があれば相対替を選択することも問題ない行為と考えていたわけです。のちほど触れますが、旗本三嶋政養《まさきよ》は安政江戸大地震の際、地盤が頑強ではない本所に住んでおり、主屋が全倒壊する被害に遭いました。地震後、本所エリアではない場所に屋敷を移したいと考えるようになり、諸家との交渉を始めています。しかし、交渉は思うように進まず、結局はもとの屋敷地に再建することになりました。このような経緯を見ても、旗本には屋敷地を私的財産のように扱う意識が浸透していたと言えるのです。主従制の原則に照らし合わせれば、やや理解しがたい面がある一方、考えてみれば大名や旗本の領地は、幕府の意向によって移し替えられるのであり、彼らは根無し草です。そうした領地制度と、拝領屋敷に対する認識は繋がっているのかもしれません。

旗本の役屋敷

大名・旗本らに与えられる拝領屋敷は、特別な事情がない限り、期限を定めず継続的に所持（利用権を行使）することができました。こうした拝領屋敷とは別に、旗本に与えられる屋敷として役屋敷（役宅）というものもありました。役屋敷は、幕府の特定の役職に就任している間だけ利用することができる屋敷です。本書では、旗本の役職にかかる事項については基本的に触れないことにしていますが、旗本が住まっていた場所に関係するので、補足的に説明します。

役屋敷が与えられるのは、大名が就任する役職では老中・若年寄、旗本の役職では町奉行や勘定奉行などの一部に限られます。

大名や旗本が幕府の主要役職に就任すると、執務上の必要から江戸城へ頻繁に「通勤」することになります。特に老中・若年寄は、ほぼ毎日登城しなければならないため、西丸下（現、皇居外苑）や大名小路（現、丸の内地区）に役屋敷が置かれていました。江戸城至近の地に役屋敷があるのは「通勤」の便のみならず、非常時に江戸城へすばやく駆け付けられるようにすることも大きな理由です。このように、老中・若年寄の役屋敷は「便宜」「非常対応」という理由が先に立ちました。

それに対して旗本の役屋敷は、特定の役職に就任することに伴い「幕府の施設を預かる」義務が生じるために、自身もその施設に付属する住居部分に移るというケースが主です。例えば町奉行所は、都市行政のための役所と一般的に認識されているかもしれませんが、本源的には町人地を軍事的に押さえるために兵（与力・同心）を駐屯させる拠点という位置づけでした。古文書において、江戸時代後期まで町奉行所が「御番所」とも記され続けるのは、そうした背景があるためです。町奉行所という幕府施設を昼夜にわたって管理するため、新就任の奉行は、家臣を引き連れて、町奉行所に付属する住居に移りました。江戸の町奉行所だけでなく、各地に所在する遠国《おんごく》奉行所（例えば長崎奉行所や大坂町奉行所など）は皆、同様に役所と住居部分が一体化した構造を持っています。とはいえ、旗本でもある町奉行には江戸に拝領屋敷があります。就任前まで居住していた屋敷を空き家にすることはできないので、若干名の留守居家臣を置いたり、隠居や成人した惣領がいるならそこに住んでもらうなどしていました。

一方、純粋に役職にかかる機能上の理由から設置された役屋敷もあります。勘定奉行には役屋敷がありましたが、特にそのメリットを受けたのが公事方《くじかた》勘定奉行です。公事方勘定奉行は裁判を扱います。役屋敷には御白洲などの設備が整っているだけでなく、過去の書類も常置されているため、就任後、業務を円滑に開始できました。そのようなことは現代では当たり前と思うかもしれませんが、当時にあっては基本形ではありません。伝統的なやり方は自分の屋敷内で事務処理をする形だったので、必要書類や道具は前任者の屋敷から後任者の屋敷へと運びました。また、奉行職などに旗本が就任すれば、役職上の配下が自己の屋敷に出入りしたり通勤したりすることもあるため、ある程度の部屋数を持つ屋敷空間が必要とされたのです。公事方勘定奉行の場合は、就任した旗本の拝領屋敷に、裁判機能を仮設的に設置させるのは負担が大きいため、役屋敷方式に移行したと言えます。

拝領屋敷は土地だけが拝領対象だと先述しましたが、役屋敷の場合、すでに土地に建物が建っている状態で拝領します。役所・住居のほか、物品を保管する土蔵や家臣を住まわせる長屋も揃っており、これらを一括で受け取りました。そして、役職から離任する際には、役屋敷も受領時の状態で幕府へ返すことになります。役屋敷とはまさに「官舎」であり、その運用は近代に引き継がれていくことになるのです。

第二節　旗本屋敷の平面構造──区画の機能と成り立ち

武家屋敷に共通する平面構造

実は、江戸に所在する武家屋敷はすべて、共通する考えに基づいて建物が配置され、間取りが取られています。大名屋敷も旗本屋敷も、規模の違いこそあれ、基本的な構造は同じなのです。将軍が住まう江戸城は特別ではないかと思われるかもしれませんが、中核的な建物である本丸御殿や西丸御殿の使い方に関しては共通性を見て取ることができます。単立の城郭は、防衛上の理由によって独特の外周装置を発展させていきますが、諸要素を整理すればわりとシンプルにその構造を説明できるのです。

大名屋敷でも旗本屋敷でも、敷地の中央には「御殿」と呼ばれる建物が配置されます。一棟ではなく、複数の建物が渡り廊下で繋がっていることが多いものの、ひとまとまりで「御殿」と呼ばれました。その「御殿」の空間は、①表向、②奥向の二区画に大別されます（表・奥〔中奥〕・大奥の三区画から成り立つという見解もあります）。

表向には、儀礼空間として使用される「広間《ひろま》」が必ず置かれました。床の間を持つ書院を上之間とし、次之間・使者之間が襖で区切られて連続するのが標準型です。冠婚葬祭や節季《せっき》の祝儀の際に主君と家臣が公的に面会したり、幕府から派遣された使者を迎えたりするのも、表向の広間です。使用頻度は多くありませんが、武家屋敷には欠くことができない空間です。表向にはほかに、家臣が日常的に勤務して、領地の政治や家政に関わる事務を執る役所空間が配置されています。

表向より奥まった場所に、主君の日常的な生活空間が設けられました。さらにその奥に、主君の妻子や隠居家族らの生活空間もあります。江戸城の中核的な建物である本丸御殿では、将軍の生活空間を奥（いわゆる中奥。ただし、その空間を中奥と言うようになったのは近代以降です）、家族の生活空間を大奥と区別していますが、同様の区別が大名屋敷や旗本屋敷にもあったと言えます。また大奥同様に、大名屋敷や旗本屋敷にも奥女中たちの生活空間が付設されていました。

では、御殿以外に敷地内には何があったのでしょうか。まず外構部分には、家の格式に応じた形式の表門が構えられ、立地条件が許せば表門以外の出入口も設けられました。また、物品の保管施設である土蔵や馬を飼う厩、屋敷稲荷社といった祭祀施設も置かれます。

そして大名屋敷や旗本屋敷には、御殿を取り囲むように家臣団の住居が配置されます。小さな戸建住宅の場合もありますが、長屋形式の集合住宅であることがほとんどです。大名の場合、参勤交代で国許と江戸を往復するので、主君に付き従って江戸で勤番する藩士に住居を提供する必要がありました。ただ、勤番武士は原則的に単身赴任なので、一年程度の仮住まいを凌げる程度の設備しかない長屋です。一方、旗本の家臣の場合、仮住まいではなく長期的に居住する住居となります。後述するように、旗本家には譜代の家臣は少ないのですが、それでも住居は屋敷内に設けられました。大名の場合も旗本の場合も、江戸においては主従が一つの敷地内に居住するのが一種の特徴と言えます。

対して江戸城では、将軍の家臣であるところの大名や旗本は城外に住み、城内へ通勤しました。江戸時代前期は若干異なるのですが、後期の江戸城の郭内に家臣の屋敷はありません。北の丸には御三卿の屋敷があると指摘されるかもしれませんが、御三卿は家臣扱いでなく徳川家の「家族」扱いです。

大名屋敷や旗本屋敷において御殿周辺に家臣団の住居が置かれるのは、非常時に駆け付けて主君を守るという最大の義務があるからです。そもそも大名屋敷とは、城郭の機能を圧縮して詰め込んだ一社会であるという見方もあります。中世に遡って考えれば、始原的な武士の居館は、主君の住居を、僅かな土塁や塀等を隔てて家臣の住居が取り囲むものでしたから、それに近い形が再現されているとも言えるでしょう。

武家屋敷には、そうした武士としての原点から息づく思想があるため、大名屋敷と旗本屋敷で規模の違いはあっても、機能面での違いはほとんどないのです。大名屋敷に備わっている諸要素・諸機能を、取捨選択のうえで簡略化していったのが旗本屋敷ということになります。ですから、大名屋敷の構造を理解できれば、旗本屋敷の構造もおのずと理解することができるのです。

家禄三〇〇〇石の旗本池田内記家の屋敷

旗本の屋敷絵図は、精粗を含めればかなりの点数が現存しています。その中で、旗本屋敷の基本構造を読み解くうえで筆者が注目しているのが旗本池田内記家の屋敷図です。池田内記家の屋敷は、御殿の構造において非常に明確なプランを持っているのを特徴としています。絵図は鈴木賢次氏が発掘し、翻刻のうえ論文上で紹介されました。それを転載したのが【図5】です。豊富な情報を得られる価値ある絵図なので、最初はこの絵図の紹介から始めたいと思います（以下は、鈴木氏が論文中で指摘されている点の紹介をベースとしつつも、筆者がこの屋敷絵図の情報を読み込んだうえでの見解を含みます）。

旗本池田内記家は播磨国に知行所を持つ三〇〇〇石の旗本です。名前から推察される通り、鳥取藩池田家および岡山藩池田家という二つの国持大名を本家とする分家旗本で、旗本諸家の中では上層に位置します。屋敷は市ヶ谷門に近い、表四番町《おもてよんばんちょう》にありました。敷地面積一三〇七坪、それに建坪（複数棟を合計して）五八八坪の建物が建っていたとあります。家禄三〇〇〇石程度の旗本の屋敷面積としては、平均よりやや狭いほうです。

この屋敷の平面構造の特徴は何と言っても、「御殿」において、用途に応じて建物がそれぞれ別棟になっており、かつ整然と配置されている点です。実のところ、江戸時代後期の江戸城の例を見ても、

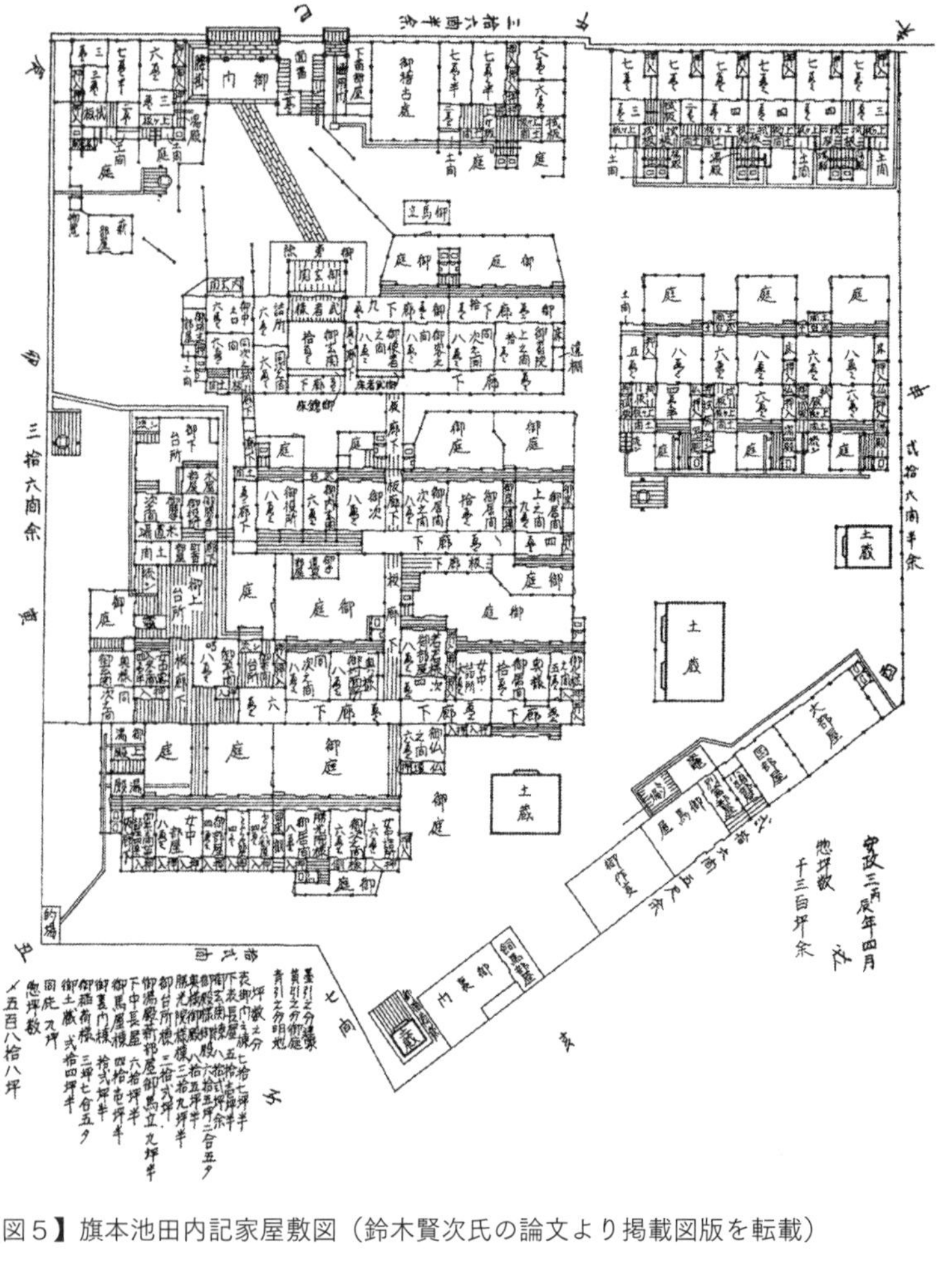

【図５】旗本池田内記家屋敷図（鈴木賢次氏の論文より掲載図版を転載）

機能と空間が可視的に区分されるとは限りません。将軍が大奥へ行くには御鈴《おすず》廊下を渡っていかなければならないので、奥（中奥）と大奥の空間区分は明白ですが、表向と奥（中奥）の境界は曖昧でした。奥（中奥）へアプローチする際の入口は限定されており、動線状の整理はなされているのですが、建築上はほぼ一体化しています。また、表向の儀礼空間である大広間・白書院・黒書院と、幕府役人の執務空間である老中の御用部屋・目付部屋・御殿勘定所などがあるエリアは、大ざっぱには分かれていますが、明確な仕切りはなく、混然としています。空間を区分すべきという認識はあったはずですが、江戸城の場合、本丸そのものの面積による制約が影響してそのようになったのでしょう。一方、大名屋敷の事例を見ると、敷地面での制約がないならば、表向・奥・大奥といった機能に従って建物がそれぞれ分けられています。では、旗本屋敷でどうなるかというと、敷地面の余裕云々というより、経済的な事情によってそのような理想を叶えることが難しくなるのです。理想には目をつぶって分相応の構造改変をせざるを得ない場合もあったことは、のちほど紹介する旗本三嶋家の屋敷図を見ていただければわかります。その中で旗本池田家は、三〇〇〇石の旗本の立場ながら、機能別に空間を完全分離させるという原則を貫いた屋敷を建てていたのです。

屋敷図を見ればわかるように、南（午の方角）に向いて表門があり、敷地を塀が取り囲んでいます。その中央やや東寄りにあるのが「御殿」です。東西に長い四棟の建物が平行に並んでおり、四棟の中央を貫くかのように板廊下が通っています。それぞれの建物の間は御庭になっていました。その四棟の東側には南北に台所施設が入る棟が建ち、四棟と接続しています。原図には五つの建物について「御玄関棟」「御殿様御殿」「奥様御殿」「勝光院様棟」「御台所棟」と記されています。鈴木氏によると、本図は安政三年（一八五六）に屋敷の修復工事が行われる際に作成された図面であり、工事以前の状況を示しているとのことです。安政三年は安政江戸地震の翌年なので、地震のために破損した箇所を補修したのではないでしょうか。

池田家屋敷の御殿部分は、「御台所棟」を除いてすべて東西に細長い形状をしており、部屋が庭に面して南向きに配置される「一列型」（居室が横一列に並ぶ形式）間取りになっています。採光面は良好で、かつ部屋を使用する人のプライバシーが保たれやすい造りになっていると言えるでしょう。しかし構造上、屋根が低くなるために、武家屋敷としては見栄えが悪かったはずです。旗本屋敷の主屋は、のちに示す三嶋家のように、南面する部屋と日が当たらない部屋がある「二列型」や、それをさらに複雑にした間取りになっているのが一般的です。「一列型」のデメリットは承知で、原則を重視して建てた試行的な屋敷だった可能性もあります。

池田家の屋敷における「御殿向」の構造を読み解く

池田家の屋敷構造について、屋敷の機能面に即して重要だと思うポイントを、筆者なりの視点から指摘してみたいと思います（【図6】も併せて参照してください）。

一番南側の建物「御玄関棟」は、儀礼空間を有する建物です。表門から石畳を歩いてアプローチしていくと、上級武家屋敷に特有の玄関である式台に至り、それを上がると玄関之間と武者構えがあり

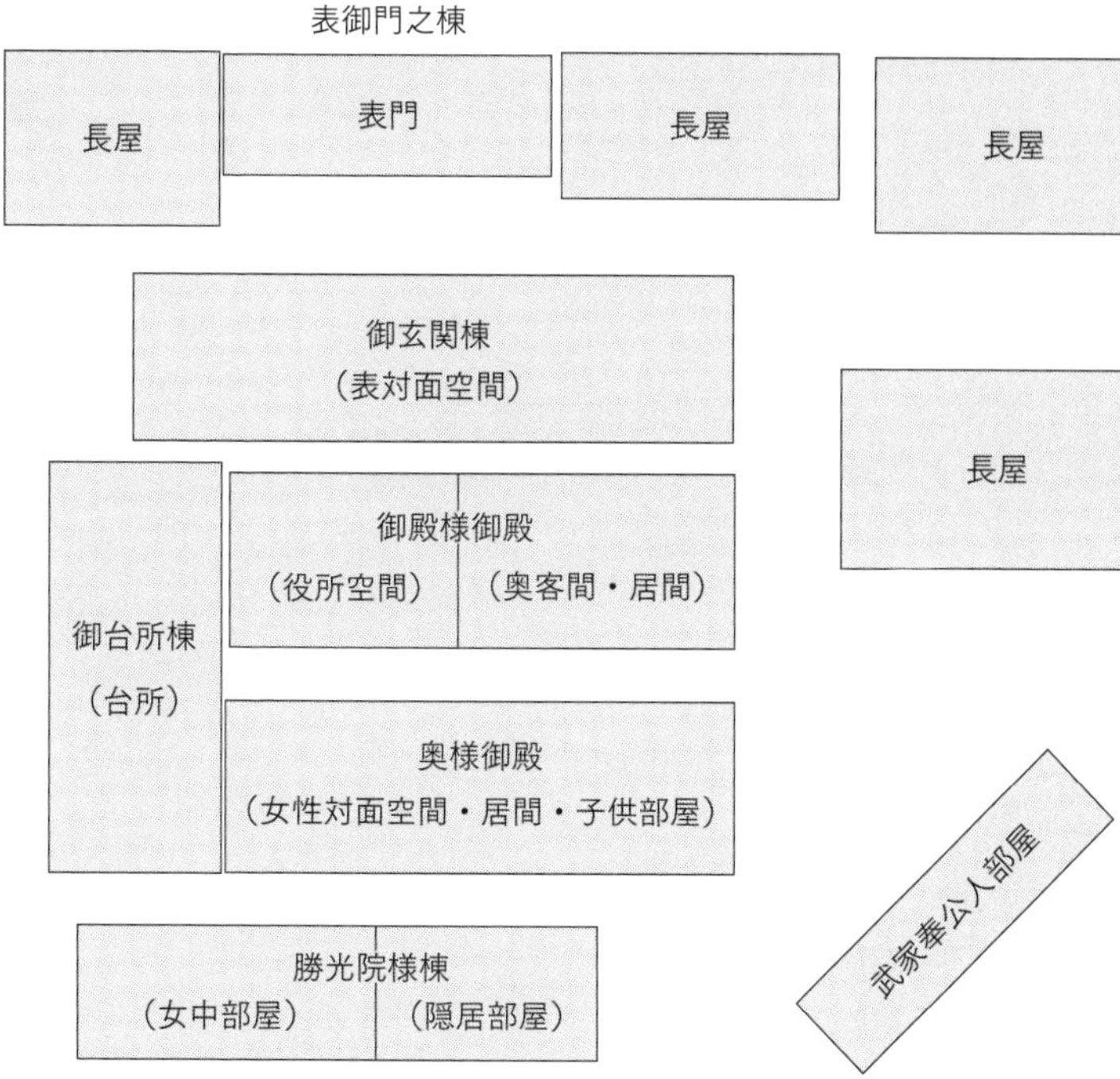

【図６】池田内記家屋敷の構造図（イメージ）

ます。その奥には「上之間」「次之間」の二間続きの書院もあります。廊下は板廊下よりも格が高い畳廊下になっています。

南から二番目の建物「御殿様御殿」は、渡り廊下を境として、東側が役所空間、西側が主人の生活空間――江戸城なら奥（中奥）に当たる部分――になっています。役所空間は、家臣が知行所に関する事務を行ったり、主人の江戸での活動にかかる用務を行ったりする場所です。池田家は「寄合」（上層旗本の無役席）の家筋のため、勘定奉行や町奉行といった行政職に就くことはありませんでしたが、幕末期の当主は使番や駿府目付に任じられています。これらにかかる用務も屋敷内の役所空間で行うことになったはずです。「御殿様御殿」の役所空間では家臣が日々勤務します。そのため、出勤・退勤のための通用口があり、それを「中之口」と言いました。中之口とは勤務者の通用口を一般的に指し、江戸城の本丸御殿にも大名屋敷にもあります。家臣が御殿に出入りする際には原則としてその中之口を使用します。池田家の屋敷では、おそらくスペース上の都合でしょうが、「御玄関棟」の東端に中之口が設けられており、渡り廊下を通って「御殿様御殿」東側の役所空間に行けるようになっていました。なお当然ながら、客用玄関と主人用玄関、家臣用玄関はすべて異なります。諸玄関の違いについてはあとで整理します。

「御殿様御殿」の西側にある主人（旗本本人）の生活空間は、御居間上之間・御居間・御居間次之間の三部屋（これらは西から一列に連続する）と付属する小部屋という構成です。御居間（一〇畳）と次之間（八畳）が、家臣と面会したり日常の政務を行ったりする空間であり、来客の場合も、親族や個人的な友人と会うなら、御玄関棟の書院ではなくこの部屋が使われました。趣味を楽しんだり就寝に使用したりするプライベート性が高い部屋は、その奥にある御居間上之間（九畳）です。主人が日常の政務を行う空間の真後ろに休息の空間がある点は江戸城の奥（中奥）と全く同じです。江戸城では「御座之間」と「御休息（之間）」という部屋名で、別棟になっていました。池田家屋敷では部屋続きになっているものの、境界を区切る装置（板戸ヵ）はありました。小部屋のほうは御居間上之間の北に接しているので、主人の書斎などに使われたのではないかと推測されます。なお「御殿様御殿」では、主人や来客が行き来する廊下は畳廊下、役所部屋前の廊下は板廊下というように床材が変えられています。この点も江戸城と同じです。武家屋敷における建築上のしきたりと言えるでしょう。

南から三番目の建物「奥様御殿」から先は、江戸城ならば大奥に当たるエリアになります。「奥様御殿」には、奥様（正室）の御化粧之間・御居間や対面所・対面所次之間、女中詰所、若君様部屋などがありました。奥向へ来客（これは女使《おんなづかい》や女性の客を想定していると考えられます）がある時の応接所となる対面所は二間続きで設けられており、奥様御玄関も備わっています。奥様御玄関は、家によっては御広敷玄関と呼ぶところもありました。なお、江戸城大奥の表玄関も「御広敷御玄関」です。この池田内記家は鳥取藩池田家および岡山藩池田家を本家とする分家旗本のため、奥向へ正式な使者を迎えることもあると考えられることから、旗本でありながら格式を重んじた間取りとなっているのでしょう。そして若君様御部屋は八畳と次の四畳です。旗本屋敷に限らず大名屋敷でも言えることですが、屋敷図などで見る限り、子供の生活空間が僅かしか取られていません。子供は複数、男子も女子もいるはずです。どこで寝起きし、読み書きなどの勉強をさせていたのかが、なかなかわかりません。文字史料に拠っても、当時の武家の子供の生活環境を読み取るのは難しいものがあります。

祖先の位牌などが安置されている御仏間もありました。将軍は毎朝、大奥にある仏間に行って、正室と共に拝したとされますから、同様のことが旗本家でも行われたのでしょう。御仏間は「奥様御殿」と「勝光院様棟」の間、渡り廊下に添った場所にあります。

御殿向の中で最も北に位置する「勝光院様棟」は、実は二つの機能をまとめた棟です。西半分は先代当主の継室である勝光院の隠居部屋、東半分は奥女中の生活空間――江戸城の大奥や大名屋敷なら長局《ながつぼね》と呼ばれるエリアに相当する――になっています。両者は棟続きではあるものの、境界は戸で仕切られています。奥女中の住居部分も本来ならば別棟にしたいところでしょうが、建物利用の事情等から一棟にまとめたと考えられます。

そして、「奥様御殿」や「勝光院様棟」の奥向の建物の東側は「御台所棟」と接続しています。「御台所棟」は言葉通り、厨房施設等が置かれているエリアです。旗本屋敷の台所は一般的に、上台所と下台所の二ヵ所に分かれていました。池田家の上台所は板敷で、板敷の上に竈や流しが据えられています。ここでおそらく、来客向けの料理や主人とその家族が食べる食事を作ったと考えられます。下台所は土間になっており、同様に竈や流しがあります。下台所では家臣に賄いとして下される食事や奥女中衆の食事を作ったのではないかと筆者は考えています。近くには米や味噌、漬物などの食材を蓄えておく場所もありました。

断言はできませんが、旗本の家臣の場合は御殿のまわりに住居があり、かつ家族と同居していることが多いので、普段の昼飯は自宅まで食べに戻ったことでしょう。奥女中に関しては、江戸城大奥では長局の各自の部屋で自炊することになっていました。しかし、旗本屋敷の奥女中の数は数人と少なく、奥女中の居住空間に竈を据える場所もないので、下台所を使用したと推測されます。また、一般的に旗本屋敷では、中間《ちゅうげん》・小者《こもの》といった武家奉公人に主屋の台所で作った食事を与えません。中間部屋で彼ら自身に煮炊きをさせました。

江戸城や大名屋敷のような大規模な組織では、表向・奥向の各所に複数の台所が配置され、将軍のための食事、御台所《みだいどころ》（将軍正室）のための食事、というように区別して調理が行われていましたが、旗本屋敷では、人員配置や作業効率などを考えると一ヵ所の台所にまとめざるを得なかったと考えられます。しかし、原則としては主従の「釜の飯」を一緒にはできないはずです。調理に上下の区別をする必要があるので二つの台所が必要だったのでしょう。ただ、規模が小さな旗本家や御家人の家では、手間や経費の節約のために、主人と家族分のほか、奥女中や使用人の飯まで一緒に炊くところもあったと筆者は考えていますが、実のところはよくわかりません。史料からは非常に明らかにしにくい部分です。

なお、池田家の屋敷には、台所の一角に「御勝手御役所」という部屋があります。奥向の経済にかかる事務を男性家臣が執った場所と考えられます。江戸城ならば御広敷《おひろしき》にあたります。江戸城の御広敷は、大奥の中にありながら男性役人が日々勤務し、大奥女中と協力しつつ大奥の運営事務にあたった場所です。そういった方式も、ぐっと縮小した形で旗本屋敷に取り込まれていたと言えるでしょう。

そして、「御台所棟」と「勝光院様棟」の間に湯殿《ゆどの》があります。これも御上湯殿と湯殿の二ヵ所に分かれており、御上湯殿は主人とその家族用、湯殿は奥女中用と筆者は推測しています。台所と同じで、江戸城や大名屋敷ならば殿様用と奥方用に分かれていますが、旗本屋敷では主人と家族は共用したと考えられます。それは、ひとえに燃料費が嵩むからです。第五章で触れますが、旗本家には、殿様と奥方様それぞれに風呂を沸かす経済的な余裕はありませんでした。

玄関は計四つあります。①表門から直結する最も正式な、広い式台を擁する御玄関、②中之口と呼ばれる、家臣が御殿に出入りするのに使用される玄関、③御内玄関、④奥様御玄関、です。このうち③にはまだ言及していませんでした。③は「御殿様御殿」の、主人の生活空間と役所空間の間に設けられています。狭い中庭に出入口を設けるという、やや無理をした造りになっています。この内玄関は、主人が①の御玄関を使用せずに外に出かける時や、御玄関を使わないプライベートの来客を招き入れるのに用いるものです。御玄関も表門も、主人の正式な登城時などには使用しますが、私的な出入りには使わないのです。玄関としての構造を持っているのは以上の①～④ですが、ほかにも御殿への出入りに用いられる場所はありました。下台所の土間です。奥女中の出入りや、出入町人が仕事を頼まれて御殿の建物に上がる場合には①～④のいずれも使えません。また、下台所には野菜売りや魚売りの商人らが納品に来るはずで、もろもろの外部との接触ができるようになっています。そこが五番目の玄関の機能を持っていたと言えます。

池田家の屋敷における家臣用住宅

続いて、家臣の住宅について検討します。安政三年（一八五六）段階における池田家の江戸屋敷詰め家臣の人数はわかりませんが、慶応元年(一八六五)、一四代将軍家茂《いえもち》の大坂進発に池田家主従が供《ぐ》奉《ぶ》した際の書上史料に家来人数を四五人（侍九・足軽五・小者三一）としているので、家臣の数は（士分と武家奉公人を合わせて）五〇人程度いたと考えてよさそうです（鈴木壽『近世知行制の研究』）。安政五年（一八五八）に版行された「御旗本いろは分武鑑」（国立公文書館内閣文庫所蔵）によると、用人として豊等一・藤波杢之助・高橋又左衛門・宮田章作の四人を置いていたことがわかります。こうした家臣を住まわせることができる住居が池田家の屋敷内にあったのかを絵図から確かめてみます。

屋敷絵図について、御殿以外の場所を見ていきましょう。表門を挟んで左右に繋がっている建物は「表御門之棟」とあり、家臣の住居や武芸の稽古処が設けられていたことがわかります。表門は、門脇に潜り戸が付属している形式ではなく（旗本屋敷ではそちらのほうが一般的）、独立した通用門が設けられていました。「表御門之棟」に付属している家臣の住居は、門の東側に一軒と、西側に二軒分です。東側の一軒は部屋数が多く、戸建住宅に近い形なので、おそらく家老用でしょう。さらに敷地内には、現代のアパートのように間取りが規格化された家臣向けの長屋が、南北二棟建っていました。南側の棟は七畳＋四畳に台所・湯殿・雪隠の構成で六戸分、北側の棟は、八畳＋六畳＋六畳に台所・湯殿・雪隠が付属するタイプが二戸分と、間取りが若干異なる一戸です。棟によって部屋数や設備が異なるのは、家臣の階層や家族構成によって使い分けるためでした。そうした家臣向けの住居を数えると一三戸分が確認できます。必ずしも一戸に一人が住むとは限らず、独身者は相部屋とすることもあるので、戸数だけで家臣の人数を確定させることはできませんが、一三前後の数の家臣そのほかが屋敷内長屋に住まっていたと言えそうです。また、池田家の屋敷では、すべての家臣長屋に湯殿が付属しています。大名屋敷の長屋に住む単身赴任の勤番武士の場合、長屋に湯殿は付属していないか、あっても湯を沸かすのが不便なため、町方の湯屋へ行くのが一般的でした。それと比べると、旗本の家臣は少なくとも数年以上は住み続けますし、また妻子と同居するケースも多いため、湯殿が各戸に備え付けられているのだと考えられます。設備面では、大名屋敷の長屋よりも旗本屋敷の長屋のほうが概して整っていたと言えるでしょう。なかなかわからないのが家臣らの食事のことです。大名藩邸の勤番武士の食生活については、近年、史料の発掘が進み、共同でご飯を炊いて分け、おかずは各自が準備する方式を取っていたことなどが知られてきました。旗本の家臣は生活形態が多様ということもあり、「当時は一般的にこうだった」と示すことはできませんが、部分的にわかる旗本屋敷の「食」の様相については、第六章で触れる予定です。

なお、長屋形式にしろ、住居が与えられるのは池田家の士分の家臣のみです。旗本屋敷には、足軽・中間・小者といった武家奉公人身分の者たちも召し抱えられています。彼らは、町人や百姓から一年程度の期間を区切って雇用された者で、大部屋と呼ばれる部屋に集団で寝起きすることを強いられました。池田内記家の場合、その武家奉公人たちの住居は、屋敷地の北側の塀沿いにありました。大部屋（二〇畳程度）と国部屋（一〇畳程度）に分けられており、おそらく大部屋は江戸で人宿《ひとやど》（口入屋）を介して雇用された中間向け、国部屋は知行所の百姓から徴発された中間向けの部屋でしょう。両者は気質が相当異なるので、とても同じ部屋に住まわせることはできません。中間部屋と棟続きで馬屋（厩）があり、馬の世話役である別当《べっとう》が寝起きする部屋も設けられていました。別当も江戸市中から雇い入れられます。大部屋・国部屋・別当部屋には付属する台所があり、そこで共同でご飯を炊いて食事をしていました。先ほど触れたように、御殿向にある旗本本人や家族の食事用の竈とは別です。

このほか、池田家の屋敷には土蔵が三棟建っています。うち一つは米蔵、一つは文庫蔵でしょう。

文庫蔵には、書籍類や家蔵の宝物類などを収めます。稲荷社は敷地の北の角にあり、三坪以上の面積を占め、土蔵造りのしっかりとした社でした。こうした旗本の屋敷内稲荷社の祭りである初午《はつうま》については、第五章で触れます。

家禄三〇〇〇石の旗本金森家の屋敷

続いて、旗本金森家の江戸屋敷の事例を紹介します。池田内記家の屋敷の平面構造は、わかりやすさはあるものの特殊だったと考えられるので、標準型に近い金森家の屋敷の事例と比較することで、旗本屋敷の構造面における理解を深めていきたいと思います。

越前市編『旗本金森左京家関係文書』(『越前市史　資料編5』、二〇一四年)に天保九年(一八三八)段階の屋敷絵図が掲載されています(【図7】)。原本には「白崎《しろさき》御殿向惣絵図」(白崎は金森家の陣屋所在地)との注記が付されていますが、近代に誤認が生じたようで、江戸屋敷の絵図としたほうが適切です。以下では江戸屋敷の絵図として見ていきます。

絵図は御殿向部分のみの図です。屋敷は三田《みた》魚籃下《ぎょらんした》にあり、敷地面積は二四〇〇坪余、表門が北に向いていました。金森家は交代寄合なので、旗本ながら参勤交代をします。幕府との関係では大名に准ずる扱いを受けるので、全体的に格式高い構造になっています。御殿向の建物は、大きな建物がいくつか、渡り廊下などで繋がった形式です。ただ、池田家の屋敷と違い、どこがエリアの境界になるのか、絵図面上ではわかりづらいのではないでしょうか。しかし、先述した武家屋敷の構造の大原則

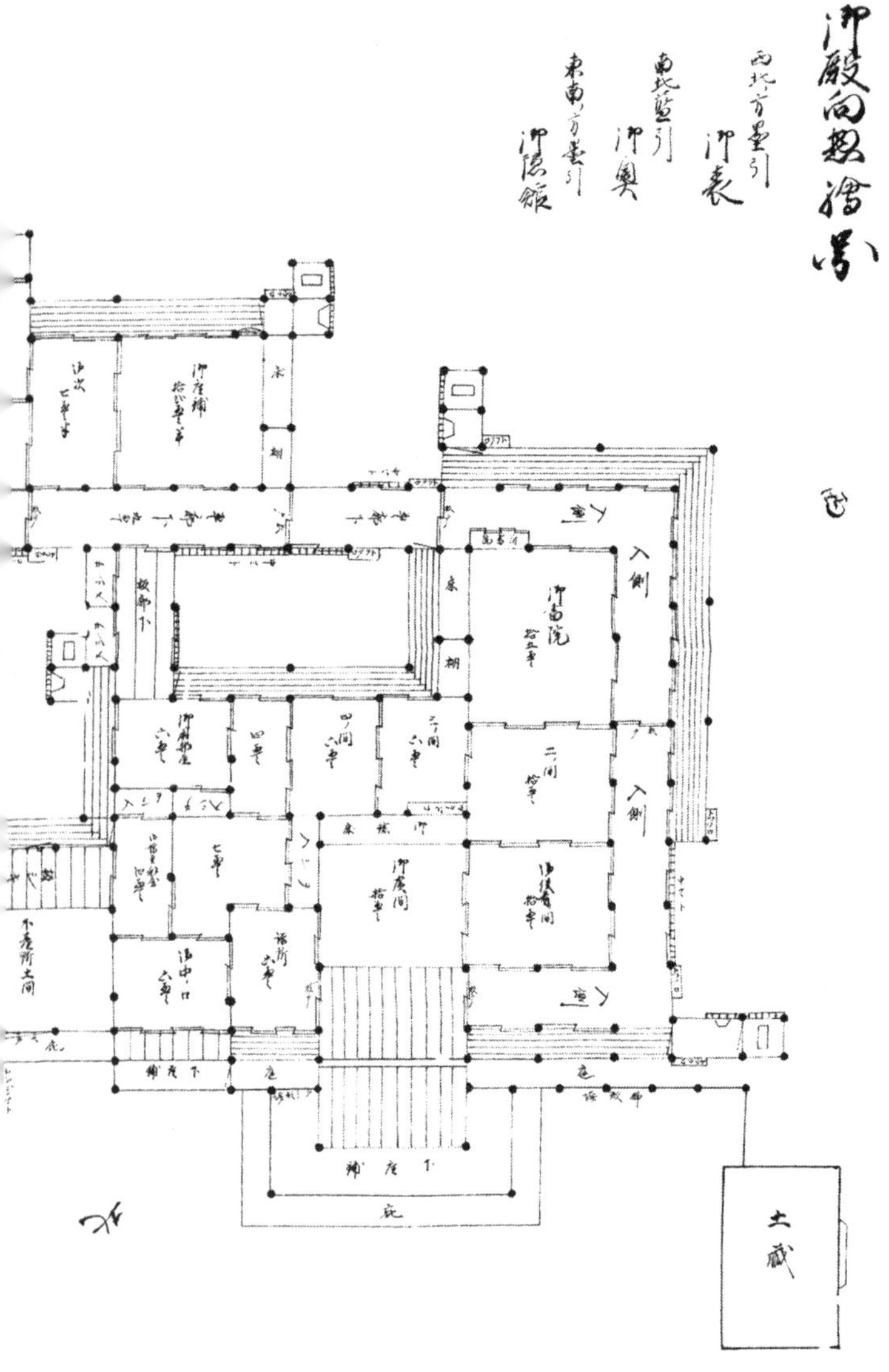

より掲載図版を転載）

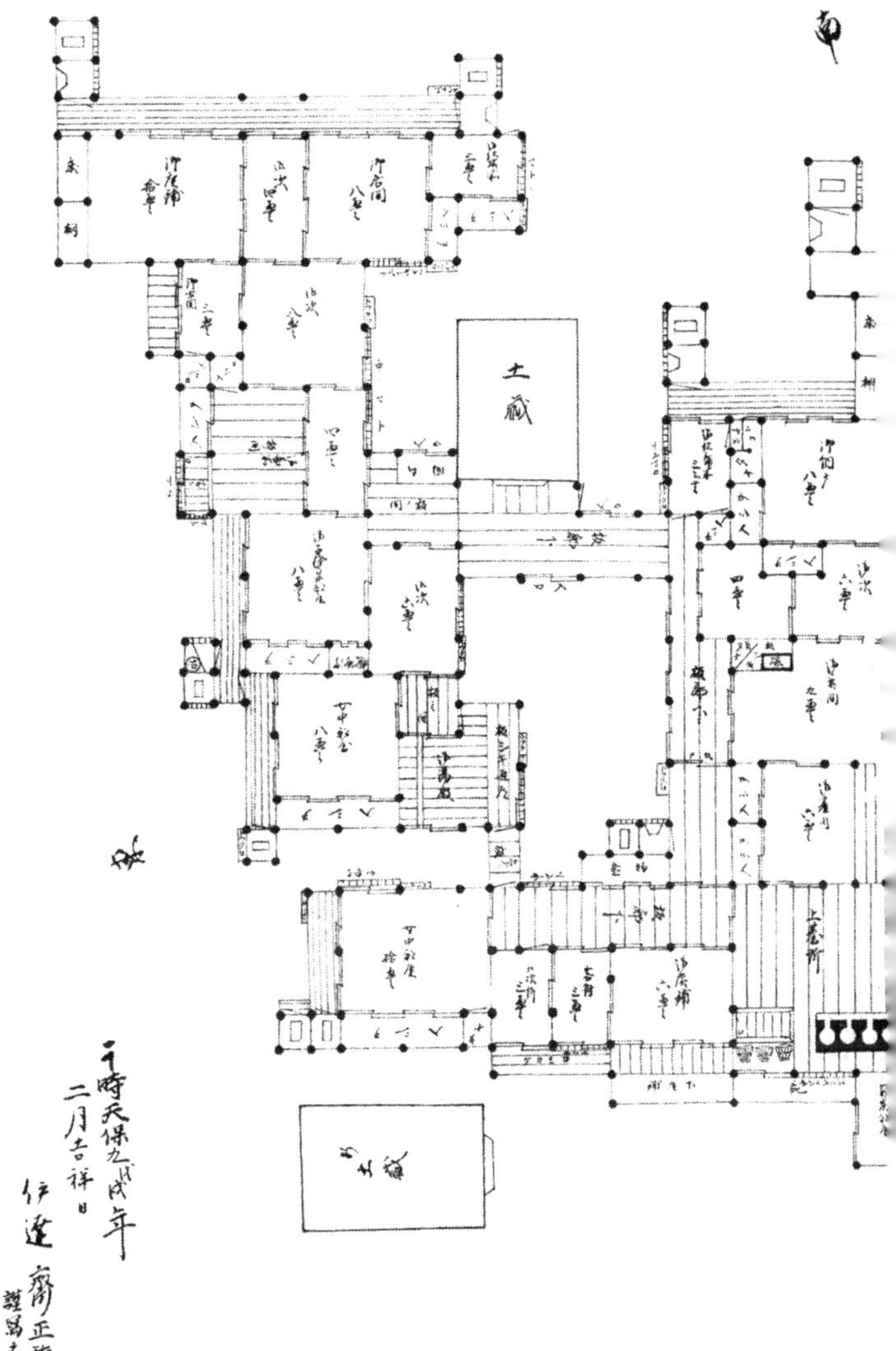

【図７】旗本金森家（江戸）屋敷御殿向絵図（越前市編『旗本金森左京家関係文書』

を意識して眺めれば、屋敷の使われ方が見えてきます。

表門は描かれていませんが、表門から続く式台玄関を上がって、右手が表向の儀礼空間、左手が役所空間になります。書院は、床・棚を持つ一五畳の部屋が最上段の部屋で、二ノ間・三ノ間・四ノ間と続きます。式台玄関の左手に中ノ口があり、家臣はそこから出入りしました。役所空間は御用部屋・御坊主部屋等からなっています。「表御殿」エリアから渡り廊下を伝って行ける南側の建物が、主人の日常生活の空間、奥（中奥）にあたる部分です。

奥（中奥）へは、書院側からは畳廊下、役所からは板廊下でアプローチする形になっています。来客には式台玄関から上がってもらい、書院の入側（畳廊下）を通って「御座鋪」に通したのでしょう。御座鋪（一二畳）とその御次（七畳半）が主人の執務空間兼接客空間、その奥の御居間がくつろいだり就寝したりする部屋のはずです。間取りは違いますが、各部屋の前後の関係や機能は池田家の屋敷と同じです。主人の生活空間の北側、役所空間の東側が台所です。台所が、土間になっている下台所と板敷の上台所に分かれている点も池田家の屋敷と共通しています。台所の南方には御茶間と御台司があります。上台所の東隣りは御広鋪（池田家屋敷の勝手方役所にあたる場所）になっていました。そこへも外部から出入りできる構造になっています。御殿の一番東側は、奥方や子供たちの生活空間になっており、奥方用の御玄関や仏壇があるのも同じです。奥女中の部屋は二ヵ所、一〇畳と八畳の大部屋がありました。なお、池田家においては、奥方や子供たちの世話にあたる奥女中と台所仕事をする奥女中で区別があったとみられ、奥女中の居室も複数に分かれていました。同様に金森家でも、奥女中の職掌や身分によって部屋が分けられたはずです。奥女中といっても金森家の規模ではせいぜい一〇人程度の人数ですが、一室にまとめられない事情もあるのです。おそらく、奥方が嫁してきた時に実家から付き添ってきた奥女中は同室にしたはずです。将軍家や大名家における姫君の婚嫁《こんか》の事例から考えると、そうした類推が成り立ちます。

このほか、金森家の屋敷には、御殿から庭へ降りずに入れる土蔵もありました。家宝や先祖から伝わる文物が収められていた文庫蔵でしょう。また、御殿へ上がることのできる入口は、はっきりした玄関としての構造を持つ場所が四ヵ所、ほかに出入り可能な箇所が下台所の土間を加えて四ヵ所ありました。身分序列に基づき、それぞれの入口を使用する者は決まっていたはずです。

池田家の屋敷とは建物の形や部屋数などの違いはあっても、機能に基づく基本的な構成は共通することが確認できたのではないかと思います。

家禄一三〇〇石の旗本三嶋家の屋敷

旗本屋敷の基本形態は池田内記家の事例、金森左京家の事例からわかってきたと思います。しかし、両家とも家禄が三〇〇〇石規模の大身である一方、旗本のボリュームゾーンは家禄五〇〇石から一〇〇〇石程度です。家の規模が小さくなると、屋敷の構造面ではどのような「省略」が進んでいくのでしょうか。

【図8】は、安政江戸地震後の安政三年（一八五六）に再建された旗本三嶋政養《まさきよ》家の屋敷絵図（『旗本

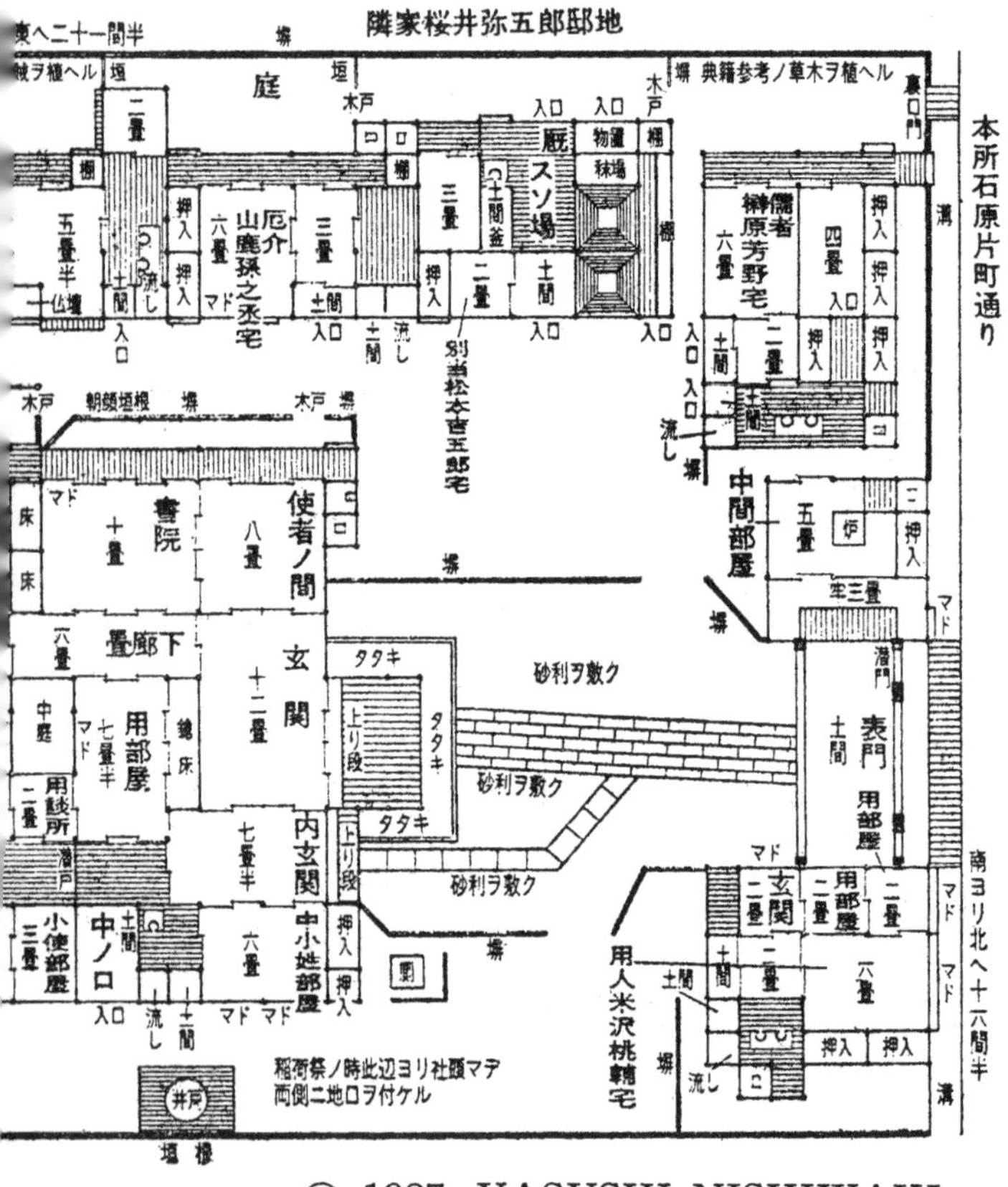
隣家桜井弥五郎邸地
東ヘ二十一間半
庭
典籍参考ノ草木ヲ植ヘル
本所石原片町通り
厄介山鹿孫之丞宅
別当松本吉五郎宅
儒者榊原芳野宅
朝顔垣根
中間部屋
書院
使者ノ間
玄関
廊下
用部屋
内玄関
中小姓部屋
小使部屋
中ノ口
表門
砂利ヲ敷ク
用人米沢桃輔宅
南ヨリ北ヘ十六間半
稲荷祭ノ時此辺ヨリ社頭マデ
両側ニ地口ヲ付ケル
井戸

翻刻図を転載）

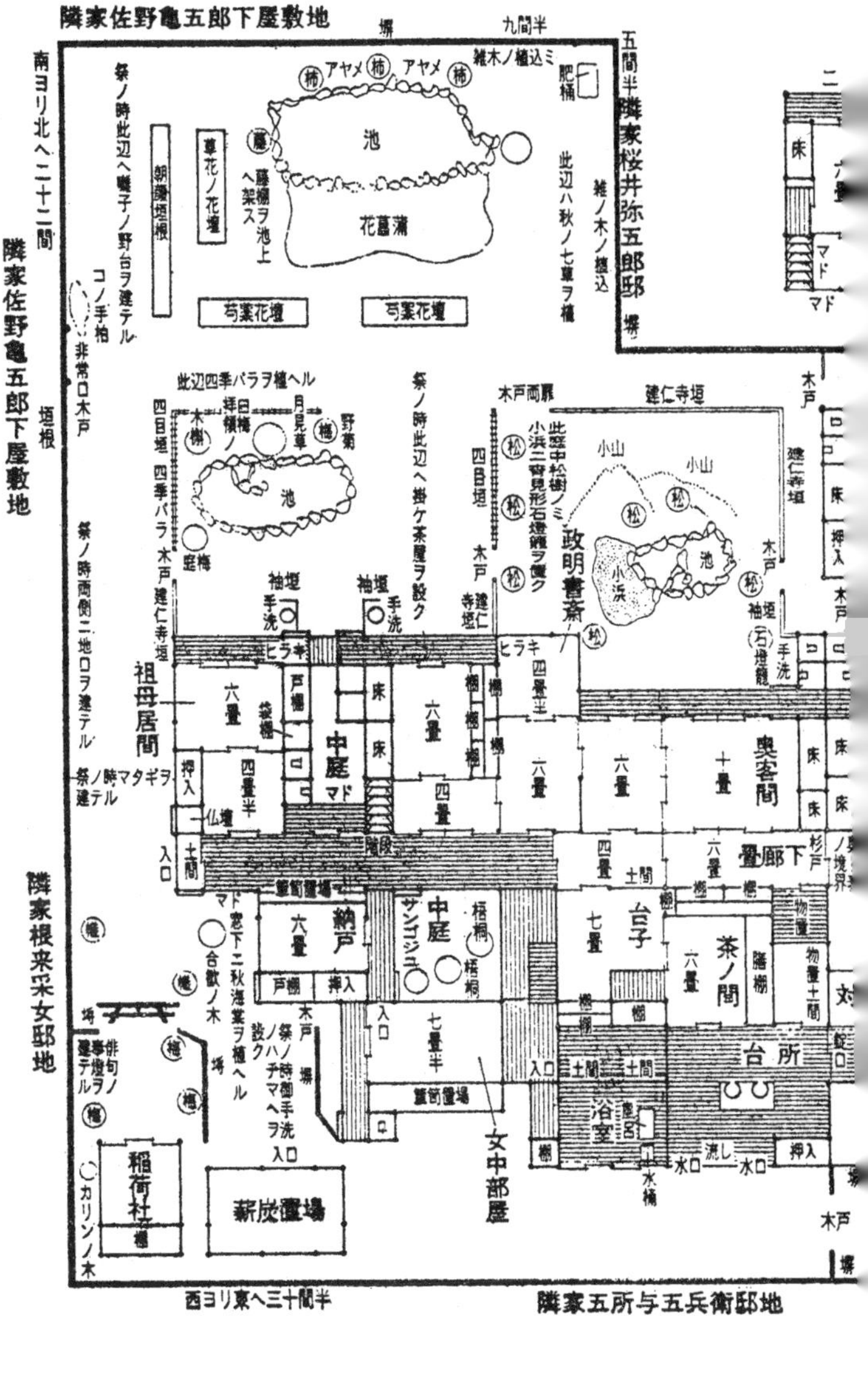

【図８】旗本三嶋家屋敷絵図（西脇康編著『旗本三嶋政養日記』より西脇氏

三嶋政養日記』より転載）です。屋敷は本所石原《いしわら》町にあり、敷地五四〇坪（正確には五五五坪）、建坪二三九坪、畳数二三六畳でした。二階は慶応三年（一八六七）に増築された部分で、短期間ですが政養の隠居所として使用されました。原図は、政養の子の政明が明治四三年（一九一〇）に記した「三嶋家旧邸之図」です。後年に記憶を頼りに描いているので、間違いがある懸念はありますが、江戸時代の段階で作成された絵図にはなかなか書き込まれない、庭の植木の種類などが記されている点は貴重です。この時期における屋敷内居住者は、主人の三嶋政養、正室の機《はた》、養母の品子、惣領の政明のほか、幼い娘たち三人でした。主人と家族以外では、士分の家臣が僅か三、四人（その家族も同居する）、女中や中間・小者は合わせて一〇人程度にすぎません。全く同時期に、三〇〇〇石の池田内記家の敷地が一三〇〇坪、建坪が五八八坪であるのに対し、一三〇〇石の三嶋家の屋敷は敷地が五五五坪、建坪が二三九坪で、禄高に比例して小さくなっていることがわかります。三嶋家の屋敷は、西に表門があり、東西に細長い敷地です。そのため、東西に長い主屋を一つ建て、中の空間を区分して使用しています。何ヵ所かに中庭があり、ほかの屋敷と同様、中庭が採光面の工夫となっていると同時に主屋内の諸区画を分ける役割も果たしました。

式台を上がると玄関之間となるのは同じです。その奥に池田家の屋敷では儀礼のための部屋が四間、金森家では五間ありましたが、三嶋家では書院と使者ノ間の二間だけです。玄関からまっすぐに畳廊下が伸び、襖や杉戸で所々が仕切られて、空間を分けていました。池田家・金森家における渡り廊下の部分が襖や杉戸に代替されていると言えるでしょう。廊下の北側に「用部屋」というのがありますが、これが三嶋家の役所空間にあたります。用部屋の南側にある表居間で主人の三嶋政養は日常政務を行ったようです。表居間の先の杉戸部分には、絵図に「表ト奥の境界」と注記があり、武家屋敷に共通する表向と奥向の境界線であることを示しています。奥向へ入って南側の「奥客間」は親族や友人を通す客間と考えられます。築山《つきやま》や池があって松が植えられている、本格的に築かれた庭園が眺められるようになっていたのがわかります。

奥客間のさらに奥にある六畳と四畳半の部屋が、主人が寝起きしたり、余暇を楽しんだりする部屋だったと考えられます。四畳半のほうは幕末期に書斎として使用されました。その東の六畳と四畳が奥方と子供たちの部屋と考えられます。このあたりから家族の日常生活の空間に切り替わったことは、中央を通る廊下が畳廊下から板廊下に変わったことでもわかります。来客など外向きに用意された空間と比べて、家族の生活空間は驚くほど狭く、そのアンバランスさが印象的です。

一番奥に配置されたのが、政養の養母である品子の部屋です。政養やその妻子の生活空間と中庭で隔てられているのは、両者の間に微妙な関係が存在したためでした。政養の正室である機《はた》は家付き娘ですが、品子はその実母ではありません。先代の当主が妾《しょう》（側室。妾については第三章で説明）に産ませた娘なのです。政養は婿養子なので、義母には丁重に接しなければならないものの、婿養子の選定時に少々トラブルがあったこともあり、距離を置きたい存在でした。心の距離が、中庭を隔てるという空間的な距離に表れているのかもしれません。

振り返ってみると、池田家・金森家とも、書院型の接客空間が主人用・奥方用それぞれにありました。それが三嶋家においては、奥方用の接客空間は形ばかり残すという程度になります。台所近くにある対面所（四畳）がそれです。対面所は本来、奥向にあるべきですが、エリア上は表向の側に飛び出ています。三嶋家では、表居間前の廊下に杉戸、対面所前には錠口があり、さらにそれらの延長線上にある庭の木戸とを結ぶラインで表と奥を区分する建て前としていますが、どうしても対面所や土間の台所を奥向に収めきれなかったのです。当然、表と奥を明確に区分したいという意向はあったはずですが、建築面での制約によりその空間区分が破綻してしまっているのです。このように、中下層の旗本屋敷では、武家屋敷としての理想像は意識しても、現実には実現しきれないので、妥協を図らざるを得なかったと言えます。

三嶋家における主屋への出入口は、表門から続く式台玄関、内玄関、中ノ口、奥向用（奥方・隠居用）玄関と見られる出入口、下台所の出入口の五ヵ所です。幕末期において中ノ口を使う士分の家臣は三、四人しかいないのですが、それでも中ノ口は不可欠でした。なお、表向の式台玄関の形式は池田家や金森家と変わりありませんが、池田家や金森家では中ノ口や奥方用玄関までもが幅の狭い式台玄関であるのに対し、三嶋家では土間玄関になっています。土間玄関は家臣長屋の玄関と同じであり、より簡素な、格下の形式です。それも家格に即した選択と言えるでしょう。付け加えておくと、こうした旗本屋敷に共通して見られる、主従の身分序列を意識させるような装置は、御家人の屋敷になると消えます。共通して採用された屋敷の「かたち」は、旗本層の屋敷までを区切りとするものだったのでしょう。

次いで三嶋家の主屋向以外の部分にも目を向けていきます。三嶋家の家臣数は僅かなので、家臣向けの住居は二棟、戸建て形式です。三嶋家では、士分の家臣ながら身分が一段下がる中小姓は長屋住居を許されず、主屋にある中小姓部屋で寝起きしました。宿直を兼ねていたのでしょう。中間部屋や厩があるのは池田家の屋敷と同じです。厩には馬の世話を担う別当の住居も付属していました。一方、池田家の屋敷にはなくて三嶋家の屋敷にあるものもあります。「厄介《やっかい》」の住宅です。厄介とは、主人の傍系家族で、生活の面倒をみている存在を指します。三嶋政養は、養父の従兄弟二人を扶養していました。その事情については後述するとして、養父の従兄弟二人とその家族のために、家臣長屋と同様の住居を準備し、住まわせていたのです。厄介の住居は二間に台所が付く程度で、家臣の住居と変わりありません。こうした例を踏まえると、旗本屋敷の主屋まわりにある長屋は、家臣のための住居とは限らなかったと言えます。実際、三嶋家では、惣領の学問師匠にあたる榊原芳野を住まわせていた時期もありました。空いている家臣長屋や空いているスペースを賃貸しして収入を補おうとした旗本は多く、おそらく、家格が下がるほどそうした収入確保を目的とした利用が顕著になっていくのではないかと考えられます。拝領屋敷があるにもかかわらず、旗本が本家や親戚筋の旗本の敷地内に住まうこともままありました。江戸の武家屋敷は、主従が同一敷地内に居住する、疑似的な「居館」だったと先述しましたが、旗本屋敷の実態は、そこから大いに崩れていたと言わざるを得ません。

「茶之間」という場所

旗本屋敷には、上台所に接して「茶之間」という畳敷きの部屋がありました。茶之間は興味深い性格を持っており、旗本屋敷での生活を象徴する空間であると筆者は考えています。

茶之間という部屋自体は、江戸城大奥や大名屋敷の奥向にもあります。茶之間は本来、殿様やその家族が召し上がる茶を準備する場所として確保された場所です。部屋の一角に炉が切られており、常に湯が沸かされていました。江戸城の大奥女中には「茶の間」という役職もあるので、大組織の場合は、茶之間に待機して呈茶《ていちゃ》の仕事に専従した者もいたのでしょう。

それに対して旗本屋敷では、基本的な点は同じながらも利用のされ方が変わります。旗本屋敷に奥女中は数人程度しかいないので、茶を出すために待機しているなどということはありません。また、江戸城大奥の茶之間には女性しか入れません。大奥詰めの役人は男女で明確に区別されているためですが、旗本屋敷ではそこまで徹底されておらず、茶之間に男性役人も入りました。奉行所等の幕府役所には湯呑所という部屋があり、勤務中に湯茶をそこで飲んだのですが、茶之間はその機能も兼ねていたとみられます。また、場合によっては旗本家の主人やその家族も茶之間で茶を飲みました。茶之間は畳敷きになっているので、台所と隣接する下座の部屋ではあるものの、主人らも出入りできたのです。ティータイムは人と人を繋ぎます。旗本屋敷の茶之間は、男性と女性、主人・家族と家臣・召使など、立場や身分を異にする者同士が交流する空間になっていたのではないかと筆者は考えています。断片的な史料ながら、それを窺わせる根拠があります。ただし、家柄や主人の考えによってその

「交流」の度合いは異なっていたはずです。

茶之間は、様々な作業が行われた部屋でもありました。金森家の茶之間は九畳もの広さが確保されており、単に茶を準備するためだけの空間でないことは明らかです。三嶋家の茶之間には作り付けの膳棚があるので、女中衆が食器類のメンテナンスを行うようなこともあったと考えられます。旗本桂川家（奥医師）の屋敷における暮らしぶりを述懐した今泉みね『名ごりのゆめ』によると、冬季には「茶座敷」で主人の着物をあぶりこ（焙り籠）で温めておくことになっていたとあります。そのように奥女中が様々な作業をしているところに、男性の家臣がやって来て湯茶を飲むのです。自然と会話が生まれることでしょう。桂川家の茶之間は、屋敷に出入りする蘭学者が密談をする場でもあったと「みね」は証言しています。まさに交流スペースだったのです。

茶之間という言葉を聞くと、近代に入って、家族の団らんの場として発展した茶之間の姿が思い浮かぶでしょう。やがて茶之間で家族が揃って食事をするようになりますが、江戸時代において、武家の日常における食事の場所は居間でした。主人も奥方も、それぞれの居間で食事をしました。夫婦であっても同席しなかったとみられます。対して茶は、誰かと一緒に飲めるものであり、だからこそ、茶之間という場が活用されていくことになったのでしょう。

大名家と比べてみると、旗本家では、特に生活面において、武家としての建前と現実が乖離していく傾向があったのではないかと考えられます。建前は建前としてあり、承知はしているものの、現実には、案外と和気藹々《あいあい》とした家族的生活が旗本屋敷では営まれていたように見えるのです。本書で伝えたいと思っている点の一つに先走って触れてしまいましたが、「窮屈な武家の暮らし」のイメージとは違う姿がそこにはあったのではないかと筆者は考えています。

旗本屋敷の庭園

三嶋家の屋敷絵図を手掛かりに、次は旗本屋敷の庭まわりについて考えていきましょう。旗本屋敷は敷地全体が板塀や垣根で囲われています。大名屋敷の場合は、瓦葺・漆喰塗造りで家臣の住居と一体化した表長屋で囲まれていることが多く（特に表門側）、大名屋敷特有の景観を印象づける効果を持っていました。しかしそれは、旗本屋敷ではあまり採用されません。塗家造りは防火面のメリットはあるものの、一般的な板囲いの住宅よりも費用が嵩むなどの理由があるためでしょう。板壁の表長屋にするか、板塀で目隠しをしたうえで内側に長屋を建てるかたちとなります。屋敷への正式な出入口である表門は主人や来客の出入りに使用するのであって、家臣らは表門脇の潜り戸などから日常的な出入りをしました。また、旗本三嶋家の屋敷には、表門のほか、表通りに面して裏口門が一つと、敷地の裏側には隣接する屋敷に抜ける「非常口木戸」が設けてありました。後者は、火災に備えてのものです。こうした裏口や非常用の出入口は、意外にも閉門の処罰を受けることになった場合に重宝したようです。閉門とは言葉通り、門が閉ざされて一切の出入りを禁じられる、武家を対象とした刑罰ですが、表門を使えなくなっても、裏口や非常口木戸を使って内密に人は出入りしていたというのです（『名ごりのゆめ』）。確かに、そうでないと生活が成り立ちません。なお、裏のほうは生垣にしておくこともありましたが、それだと盗賊の侵入路として使われてしまうなどのデメリットもありました。

三嶋家の屋敷絵図には、建築の指図《さしず》（図面）等では記入されない庭まわりの様子が示されています。どこにどのような草木が植えてあったかまで細かく記されており、往時の姿が思い浮かんできそうです。奥客間に接した庭には、手前に池、奥に小山が築かれており、樹木は松だけが植えられていました。格の高い庭としていることがわかります。一方、祖母品子の居間に面した庭はプライベートの庭で、梅や月見草など好みの草木が植えられていたようです。さらに奥まった庭には、花菖蒲園《はなしょうぶえん》、芍薬《しゃくやく》の花壇、草花の花壇、朝顔垣根、薔薇《ばら》の垣根などもあり、家族の誰かが、いわゆるガーデニングを楽しんでいたのではないかと考えられます。朝顔栽培は、江戸の武士たちが熱狂した趣味の一つです。

旗本桂川家の大川（隅田川）端にある屋敷の庭園は一〇〇〇坪以上もある広い庭で、大木が何本もあり、鶴やコウノトリが舞い降りたとあります。また、家禄五〇〇〇石の旗本鍋島内匠頭家の屋敷図（東京都立中央図書館所蔵「東京誌料」）にも庭園の姿が描き込まれています。こちらは桜・梅・松・柳などが植えられ、石灯籠も据えられ、茶室まである本格的な回遊式庭園という風で、三嶋家の庭とは雲泥の差です。大身旗本では大名庭園に近い規模・景観の庭を持つ家もあったということを示しています。

たとえ簡素であっても、旗本屋敷の庭園ならばさぞかし手入れが行き届いていたのだろうと想像するかもしれません。旗本小笠原久左衛門方では、庭園の手入れは出入の植木屋である植木屋勘左衛門に頼んでおり、七月下旬には五日かけて、十月にも四日かけて刈り込みの作業を行わせたとの記載があります。しかし当時の旗本は、たいてい家計面の余裕がなく、庭園まで十分に手が回らなかったはずです。三嶋家の場合も、植木屋を呼んだのは奥客間前にあった庭の松の手入れのためだけで、草木の花壇などはわざわざ職人を頼んでいたとは思えません。

整然とした庭なら踏み込むのも躊躇《ためら》われるでしょうが、荒れてきてしまうと、特に屋敷の子供たちにとっては遠慮がなくなってきます。実際、築山を使って鬼ごっこをするとか、塀を隔てて隣屋敷の子供同士で石の投げ合いをするなど、庭は子供たちの格好の遊び場となっていたのでした。桂川家の娘みねは、ほかの子供たちと一緒に築山の上から隣屋敷へ石を投げ入れるいたずらをしたため、隣屋敷から申し入れの使者として用人がやって来たと書いています。用人も、犯人が旗本の姫君ではどのように切り出せばよいかと困惑したに違いありません。

旗本金森家においても庭園は「こどもの城」と化していました。二月のある日、由之助（家臣の田中半司の子ヵ）が庭の築山を掘り崩しているのを見つけた金森家家臣の中井大右衛門は彼を叱りつけ、なぜそのようなことをするのかと理由を尋ねました。すると、直之丞が指図するからやっただけであり、やらなければ「ひどきめに合すと申故、ぜひなく致」したのだと答えて泣くのです。直之丞とは金森家の親戚筋の家の子と思われます。大右衛門は、直之丞が益之助様方（同族金森甚四郎家の関係者。金森家の世話を受けていた）に隠れているのを探し出して「異見を加えた」とあります。由之助からすると直之丞は主家の親戚筋の関係者です。身分差があるので、悪いことを指図されても断れなかったのでしょう。大人の身分関係が子供同士の関係にも影響してしまっているという残念な話でもあるわけです。

第三節　旗本屋敷の建物と家財

安政江戸地震と三嶋家の建物

拝領屋敷のところで触れたように、旗本が幕府から「拝領」できるのは屋敷の土地だけです。建物はすべて自己資金を使って建築する必要がありました。門塀も、居住部分もすべてです。畳や調度品も自分たちで用意します。旗本としてそれなりに安定した収入があるので、日常的な補修は何とかなったでしょうが、江戸は火事が多いため、類焼を受けると大変な痛手となりました。その他の災害でも同様です。

三嶋政養日記の安政江戸地震前後の記事を見ると、旗本屋敷の建物をめぐる様々な情報を得ることができます。

安政江戸地震が発生したのは安政二年（一八五五）一〇月二日、今の時刻にして夜九時半頃でした。マグニチュード7クラスの南関東直下型地震だったと考えられています。近年の地震歴史学の研究成果により、特に本所・深川エリアと旧日比谷入江（丸の内、新橋地区周辺）の被害が甚大だったことがわかっています。どちらも江戸時代に埋め立てが行われて発展した地区であり、地盤が軟弱なためです【図9】。家屋の倒壊率が高かったとされ、三嶋家の主屋も全壊しました。三嶋家では屋敷の小者二名が建物の梁に潰されて亡くなっています。主屋は倒壊してしまいましたが、家臣や厄介の住居

【図９】安政江戸地震の被害（「江戸大地震之絵図」、国立国会図書館所蔵）

となっていた長屋は倒壊を免れました。建物の規模の違いが明暗を分けたのでしょう。

建物の話から少し逸れてしまいますが、地震当日と翌日の様子を日記の記述から追いかけてみます。

地震で主屋が倒壊してしまったため、食べ物も衣類も取り出せません。さらに夜中のため、主人をはじめとして、皆が寝間着のままでした。翌朝になり、何とか建物の土壁を壊して屋内にあった米を取り出し、庭の土を掘って、鍋に米を入れ、木の枝で炊くことができました。しかし、炊いた飯を盛る食器もないので、各自の手に盛り、木の枝の箸で食べたのです。こうした非常時には、主人も家臣もなく協力し合わなければ乗り越えられません。平時には上の台所と下の台所を使い分けていたとしても、この時には一つ釜の飯を分け合ったのです。その後、三嶋家の屋敷からほど近い本所吉田町の大工長蔵を呼んで、倒壊している建物の梁を切断させ、建物内から衣類を取り出しました。大工長蔵は三嶋家の出入大工なので、地震翌日という時でも来てもらうことができたのです。三嶋政養は、倒壊を免れた家臣長屋を当面の住居とすることに決めます。家臣長屋なので、間取りは六畳に四畳の二間しかありません。四畳のほうへ物を置き、六畳一間へ、政養の家族や厄介親類、家臣の女性家族など合計一六人が一ヵ月間、寝起きしました。それでも男性の家臣は入りきれないので、畳を使って仮覆いしたテントのような場所に野宿しました。三嶋家がこのような惨状の中、政養の実家である夏目家の家臣が見舞いとして食べ物を持ってきます。夏目家の屋敷は小石川御門外です。山の手台地の上であり、見舞いの使者を出せるほど被害は軽微だったのでしょう。受け取った野菜やサンマを食し、「八百善（江戸で最も有名だった料亭）の庖丁もこれには増さじと覚へたり」と、感謝と安堵の気持ちを日記に残しています。旗本は日頃、身分や格式などにこだわって暮らすべきとされていたわけですが、三嶋家では地震時、奉公人までもが家族・親類のように協力し合っています。いざという時には、そのように行動できる人間関係が形成されていたのでしょう。

地震の翌々日には、倒壊した建物の片づけを始めました。出入の植木屋から人足が二人来て手伝ってくれ、三嶋家の家臣・奉公人・女中たちが総出で片づけを行っています。また、上総国にある知行所村々にも連絡をして、片づけ人夫を屋敷に来させました。被害が甚大だった三嶋家は、幕府から「地震御手当金」を拝借できることに決まりましたが、何かにつけてお金が必要となることが予想されるため、政養は知行所に対して御用金三〇〇両（現代の価値にすると五〇〇〇万円程度）の拠出を命じています。蔵米取と知行取の旗本を比べると、こうした点で知行所がある旗本は有利です。三嶋家の人々は家臣長屋で雨露を凌いでいましたが、一部屋に一六人が寝起きするのではどうにもならないので、落ち着くとすぐに仮小屋の普請に取りかかっています。これを手掛けたのも出入の大工柏屋長蔵です。出入の馴染みゆえに、ほかの顧客より優先して三嶋家の仮小屋の普請に取りかかったのかもしれません。

三嶋政養は地震後、屋敷を本所から別の場所に移すことを検討しています。地区によって地震被害の程度に差があることがわかり、より安全な場所を求めようと思ったに違いありません。しかし、当時は同じようなことを誰もが考えたはずです。政養は四月以降、山の手台地上の二番町に屋敷がある旗本岡田家と相対替の交渉を始めます。三嶋家側が七五〇両を支払う内容で交渉が進みますが、いよいよ取り決め議定書を作成する段となって支障が発生してしまい、破談になりました。結局、本所に再建せざるを得ず、普請に取りかかります。

実は、相対替の話が決着しない段階から、材木の確保には動いていました。上総国の知行所村々に対して、屋敷の普請用材の伐り出しを命じています。地震後のこの時期、江戸の材木相場は高騰していたはずです。そのような中でも政養は、知行所村々の木を、余計な費用をかけることなく入手することができています。蔵米取の旗本と比べてみての知行取の旗本の有利さが、ここにもあります。地震から十ヵ月経った安政三年（一八五六）六月から諸建物の再建を開始し、主屋・家臣長屋・馬屋・稲荷社などを次々と建てていきました。主屋の普請開始に際しては、神職梅本大和を頼んで八月に地形祭、九月に地祭（地鎮祭）も行っています。十一月下旬には住居向が大よそ完成し、引っ越します。その後、翌安政四年（一八五七）十二月になって表書院が完成していることから、生活空間＝住居向を優先して再建し、使者を迎えたり儀礼を行ったりする表書院については、おそらく基礎工事だけをやっておいて、ほかは後回しにすることによって復旧を急いだのだろうと思われます。こうして建築されたのが、前節で見た、政明が記した絵図にある建物です。建てられた時期に前後があるにしては、一つの建物としてまとまっています。

なお、三嶋家にとって安政江戸地震による痛手は大きく、すべての建物を元通りに復旧することはできませんでした。地震前にあった土蔵は解体したままとせざるをえず、土蔵に置いてあった長持入りの家伝の文物は政養の実家夏目家に預け置かれました。三嶋家の屋敷図に、あるべきはずの土蔵がない理由が判明します。

建物は、三嶋家と関係を持つ何人もの出入町人たちに助けられて完成しました。大工棟梁は本所吉田町の柏屋長蔵、石材や足りない材木を調達したのは鉄砲洲の丸屋源兵衛です。ほかに、鳶の石原町吉五郎、杣《そま》の石原町八百吉、左官の（本所）吉岡町福松、建具は小伝馬町久五郎、畳屋卯兵衛、瓦師源次郎などの名前が挙げられています。大工・鳶・杣・左官はいずれも本所の町人です。三嶋家では、屋敷の周辺エリアの町人と出入関係を結び、日常的に屋敷内のメンテナンスを請け負わせていました。ゆえに非常時には特別な手助けをしてもらえたのでしょう（【図10】）。大名屋敷においても各種の出入町人、すなわち取引業者が指定されていましたが、三嶋家をめぐる関係は、そうした出入関係をコ

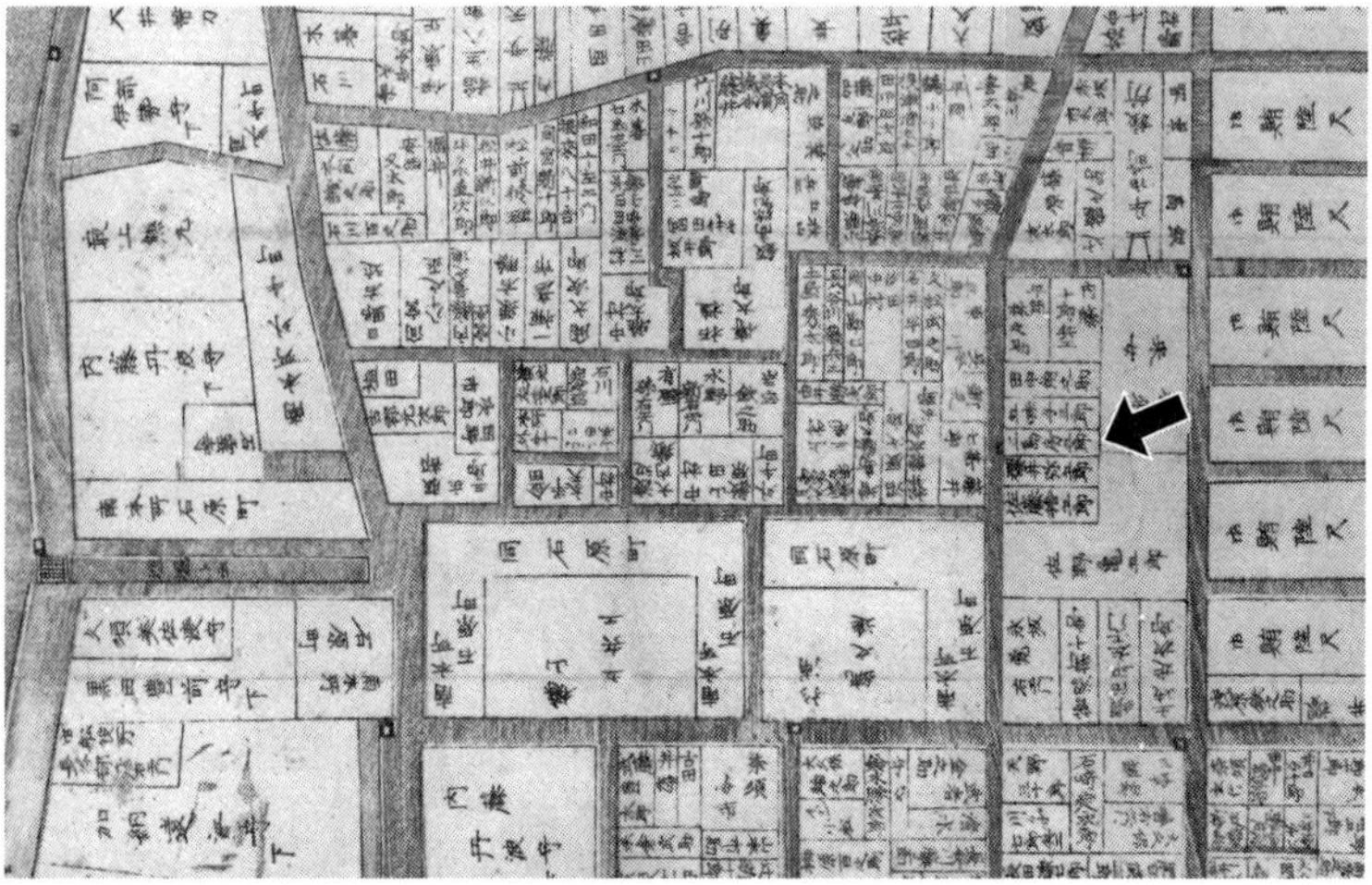

【図10】三嶋家の本所石原町屋敷の場所（「北本所中之郷石原辺之絵図」［江戸切絵図］近吾堂版）

三島房五郎の名で掲載されている。第二章に登場する徳山五兵衛の屋敷がその２ブロック西側にある。

ンパクト化したかたちと言えます。一方で、大名屋敷では請負金額の規模が大きいので、大名家と町人はビジネスライクな関係だったと思われますが、旗本屋敷では、より人と人との関係に近づいていったはずです。大工長蔵は、三嶋家が維新の混乱で困った際に手を差し伸べて助けてくれることにもなる存在です。仕事の請負人と依頼人というだけではない、親密な関係がそこにはあったことが窺われます。

　この新しい屋敷に三嶋政養一家は一〇年ほど住まい、明治維新を迎えます。本所石原町の屋敷は新政府による上地《あげち》の対象となりますが、徳川家からの拝領時と同様、取り上げられたのは土地だけでした。三嶋家に建物の処分権があるわけです。そこで政養は、松本恒三郎という町人に一七〇両で売っています。建物は解体され、柱も一本一本取り払われ、部材を別の場所に運んで再利用するのです。この時期、大名も旗本も御家人も、誰も彼もが建物を処分して現金を手に入れようとしていたので、中古建物の相場は下落していました。松本は、のちに建物を五〇〇両で転売しているので、売り急いだ政養は足元を見られたというわけです。安政江戸地震後に建てられた屋敷の総費用がいくらかかったのかは不明ですが、築一〇年余を経た建物が五〇〇両で売れたのなら、それ以上の金銭的価値があったことは間違いないでしょう。

旗本にとっての「お宝」とは？

安政江戸地震によって失われてしまいましたが、三嶋家の屋敷内には文庫蔵があり、そこには家にとって大切な文物が収められていました。大名家を対象とした史料学研究によると、家にとって特に重要な文書は御殿内に置かれ、火災などが発生した際はすぐに持ち出せる体制が整えられていたことがわかっています。旗本家でも同様だったはずです。とはいえ、緊急時の持ち出しには限界もあるので、大多数の文書・文物は、土蔵などの保管スペースに置かれていたのです。

では旗本にとって、家のお宝と呼べるものは何だったのでしょうか。「諸家什持宝」（筑波大学附属図書館所蔵文書）は、『賤《しず》のをだ巻《まき》』や『蜑《あま》の焼藻《たくも》の記《き》』などの随筆を残したことで知られる文人旗本の森山孝盛《もりやまたかもり》が目付勤役中に、大名・旗本の先祖書を取り調べる職務の傍ら、書き抜いた文書です。先祖書を取り調べる職務とは、『寛政重修諸家譜』の編纂に向けて大名・旗本から提出された系譜史料の整理を指すと推測されます。文書の末言には、八代将軍吉宗の時代に諸家から上覧に呈された文物に関する情報が、この時に提出された系譜史料に含まれていたので、それをまとめたとあります。また、当時の一一代将軍家斉《いえなり》にとって夏季は御成として城外に出かけることもないし政務も忙しくない時期なので、吉宗公の時のように文物が上覧に呈されれば御慰めにもなり、御政学のためにもよろしいのでは、と考えたと書いています。森山は自身の随筆中に、自ら学ぶことをしようともしない旗本・御家人の行状を見て辛口のコメントを書いていたりもするので、もしかすると、将軍家斉の生活ぶりにも何らかの不満があったのかもしれません。実際、将軍家斉が自ら希望して上覧したものは、相撲や鯨といった非学問的なモノ・コトばかりでした。

では、森山孝盛が注目した旗本家のお宝には、どのようなものがあったのでしょうか。分類すれば、①将軍より拝領の品、②将軍自筆・自製の品、③将軍家族（世継以外の男子、御台所など）ゆかりの品、④中世より家に伝来する品、となります。お宝と聞くと思い浮かぶような絵画や茶道具、芸術的価値が高いとされる物は入っていません。徳川家との関係でもたらされた品や、家の歴史を示す品の価値が重視されていたことがわかります。

①将軍より拝領の品では、家康（権現様）からの拝領が最も価値が高いと考えられていたはずです。最上監物《けんもつ》家（交代寄合、五〇〇〇石）の什宝は、先祖義光《よしあき》が家康より拝領した腹巻と正宗の脇差です。最上氏は戦国時代に出羽国南部を支配した名族なので、織田信長や豊臣秀吉より拝領した文物もあると挙げられていますが、森山にとってみれば、相対的な価値は低かったと言えます。

②将軍自筆・自製の品は、書画類が大部分を占めており、折々、旗本に下賜されたと考えられます。

藤堂肥後守（大番頭、五〇〇〇石）は、先祖が御側衆を務めた際に拝領した四代将軍家綱筆の和歌（『源氏物語』桐壺巻から写したもの）や五代将軍綱吉筆の福禄寿の画を挙げています。

③将軍家族（世継以外の男子、御台所など）ゆかりの品があるのは、将軍家の私生活や大奥に関わる役職（小姓、小納戸、広敷用人など）に就いていた先祖がいる家におよそ限定されるようです。大久保志摩守（中奥小姓、五〇〇〇石）は、天英院《てんえいいん》（六代将軍家宣《いえのぶ》の正室）御遺物の富士山掛軸や、孝恭院《こうきょういん》（一〇代将軍家治《いえはる》の長男家基《いえもと》）遺物の伽羅《きゃら》や将棋盤を挙げています。

旗本は、すべてが三河以来の家臣筋というわけではなく、諸段階で徳川家に随従した家々が含まれています。滅亡した戦国大名（甲斐武田氏や小田原北条氏など）の旧臣が徳川家の家臣として取り立てられていったほか、戦国時代に落ちぶれてしまった名家の子孫が旗本になっています。特に、交代寄合・高家・寄合筋の家には、室町時代に守護大名だった家、没落した戦国大名の家などが含まれました。当然、そうした中世から続く名家には室町時代以前の文物が伝わっています。那須与一（交代寄合、一〇〇〇石）は、源頼朝が那須野で狩を行った節に拝領した旗・胴丸・陣羽織を家の宝物として挙げ、山名靱負《やまなゆきえ》（交代寄合、六七〇〇石）は、後醍醐《ごだいご》天皇より賜った錦の御旗を挙げています。那須氏や山名氏は、中世の歴史を動かした家と言っても過言ではありません。こうした宝物はその後、どうなったのでしょうか。少なくとも幕末期までは大切に保管されたはずですが、そのあとに困難が待ち構えていました。維新後、諸々の事情から什宝を売り払ってしまった旗本も少なくありません。「諸家什持宝」に記されたお宝の多くは、災害等で失われていなければ現在もどこかに所在すると考えられますが、旧大名家のコレクションのようにまとまった形では見づらくなっている点が残念です。

将軍が上覧する対象にはなりませんが、旗本家にとって宝物だったのが、その家の由緒を伝える古文書です。先祖が神君家康公から賜った文書をはじめ、織田信長や豊臣秀吉といった有名な人物から受領した文書、天皇や公家、戦国大名などから受領した文書は、ひときわ大切にされました。「記録御用所本　古文書」(国立公文書館内閣文庫所蔵。神崎彰利監修・下山治久編『記録御用所本古文書――近世旗本家伝文書集』〔上・下巻〕に翻刻されています)は、江戸時代中頃に幕府が、そうした旗本家のお宝文書の情報を提出させてまとめた編纂物です。特に、初期の徳川将軍が発給した領知宛行《りょうちあてがい》文書が多く、旗本家がどのような経緯で徳川家との主従関係を成立させ、二六〇年余にわたって継続する基礎を築き上げたのかを示すゆるぎない「証拠」を知ることができます。また、各旗本家で大切にされていたのが先祖書・系譜などの文書です。現存する旗本文書にこうした種類の史料は高い確率で残っています。先祖書・系譜には、家にとって重要な情報が満載されており、厳重に保管されていたことは言わずもがなです。旗本家の先祖書・系譜の特質については次章で改めて触れます。なお、大名家においては、大名に対して徳川将軍が領地を与える旨が記された文書「領知判物《はんもつ》」「領知朱印状」は第一級の重要文書であり、将軍の代替わりごとに発給されたそのすべてが現存していることも珍しくありません。対して旗本では、領知宛行文書が江戸時代初期を除いて発給されなかったため、「記録御用所本　古文書」に載る文書こそあっても、数を比較すると多くありません。将軍との封建的関係を示す大切な文書といっても、大名と旗本では違いがあるのです。

明治維新後の数年間、旗本は、一部の幸運に恵まれた家を除けば、換金できるものを売り払う竹の子生活で生き長らえていました。屋敷を売り、美しい調度品を売り、衣類を売って凌ぎました。文書類を手放さざるを得なかった者も多かったのですが、先祖と自分を繋ぐ情報が記されている文書や、先祖の名誉の証拠となる文書は、最後まで旧旗本家の手元に残されたのです。

第二章　旗本のライフサイクルをめぐって

第一節　系譜・由緒書・親類書からわかる情報

系譜史料と「家」の記録

江戸時代に幕府によって編纂された大名・旗本の系譜史料としては、『寛永諸家系図伝』と『寛政重修諸家譜』が代表格です。後者『寛政重修諸家譜』は寛政一一年（一七九九）に編纂事業が開始され、文化九年（一八一二）に完成したもので、基本的にはすべての大名と旗本が掲載されています。『寛政重修諸家譜』の編纂に際しては、幕府から大名・旗本諸家に対して、家に伝わっている情報を提供するようにとの指示があり、それを受けて提出された一次史料が「諸家系譜」（国立公文書館内閣文庫所蔵）収録史料で、それをもとにして『寛政重修諸家譜』は編纂されました。

しかし、そうした武家の系譜史料には真実が記されているとは限りません。家の相続にかかる事情のために年齢や兄弟の出生順を変えたり、戦国時代の先祖の戦功を華々しく語ったりなどの虚飾が存在することを否定できないからです。大名家・旗本家が徳川家とどのような関係を持ったのかを強調しすぎるきらいもあります。将軍と大名・旗本の主従関係を軸とする社会において、それを再確認するために記された書物という性格ゆえ、致し方ない面もあると言えます。

大名家文書をひもとくと、家譜史料が文書群において中心的な位置を占めていることがあります。近代に華族となった旧大名家では家史編纂事業が継続され、最後の藩主に至るまで事績がまとめ上げられました。完成した家譜だけでなく、編纂時に用いられた関係文書も残されていたりします。江戸時代の段階から大名家には記録を管理し作成する部署・組織があり、その職務に専従する家臣が配置されていたわけですから、当然とも言えるでしょう。では、そのような専従家臣を置くことなど叶わない旗本家では、家の記録の形態や情報の質がどのようであったのか、考えてみたいと思います。

幕府は、『寛政重修諸家譜』を完成させたのち、その後に発生していった系譜情報の補足＝「書継」を行う必要性を認識するようになりました。天保一三年（一八四二）には若年寄一名と儒者三名が「系図調御用」を命じられ、事業は動き出します。よって、正確に言うならば、『寛政重修諸家譜』は幕府による系譜編纂事業の集大成ではなく、中間成果なのです。幕府がもう少し続いていたならば補遺版がまとめられたかもしれませんが、実現しませんでした。結果として、寛政期以降についての旗本情報を網羅的に知ることは難しくなってしまいました。

旗本三嶋政養《まさきよ》は、天保期（一八三〇～四四）以降に進められたこの系図調御用に携わっていました。万延元年（一八六〇）に御系図御用出役に転じ、系譜編纂に関する職務に従事することになったのです。

さらに文久三年（一八六三）には御系図御用出役頭取という、事業を取りまとめる管理職にも就任しています。そのような立場上、系譜史料に関しては人一倍、その重要性を認識していたと思われます。『寛政重修諸家譜』の補遺版が滞りなく編纂されるためには、その基礎となるそれぞれの家の記録が正確に、かつ詳細に記述されていることが必要です。当時にあっては基本的に、大名・旗本家から提出させた資料に基づいて編纂を行うのですから、その根拠となる家の記録がおろそかであってはならないのです。ゆえに三嶋政養は、個人レベル（三嶋家に家臣はいますが、家臣を家の記録管理に振り向けることはとてもできない状況でした）で把握できる範囲ながら、精緻な家譜記録の作成を心掛けていたのではないかと推測されます。

「三嶋氏系譜稿」という史料があります（『旗本三嶋政養日記』所収）。本史料は明治一〇年（一八七七）頃まで書き継がれているので、旗本三嶋政養の認識そのままに記された系譜とすることはできませんが、政養が御系図御用の任務を通して培った系譜史料に対する認識が投影されているはずです。本史料から三嶋政養が残した系譜史料の特質を探ってみたいと思います。また、系譜編纂のために幕府へ提出された情報と家に残された系譜情報の違いについても、この三嶋家の事例を通して検証してみます。

家譜の特質——三嶋家の場合

旗本にとって最も重要な先祖とされるのは、徳川家康に仕えることになった人物でしょう。中世から脈々と続いている家も多いですが、幕府に提出する「先祖書」と呼ばれる文書では原則的に、家康に仕えた人物を初代として代数を数えます。徳川家の家臣としての来歴が何より重視されているからです。

三嶋家で初めて家康に仕えたのは三嶋政友《まさとも》という人物です。三嶋家は、三河国額田《ぬかた》郡日名《ひな》村（現、愛知県岡崎市）を一族の出身地としており、家康の父広忠《ひろただ》や祖父清康《きよやす》の時代から徳川家（当時は松平家）に仕えていたとする生粋の三河譜代の家柄でした。そのため、家康に仕えた政友は家系上は三代目となっていますが、家の元祖と言ってもよい存在です。

この三嶋政友の情報について比較してみましょう。『寛政重修諸家譜』と家蔵の系譜では情報量が二倍近く違います。系譜には三〇〇字ほどの情報が残っていますが、『寛政重修諸家譜』では一〇〇字超です。『寛政重修諸家譜』に掲載されていない政友の情報は、戦《いくさ》における戦いぶりなどです。三嶋家が『寛政重修諸家譜』編纂時に提出した「諸家系譜」が残っておらず、十分な検証が行えないのですが、脚色が懸念される箇所であるため、家康と主従関係を持った先祖の情報ながら、『寛政重修諸家譜』の編纂過程において、精査のうえで省略（不採用）されたと考えられます。『寛政重修諸家譜』の編纂においては、典拠が乏しく疑わしい事項は、編者の判断によって採用されないことがあったからです。同様に、情報を単純に文字量で比べてみるならば、旗本江川家（一五〇俵取。伊豆韮山《にらやま》代官を代々世襲する家系）の場合も、家康に仕えた先祖江川英長《ひでなが》の記録が、家に伝来した系譜では一五〇〇字以上あるのに対して、『寛政重修諸家譜』では六〇〇字程度となっています（『韮山町史』第六巻（上））。

家に伝わる情報と『寛政重修諸家譜』に採用された記録とでは、疑義の問題のみならず紙幅の都合もあるのは当然としても、情報量に相当な差があることがわかります。『寛政重修諸家譜』を使う際には念頭に置かなければならない点です。

では、そうした先祖の「武勇伝」以外に、家伝の記録と幕府の編纂物に載る情報とでは何が違うのでしょうか。それは先祖祭祀に関わってくる情報です。家の系譜では、先祖一人一人について戒名と俗名、葬地が併記され、生歿年の情報も詳細です。三嶋家もそうですが、家によっては歴代の葬地や菩提寺が何ヵ所にも分散していることがあるので、正確な情報が必要とされました。また、三嶋家の系譜史料を見ると、女性や傍系家族、幼くして亡くなってしまった子女の情報も丁寧に残されていることがわかります。歴代当主に直接繫がっていく縦方向の血統のみならず、傍系を含めた一族の様相が克明に記録されているのです。

例示してみましょう（【図11】）。三嶋政友の妻について『寛政重修諸家譜』では「中根数馬常政が女」としかありません。武家の系譜では女性の実名《じつみょう》が残されにくく、『寛政重修諸家譜』でも女性は「女子」とのみ記す原則を採用しています。付帯情報として、せいぜい婚姻関係が記される程度です。ですが、三嶋家の「系譜稿」には、女性についても歿年月日・葬地・諡《おくりな》・改葬地などの情報があり、それは他家に嫁した女性についても同じです。さらに、子孫に伝えるべきと判断された情報が加えられることもありました。

三嶋政友には女子が三人いました。その三番目の女子某（名の記載なし）の生涯を三嶋家に残され

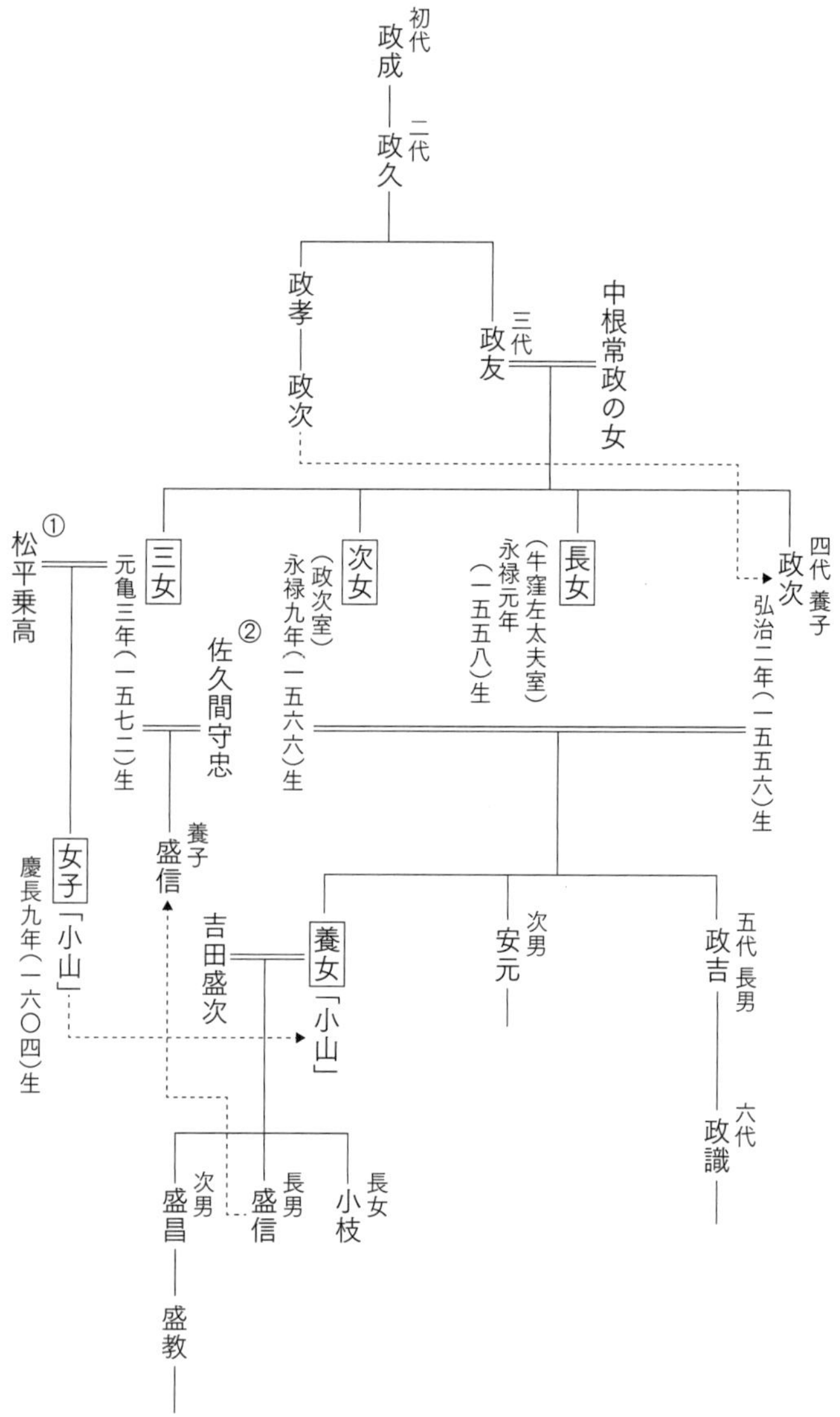

【図11】戦国期〜江戸時代前期の三嶋家略系図（西脇康編著『旗本三嶋政養日記』所収「三嶋氏系譜稿」により作成）

た記録から辿ることができます。三女某は、元亀三年（一五七二）に三嶋氏の本貫地である三河国額田郡日名村で生まれています。彼女は継室（後妻）として松平家の家臣松平乗高《のりたか》（のち幕府旗本となる）と結婚し、女子を産みますが、夫は亡くなりました。そこで女子ともども姉の夫にあたる政次《まさつぐ》（政友の次女は、従兄にあたる政次と結婚した）に引き取られ、女子は政次の養女となっています。その後、三女某本人は、佐久間守忠という人物と再婚します。この佐久間はもと織田信長の家臣で、信長の歿後は流浪の身となり、剃髪して一鑑斎と号していました。次第に兵学故実を教えるようになり、その弟子の一人が政次だったのです。政次は義妹と兵学の師を娶《めあわ》せたことになります。二人は政次の世話を受けて「厄介」として暮らしました。二人の間には子供が産まれなかったのでしょう、政次の養子になっていた娘の「小山」が吉田七兵衛盛次《もりつぐ》という人物に嫁して産んだ子供のうち、長男を養子として迎えます。この男子は本姓に改めて佐々木盛信と称し、延宝五年（一六七七）に徳川綱吉に仕えたのを契機として旗本となりました。三女某自身は明暦二年（一六五六）、江戸で八五歳で亡くなっています。この三女は、有名な人物で言えば、徳川秀忠の正室であり、浅井長政とお市の方の間に生まれた崇源院《すうげんいん》（お江・お江与）と同世代です。戦国時代から江戸時代初期まで生きた、大名の奥方や姫君でもない一介の武家の女性のことが、家の系譜には書き留められているのです。『寛政重修諸家譜』のような、武家の家督相続関係を示すことを目的とした史料を見慣れていると、同様に先祖であっても男女では情報量格差が存在するのが一般的であるように見え、女性は男性に比べて記録上は軽視されていたように受け止められがちになります。しかし実際には、先祖を構成する一人として相応に情報が残されていたのです。

旗本に限らず武士の家においては、傍系家族や子女も含む家族の情報を子孫へ伝えていこうとする意識があり、そのもとに作成された系譜史料には、武家社会の表舞台に立つことができなかった者も含めた多様な物語が書き留められ、受け継がれていたのです。

三嶋政次の養女「小山」

少し寄り道になりますが、松平乗高と三嶋政友の三女の間の娘で、政次の養女となった娘「小山」について触れたいと思います。実は彼女は、大奥に仕えて幸運をつかむことになった人物なのです。「小山」は大奥女中としての名です。本当の名があったはずですが記されていません。この「小山」が政次の養女として嫁した吉田七兵衛盛次は、もとは北条氏の家臣で、小田原落城ののち長らく浪人していましたが、慶長二〇年（一六一五）の大坂夏の陣の時に家康へ拝謁し、家康の六男松平忠輝《ただてる》へ仕えることになります。忠輝が翌年改易されてしまったため、高崎藩主安藤重長《しげなが》に仕官し、この時に「小山」と結婚しますが、またしても浪人の身となってしまいます。吉田盛次は何ともアンラッキーな人物で、結局、三嶋政吉（妻「小山」からみると、血縁関係では従兄弟。「小山」は政次の養女なので政吉は兄でもあります）の家に転がり込んで、養われることになります。吉田盛次は隠居、剃髪し、三嶋家で慶安四年（一六五一）に亡くなりました。「小山」は正保二年（一六四五）、江戸城大奥での御殿奉公を始めます。夫の吉田盛次が亡くなる六年前、四一歳の時です。正保三年（一六四六）に徳川綱吉が誕生した際に「御介添」として付けられたとあるので、養育係になったのでしょう。年齢等から考えるに、実母に代わって乳を与える乳母ではないはずです。「小山」に対しては、男性の旗本・御家人と同様に、食禄二〇〇俵・五人扶持と金五〇両が与えられました。さらに綱吉が将軍職に就任したあとの貞享二年（一六八五）には加増され、切米一〇〇〇俵が与えられています。江戸時代後期における最上級の大奥女中の報酬（御年寄の場合）は、切米五〇石・一〇人扶持に合力金《ごうりききん》六〇両その他の付加給が加わる内容で（合算すれば四〇〇俵取の旗本と同程度の収入）、御年寄や表使《おもてづかい》に対してはさらに町屋敷も下されましたが、それよりも切米一〇〇〇俵は手厚く、破格です。五代将軍綱吉は、実母桂昌院《けいしょういん》の縁者にあたる本庄氏を大名に取り立てたことが知られますが、幼少時に身近にいた「小山」に対しても親愛の念を抱いていたのでしょう。それが切米一〇〇〇俵に反映されたと言えます。その後、「小山」は養子を取ることを願い出、綱吉の計らいもあって、孫の吉田盛教《もりのり》が「小山」の切米一〇〇〇俵を地方《じかた》知行に変えて賜ることになります。この吉田氏は、家禄一〇〇〇石の旗本として幕末まで続きました。それより前、「小山」の次男盛昌《もりまさ》は、「小山」の願いにより館林藩主徳川綱吉の家臣に取り立てられていました（切米三七〇俵）。綱吉が家綱の養嗣子となる際に幕臣へ移行し、その後、盛昌の跡を継いでいた盛教は、祖母「小山」の養子となることで家禄一〇〇〇石の旗本となるに至ったのです。夫だった吉田盛次の不遇を挽回するかのように、「小山」は家を盛り立てることに成功したと言えるでしょう。

身分の高い大奥女中の場合、家督を男性の養子に相続させることが可能だったのですが、「小山」

はそれに最も成功した事例の一つと言えるのではないかと思います。将軍を幼少期に世話した人物の一族が取り立てられた例としては、三代将軍家光の乳母を務めた春日局が思い浮かびますが、五代将軍綱吉の時代にもあった話なのです。綱吉が実母桂昌院を大切にしたような儒教的孝養心は、実母のみならず、自分に尽くしてくれた身の回りの人物にも及ぼされたのでした。

「小山」が九〇歳を迎えた時、その祝いとして綱吉は「福寿」の二字を書いた書幅と、鶏を描いた画を贈っています。「小山」は、当時としては稀にみる長寿を全うし、元禄一二年（一六九九）に九六歳で亡くなりました。三嶋家の菩提寺だった浅草の化用山浄念寺《じょうねんじ》に葬られています。「小山」は遺言で、浄念寺に寺領を下されたい旨を願ったので、「小山」の死後、幕府から朱印地三〇石が賜与されました。そのため、浄念寺にとって「小山」は中興の祖ともされました。福田千鶴氏も指摘しているように、江戸時代前期においては、徳川家の奥向きに仕える女性に対し、場合によっては男性に比肩するくらいの処遇がされており、そのチャンスを「小山」は我が手につかんだと言えます。ただ、三嶋家にとって「小山」を輩出したことによる顕著なメリットはなかったようです。しかし、主家の徳川家と三嶋家の結びつきを示す重要なトピックであり、そのためだからでしょう、三嶋家の「系譜稿」には「小山」の生涯について、前後の男性当主よりも大きなボリュームをもって記録が書き綴られるに至ったのです。

由緒書・親類書とは?

本筋に戻し、由緒書・親類書のことに触れていきます。

先述したように、『寛永諸家系図伝』や『寛政重修諸家譜』の編纂に際して、旗本らは家の系譜情報の提出を求められましたが、それは特別な機会であり、めったにあるわけではありません。一方で、「由緒書」(「先祖書」とされることもある)や「親類書」と呼ばれる情報書類の提出を求められる機会は頻繁にありました。「由緒書」や「親類書」は、幕臣の家督相続(代替わり)の際や、役職の異動があった場合に上役へ提出します。「由緒書」は、その家の歴代当主についてのみ、名(通称・諱《いみな》)や生歿年、幕臣としての実績などを記した履歴資料で、「親類書」は、ある人物の家族・縁者の名前・続柄等の情報を、父方・母方(養子の場合は実方も)とに分けて列記したものです。この二つはセットで提出されました。受け取った部門で保管し、弔事が発生した際に忌掛りの範囲の確認や、身内に刑罰に処せられる人物が出た場合の縁座の確認のために参照されたと考えられます。

履歴情報をさらに簡略に記載した文書が「明細短冊」です。これは、本人一人に関する情報のみが短冊形の紙一枚にまとめられたもので、所属部門の管理者が台帳に貼り付けて利用できるようになっていました。幕末期に幕臣諸士から提出された明細短冊が「多聞櫓文書」(国立公文書館内閣文庫所蔵)に大量に残っています。これら「由緒書」「親類書」「明細短冊」共に、控えは家蔵の資料として残りました。

由緒書・親類書の情報を更新するタイミングと同時に、家の系譜の情報も更新していけば、幕府による情報提供の指示に随時対応できる記録になったはずです。その痕跡を示しているのでしょう、家に残った由緒書の控えには情報を補足・追記している文書も散見されます。ただ実際のところ、旗本が家に関する情報をどのように管理していたのかはわかりません。先ほども述べた通り、多くの旗本家においては、当主が家情報の管理の主体だったはずですが、三嶋政養のように記録を重視した人物もいれば、ものぐさな人物もいたに違いなく、現実には、情報の質・量の差が生じたのではないかと推測されます。

先祖情報の管理をめぐって

先ほど見た三嶋家の「系譜稿」は、最終的に明治一〇年頃まで加筆訂正が加えられていったものです。幕府の系図調御用に携わった三嶋政養が、事実関係の確認などにおいて細心の注意を払いながらまとめた系譜と言えます。よって、全体的に信用度は高いと思われます。なお、『寛政重修諸家譜』の編纂においては、諸家の史料間における矛盾がないか、疑念が残る記述がないかをチェックしたうえでまとめられていったとされています。よって、三嶋家ほどの丁寧さはなくとも、少なくとも寛政期以降に提出された由緒書（先祖書）においては、万が一にも事実誤認ではないかと指摘されるようなことは書けなくなっていました。『寛政重修諸家譜』の編纂を契機に、旗本家の先祖情報の管理をめぐる姿勢は変化したと考えられるのです。

象徴的と言えそうな事例を、「辻六郎左衛門先祖書」（長崎歴史文化博物館所蔵文書）によって示します。辻家は禄高五〇〇石の旗本で、この文書は、安永九年（一七八〇）に当時の当主辻富守《よしもり》によって作成されたとみられるものです。幕府に提出された由緒書（先祖書）の内容でしょうが、写しです。なお、辻六郎左衛門家は、この文書が現在保管されている長崎にゆかりがあるわけではないので、おそらく、長崎詰めの幕府役人、または長崎代官を務めた旗本高木家あたりが何らかの手段で入手し、所持していたものと考えられます。当事者ではないために、『寛政重修諸家譜』以前の古い段階の由緒書（先祖書）が、廃棄されずに残ったと推測されるのです。

この「辻六郎左衛門先祖書」について、『寛政重修諸家譜』や「諸家系譜」における旗本辻家の記載と比較すると、三嶋家の事例で検証したような記載情報の精粗とは異なる次元での相違を見つけることができます。

まず、古い時代の先祖の情報です。先祖書によると、辻家は平安時代に征西大将軍に任じられた守《もり》国《くに》という人物から繋がるとあります。辻家は甲斐国の名族三枝《さいぐさ》氏の庶流であり、平安時代の先祖の話は三枝氏の伝説を引用する形となっています。しかし矛盾が多く、まず創作と思って間違いありません。辻家の戦国時代の先祖茂右衛門守快は、甲斐武田家の家臣として活躍するも主家の滅亡に遭いました。その後、徳川家康に御目見し、甲州の諸士と共に召し出される旨の上意を受けます。その時、守快は、そもそも自分は討ち死にするつもりだったが死ぬことができなかった、また老年であるから召し出しは辞退し、代わりに、幼少の悴が成人したのちに召し出して欲しいと申し上げました。すると、家康はその志に「御感じなされ」、守快は「正宗ノ御小脇差」と時服を拝領します。その後、法《ほっ》体《たい》となって名を圓喜と改めたこと、一生浪人として甲州に居り、元和九年（一六二三）に病死したことなどが書かれています。「正宗ノ御小脇差」については、「唯今に所持仕り候」とまであります。しかし子の辻守嘉《もりよし》が後年、約束を信じて家康への御奉公を願い出たところ、酒井左衛門尉（酒井忠次または酒井家次か）から、いつか御序《ついで》があり次第召し出されるだろうと仰せ渡されただけで、召し出しに至りませんでした。その後、病気になって甲州で浪人として過ごし、慶安元年（一六四八）に死去したと記します。これを『寛政重修諸家譜』や「諸家系譜」に収められた辻家の提出系譜で見ると、辻守嘉の孫にあたる守参《もりみつ》が初代になっており、平安時代の先祖のことどころか戦国時代の先祖の記載も全くありません。家康が武田家の老臣の志に心を動かされるエピソードもすっかり消えています。

戦国時代の先祖の記載が省かれているのは、実のところ、分家した代を幕臣としての発端とするようにとの原則が幕府側から通知され、それに従ったためです。分家前の先祖は本家と共通するわけですから、記述の重複を避けるために分家の始祖からとしたのでしょう。辻六郎左衛門家の本家にあたる辻進太郎《しんたろう》家（家禄二〇〇俵の旗本）から提出された系譜（「諸家系譜」に収録）のほうを見ると、「辻六郎左衛門先祖書」に記されているのとほぼ同じ内容で辻守快・守嘉の事績が記載されています。つまり、戦国時代の辻守快のエピソードは、本家・分家の双方で継承されており、『寛政重修諸家譜』編纂時の指示を受け、「諸家系譜」の一部として幕府に情報提供されたと言えます。それはよいのですが、『寛政重修諸家譜』ではそのエピソード類がすべて不採用になるのです。単に諱と親子関係が『寛政重修諸家譜』には記載されるのみとなってしまいました。

この時、編纂担当者が不採用とした理由を考えてみます。第一に、家康が辻守快の言動に心を動かされたにもかかわらず、子の守嘉を召し出すという約束を反古にしたという記述が影響しているのではないでしょうか。類似ケースがあったのかどうかわかりませんが、家康の評価を下げることになってしまう話であることは間違いありません。

守快・守嘉の事績記述が削除されてしまったので問題になりませんでしたが、辻家に伝わった先祖書には、家康から守快が賜ったとする正宗の小脇差の記載がありました。「唯今に所持仕り候」と書かれていましたが、「諸家系譜」の提出系譜では「浪人之節紛失仕候」と相違が生じているのです。安永期(一七七二〜八一)まで持ち伝えた宝物が寛政期(一七八九〜一八〇一)までの十数年間に所在不明になるはずがなく、推測するに、端《はな》から家康との故事は伝承、あるいは創作にすぎなかったのでしょう。たとえ辻家に小脇差の実物が残っていなくとも、または本物かどうか甚だ怪しい品があるにすぎなかったとしても、安永期頃までなら外に対して「拝領の小脇差を所持している」と言っても問題になるようなことはなかったと考えられます。仮に、見せて欲しいという人物がやって来たとしても、「家宝だから」などと断われば済んだのかもしれません。ところが、第一章でも触れたように、八代将軍吉宗期以降、家康や徳川家ゆかりの文物の調査を幕府が直々に行うようになってきます。そのため、家康から拝領した小脇差があるなどと記すと、幕府から、上覧に呈しなさいと命じられることになりかねません。嘘や贋物であることが露見すると却って家名に傷をつけることになるので、「紛失した」ことにしたのではないでしょうか。

家の歴史の書き換えは、それだけではありません。本家・分家の共通の祖先にあたる辻守敬《もりたか》について「辻六郎左衛門先祖書」では、「大猷院《たいゆういん》（家光）の代に召し出された」「召し出しの年月日は、明暦の大火（明暦三年〔一六五七〕）で書類が焼けてしまったので不明」としています。それに対して「諸家系譜」では、「厳有院《げんゆういん》（家綱）の代に召し出された」「明暦二年一〇月に召し出された」とあり、さらに『寛政重修諸家譜』では「神田の館にて常憲院《じょうけんいん》（綱吉）に仕えた」とのみ記されるという食い違いが生じています。いったい守敬はいつ徳川家と主従関係を結んだのでしょうか。もしかすると、辻家の言い伝えでは、守敬は家光に仕えたということになっていたのかもしれません。しかし証拠書類がないので、明暦の大火で焼けたということにしておけば穿鑿される恐れはなく、都合がよかったのでしょう。本当は家光へ仕えた経歴はないのに、早い時期から徳川家と主従関係を形成していたとアピールしたいがために話を創作していた可能性もあります。「諸家系譜」に収められた文書を提出する段階で、不明確なことを記すのは控えるべきだという遠慮が働き、辻家が召し出されたのは家光期ではなく家綱期と書いて提出したものの、『寛政重修諸家譜』の編纂にあたった人物は、その事実でさえ確認がとれないとして採用せず、結果として、守敬が神田の館にて仕えたという一文しか記載されなかった、つまり徳川家との主従関係は五代綱吉期以降と認定されてしまったのではないでしょうか。

この辻家の事例を通して、次のようなことが言えるのではないかと考えています。まず『寛政重修諸家譜』の編纂以前においては、あくまで伝承にすぎない、証拠を示すことができないようなことが先祖の事績として家の系譜史料に書かれていても、事実であるかのように堂々と先祖書に記載して幕府に提出するということが行われていたのではないでしょうか。旗本家で信じられている家の歴史が真の歴史であるという解釈が罷り通っていたわけです。しかし、それは『寛政重修諸家譜』の編纂事業によって変化します。事実か否かを見極めようとする眼が加わったからです。徳川家の歴代将軍と旗本家の関係を創作することは、家柄をよく見せるどころか、却って宜しくないこととなり、書いて提出したとしても編纂者の判断によって『寛政重修諸家譜』に採用されない、いわば公然と否定されることになったために、旗本家側では、先祖書や系譜に対する認識や姿勢を改めることを余儀なくされたのでしょう。

『寛政重修諸家譜』以降においては、編纂事業を通じて幕府から示されたメッセージを受けて、ある程度は「虚飾」が廃された先祖書が作成されるようになっていったと考えられます。なお、こうした話は大名家では起こりようがなく、出自が不明確な家が多い旗本だからこそあり得る話です。特に、浪人から取り立てられ、陪臣から幕臣にスライドした家が多い、五代将軍綱吉期および六代将軍家宣《いえのぶ》期の新規召し出し幕臣には、系譜を飾り立てる動機があったのではないかと筆者は推測しています。三嶋家のような三河以来の直参なら、そのようなことを考える必要はなかったはずです。

では、『寛政重修諸家譜』までの時代に創られた旗本の先祖物語はどうなったのでしょうか。依然として系譜に記されたままだったかもしれませんし、『寛政重修諸家譜』の結果を受けて訂正されたのかもしれません。ただ、三嶋家に関しては後者のはずです。虚飾は廃されるべきという認識が定着した幕末期に、三嶋政養は系図調御用を務めたのですから。

第二節　家督を継ぐのは誰か？

廃嫡・惣領除という選択

武家社会においては、男性の長子が家を相続するのが当たり前だったと、一般的には思われているかもしれません。確かに幕府は、長子を跡継ぎとすることを推奨しています。しかしそれは、武家社会の安定と共に定着していったのであって、所与のことではありませんでした。戦国時代にあっては強いリーダーシップを持つ主君が必要とされたため、家臣が主君を弑《しい》する事件や、兄弟間における血生臭い抗争も頻繁に発生していました。戦国の世から徳川の平和の世に移り変わっていく中で、主君の選定や家督相続をめぐる争いは抑制されていくようになります。御家騒動の発生事例は江戸時代前期に多く、のちに減っていくことがそれを物語っています。政務のシステム化が進めば、さほど主君としての資質に恵まれなくても、家臣団のサポートによって大名家・旗本家は維持されていくようになるからです。

主君に求められる資質の基準は低くなったと言えますが、それでも最低条件は存在し続けました。例えば、家の持続可能性に影響を及ぼす懸念がある主君――健康問題を抱えているとか、浪費家であるとか――は望ましくない存在です。そうした影響が予想される場合には、回避に向けて「作用」が働きました。幕府も、順序違いの者を家の継承者とすることについて全く否定していたわけではありません（宝永七年〔一七一〇〕「武家諸法度」）。その「作用」を働かせる主体は親類や家臣団です。親類一同や家臣団一同の決定は、主君の決定権よりも圧倒的に重いというのが実際でした。いったん嫡子（大名の場合）・惣領（旗本・御家人の場合）に選定されたとしても、その決定は容易に覆ります。「廃嫡《はいちゃく》」・「惣領除《そうりょうよけ》」とは、家の次期継承者＝嫡子・惣領として幕府に届け出た事実を撤回することを言いますが、それらは武家社会にありふれていました。

廃嫡の判断が行われる場合、大名家のように組織の規模が大きければ慎重に進められるはずで、決定までに時間も手間もかかります。しかし旗本では、決定に関与する親類・家臣団の範囲は限定されます。関係者が少ない分、惣領を変更することのハードルは低いと推測され、惣領の変更が何度も行われるような事例も見られました。「御家騒動」とまでは言わないまでも、惣領除に至るちょっとした家族・親族内トラブルが、旗本の世界ではここかしこに発生していたのです。

旗本三嶋家の事例を示してみましょう。第一節で述べたように「三嶋氏系譜稿」は、幕府に提出するための作為はなされておらず、事実をありのままに記している、信用度が高い系譜だと考えられます。その三嶋家の系譜によると、当主に複数の男子がいた場合に、最も年長の男子が家督を相続しているわけではないことがわかります。三嶋家の一〇代政春《まさはる》は子だくさんでした。成人した男子だけでも四人います。その中で最も年長の政備《まさとも》は正室の子であり、家督相続前に部屋住から召し出されて番入《いり》（惣領の身分で幕府の役職に就くこと）が叶い、小姓・小納戸などを務めていました。まさにエリート街道を進んでいたにもかかわらず、その後「惣領除」になってしまいます。実は「惣領除」の前年、小納戸として「不相応の儀」をしでかしてしまい、御役御免、小普請入《こぶしん》（無役）を申し渡されたのです。どのような失態だったのかはわかりません。しかし小納戸は、将軍と直《じか》に接する職務であり、失態が将軍に関わることであれば深刻です。父政春はこれを重く見たのではないでしょうか。もはや政備には昇進する見込みがないと、冷淡ながら見限った可能性もあります。この時の政備は、弱冠二二歳でした。政備が小普請入りとなった半年後、政春から幕府に対し、政備の惣領除が願い出されます。病気のためとしていますが、本当の理由ではないでしょう。政備は惣領除となったあと、本姓の山鹿《やまが》を名乗るようになります。三嶋家とは関係が少し切り離された形です。惣領除になってしまうと、人生の選択肢がありません。俗に、旗本の次男坊・三男坊は「冷や飯食い」の境遇に甘んじなければならなかったと言われますが、それとて、養子の口が来て立場を一発逆転させるチャンスは残っています。しかし、惣領除にそうしたチャンスはまずなく、人生を閉ざされるに近い絶望感があったはずです。

ただ、当時の規範として、そうした家族を家から追い出すことはできませんでした。家として面倒を見るべきとされたのです。政備は、三嶋家の当主から生活費を与えられて生きることになります。彼は、二二歳以降の余生を「厄介」の身として過ごしたのです。ただし、非正式の妻＝妾《しょう》を持つことは許されたようで、妾の「仲」は五人の子供を産んでいます。なお、その子供も「厄介」の立場に変わりありません。三嶋政養は他家から養子入りした人物ですが、家の当主として三嶋家にいた「厄介」（政備の子）山鹿磯橘・徳次郎兄弟を扶養しなければなりませんでした。彼らの住居として、屋敷の南側に長屋があったことは、第一章で紹介した通りです。

政備の惣領除ののち、三嶋家の惣領になったのは、次子の長恭《ながゆき》ではなくその下の政先《まさかつ》でした。長恭も正室の子ですが、すでに旗本池田家へ養子に行ってしまっており、三番目の男子である政先が、妾の子ながら惣領になります。政先の弟政行《まさゆき》については、別家の三嶋家へ養子に行くことが決定していたので、政先以外の選択肢はありませんでした。

こうした事例は特別ではなかったと考えられます。現に、別家へ養子に行った弟三嶋政行の家（旗本四五〇俵）では文久三年（一八六三）、惣領の勘三郎が「放蕩」を理由として惣領除されています。旗本の家の次期継承者である惣領として幕府に届け出されたとしても、それを取り消す行為である「惣領除」はいとも簡単に行われていたのです。三嶋家では養子入りが決まっていない弟が新たな惣領になりましたが、たとえ男子がいなくても躊躇なく惣領除は行われています。女子に婿養子を迎えればよいのです。旗本家における相続の様相を見ると、必ずしも男系重視とは言えず、旗本の家としてのメリットがどこにあるのかが最も重視されていたのです。なお余談ですが、この三嶋分家の勘三郎、三嶋政養家の主従に麻疹が蔓延した際には屋敷に来てくれ、政養と一緒に家中の者の看病に尽くしています。惣領除されたのちに江戸の芝神明社神主の妹と結婚し（国立公文書館内閣文庫所蔵多聞櫓文書）、維新後は海軍省に勤めています。「放蕩」といっても何か事情があったのかもしれません。

惣領の決定と家臣の意見

惣領の決定基準に関して一事例を加えておきます。旗本江川家では文久元年（一八六一）、江川英龍《ひでたつ》（坦庵《たんなん》）が残した韮山反射炉事業や鉄砲方御用を継承していた当主英敏《ひでとし》が若くして死去します。その際、後継者を誰にするかをめぐって家臣団の内紛が発生しました。英敏には弟英武《ひでたけ》がいましたが、まだ少年でした。家臣団は、英武に家督を継がせるべきとする派と、英龍の娘に婿養子を迎えて江川家を継がせるべしと考える派に分かれます（樋口雄彦「韮山代官手代の直参化と維新期の対応」）。ペリー来航前の時代なら、英武を立てることに異論が出るはずはありません。しかしこの時期の江川家は、幕府政治に少なからずコミットしていました。実質的な判断能力を持たない少年の当主では任務を十分に全うできないから、成人を養子として迎えるべきだと考える家臣もいたのです。結果として英武派の主張が通ることになりますが、この江川家の事例から見ても、旗本家の継承において、男系の血統よりもその旗本家にとってのメリットを重視する考え方が広く共有されていたことを確認することができます。

最年長の男子が惣領として届け出られたのちに惣領除されるのではなく、そもそも最年長の男子が惣領に選ばれなかった事例もあったはずです。

旗本松平（久松）家は家禄五〇〇〇石の大身旗本です。この久松家には健之助と定五郎という二人の惣領候補者がおり、そのどちらを惣領にすべきと考えるか、意見をしたためさせ、関係者に提出させた文書が残っています（国文学研究資料館所蔵武蔵国江戸久松家文書）。意見の書き換えがなされないよう、各自が封書で届けるように指示されたようです。榴原主馬介という人物の意見は、「御順」つまり生まれ順に従って健之助様を惣領にするのが良いという内容でした。しかし、落合悦平は、「不順」ではあるが定五郎様が良いと述べています。榴原と落合のどちらも対象者を「様」付けにしているので、彼らはおそらく家臣ではないかと思われます。身近で日常の姿を見ているからこそ、兄よりも弟のほうが家の継承者としてふさわしいという判断が出てきたのでしょう。この事例からは、生母が正室かどうかという問題はあるにしても、単純に生まれが早い男子が惣領となったのではなく、家臣を含めて広く意見を求めたうえで決定することもあったことになります。そして、惣領に定められたとしても、その後は安泰だったわけではなく、家にとってのデメリットが不安視される状況に至れば、その立場を追われるというような、厳しい選択もなされたのです。

第三節　養子入りをめぐる実態

夏目芳明＝三嶋政養の養子入り

兄政備に代わって三嶋家を継承した政先の子である政堅《まさかた》には、跡継ぎとなる男子がいませんでした。正室品子（旗本井戸氏の娘）との間に生まれた男子・女子はみな夭折《ようせつ》しており、妾「せき」との間にもうけた女子の機《はた》だけが成人していました（【図12】）。

政堅本人は、娘の機に婿を迎えて養子とする意向でしたが、分家の旗本三嶋政行や三嶋家の家臣、

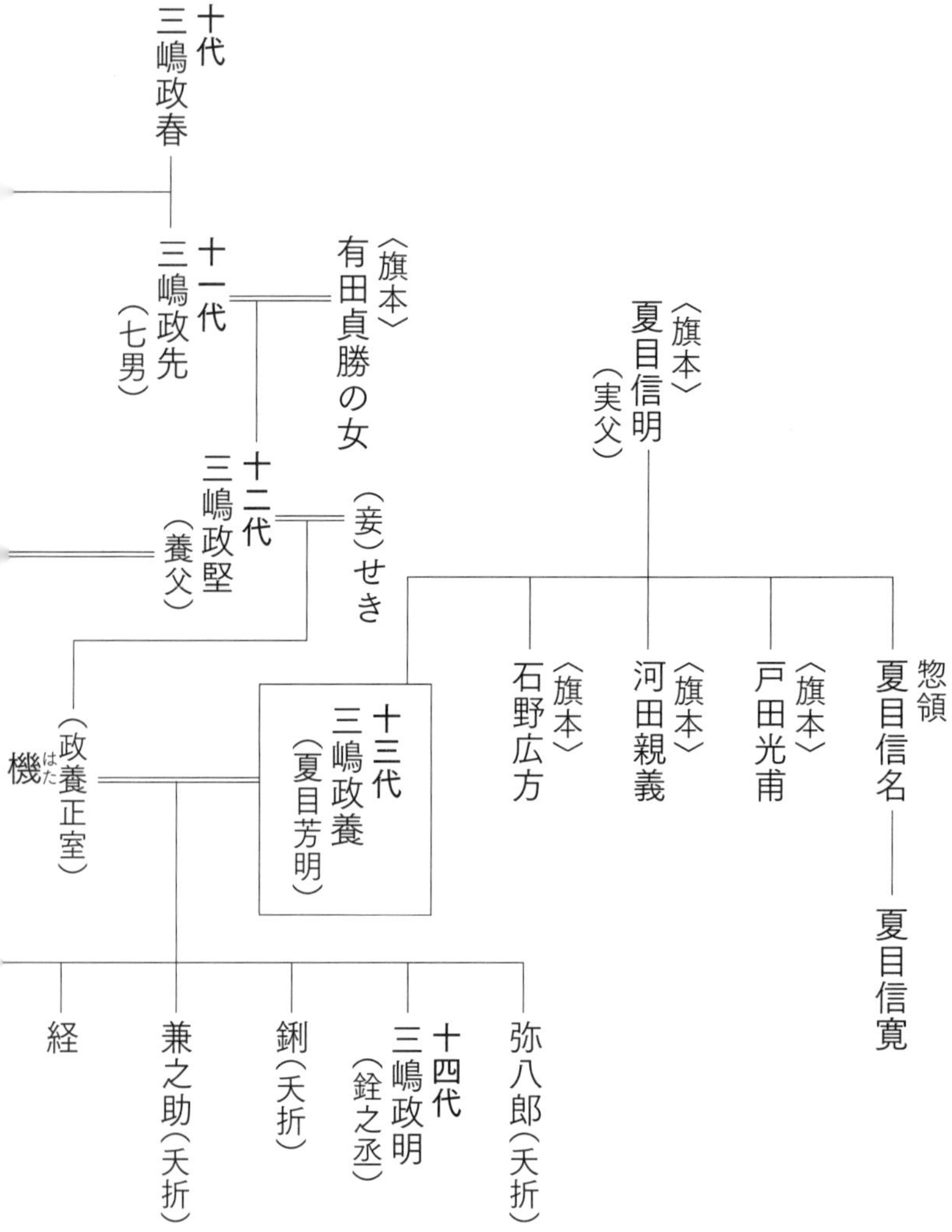

十代
三嶋政春
十一代
三嶋政先
（七男）
〈旗本〉
有田貞勝の女
十二代
三嶋政堅
（養父）
（妾）せき
〈旗本〉
夏目信明
（実父）
惣領
夏目信名
夏目信寛
〈旗本〉
戸田光甫
〈旗本〉
河田親義
〈旗本〉
石野広方
十三代
三嶋政養
（夏目芳明）
機《はた》
（政養正室）
弥八郎（夭折）
十四代
三嶋政明
（銈之丞）
釧（夭折）
兼之助（夭折）
経

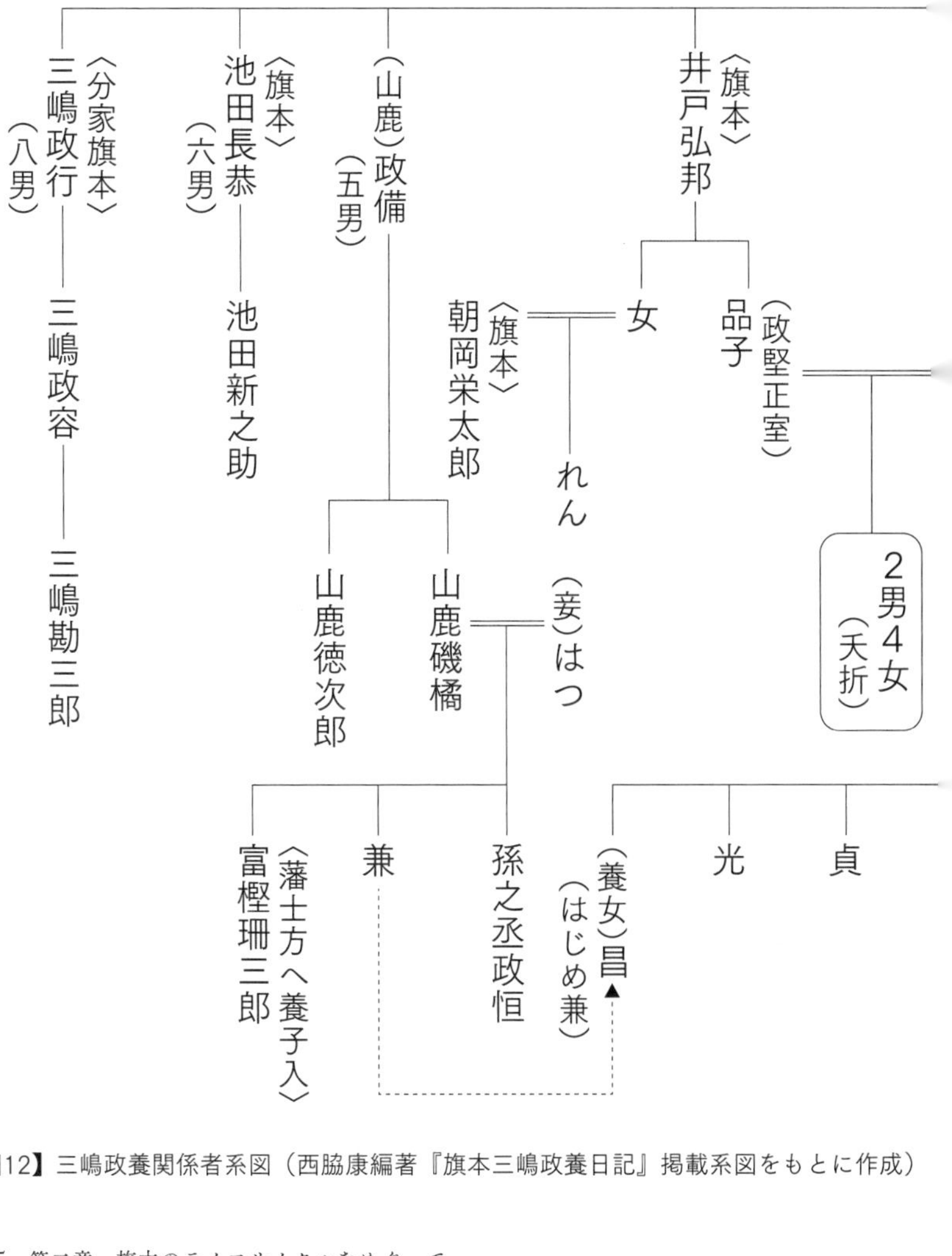

【図12】三嶋政養関係者系図（西脇康編著『旗本三嶋政養日記』掲載系図をもとに作成）

政堅の正室品子にはそれぞれ思惑があって、家の継承予定者を決定できないでいたのです。

政堅自身が望んだのは、旗本夏目家の次男で、当時部屋住だった二柳《ふたつやなぎ》（夏目）芳明《よしあき》（＝のちの三嶋政養）をその養子とすることでした。政堅は書院番士を務めていましたが、弘化二年（一八四五）のある晩、酒に酔ったまま乗馬をしていて、老中阿部正弘の行列の供先を乱してしまい、「差控」の処分を受けます。このような失態を犯すと、その後の昇進が望みにくくなります。諦めの境地に達したゆえか、その翌年から政堅は夏目家との婿養子交渉を始めました。夏目信明《のぶあき》は御側御用取次として権勢を振るっていたので、そこから婿養子を迎えることによって家を挽回させようと考えたのでしょう。

御側御用取次は側衆の中から数名が選ばれ、将軍に近侍して奥向での政務に関する御用を扱った役職です。芳明を三嶋家の婿養子とすることについて、弘化四年（一八四七）には内諾が取り付けられていましたが、決定権を持っていた政堅が嘉永元年（一八四八）三月七日、四九歳で急死してしまいます。そのため、新たな主張が沸き上がってきて、紆余曲折を辿ることになるのです。

家督継承者の決定を困難にしたのは、当時、三嶋家の屋敷内に居住していた厄介の存在でした。政堅にとっては従兄弟にあたり、伯父政備の子である山鹿磯橘と徳次郎です。先ほど経緯を記した通り、政備は政堅の父の兄でありながら惣領除されたので、その子である磯橘と徳次郎は本流筋と言っても過言ではありません。しかも、屋敷内に同居していたので、家臣にとってみれば彼らを不憫だと思う気持ちもあったでしょう。こうして家臣の一部は、継承者を山鹿兄弟のいずれかにすべきだと主張し始めます。

一方、政堅と死別した正室の品子は、それとは全く別のことを考えていました。品子の妹が旗本朝岡氏に嫁して産んだ、品子から見ると姪にあたる「れん」を養女にし、婿養子を迎えようと考えたのです。旗本の養子選定に関しては、まず①同姓の男子（例えば、兄弟・従兄弟や又従兄弟）を優先し、それがなければ②娘に婿を取ったり、娘が婚姻先で産んだ孫などを選定し、それでも対象者がなければ③他家からの養子を検討すべしと、幕府の達書には記されています。品子は、三嶋家に①②を選択できる条件があるにもかかわらず、③を提案してきたわけです。品子の実家井戸氏は平均的な旗本の家ですし、妹が嫁した朝岡氏も特に立身した家ではありませんが、彼女がこのような意向を表明することができるのは、旗本の正室の地位が高かったことを反映していると言えます。

嘉永元年三月に三嶋政堅が急死した時点で、三嶋家はまだ惣領を幕府に届け出ていませんでした。御家断絶を避けるためにも、三嶋家では政堅の死を秘匿して跡目の決定手続きを進めることにします。この時、関係者間の意見の調整をした人物が三嶋政行です。彼は三嶋政春の六男で、政堅の叔父にあたり、別家三嶋家（家禄四五〇俵の旗本）の養子となっていました。この三嶋政行は、昌平坂学問所で『御府内風土記』『新編武蔵国風土記稿』『新編相模国風土記稿』などの地誌編纂に従事しており、東京都・埼玉県・神奈川県域を対象とした歴史地理学にとっては大恩人と言ってもよい人物です。こうした事業に登用されたのですから、政行は学識ある人物だったはずです。彼が残した随筆『六十化話』には、寛政期に学問が奨励される中で、三嶋家の四兄弟（政備・長恭・政先・政行）は学問に親しんでいたと記載されています（森銑三「三嶋政行の随筆」）。ちなみに政養の諱は、養子入り後にこの三嶋政行から贈られたものでした。政行は安政三年（一八五六）に七七歳で死去しているので、この事件が起こった当時、六九歳だったことになります（墓が現存しています【図13】）。彼は、同族団の年長者として、話し合いをまとめることになったのでしょう。また、三嶋政春の四男で家禄五〇〇石の旗本池田家に養子入りした長恭の子である新之助も大きく関与していました。三嶋政行の子の勘右衛門政容も、このあとで触れる養子入りに際しての土産金・賄・合力金の契約に同席しています。

【図13】三嶋政行の墓（東京都台東区蔵前浄念寺、筆者撮影）

正面には「凸凹斎知還翁之墓」とあり、左側面に略歴、右側面には和歌が刻まれている個性的な墓。政行が安政3年（1856）に亡くなる8年前、生前に建立した逆修塔であるため、このような墓になったとみられる。

このように、家に関する何らかの問題が発生した場合には、同族や親族（親類）が介入するのが一般的でした。同族とは、父系の祖先を同一にする本家・分家の関係にある家集団、親族は、姻戚関係によって発生する家集団同士の関係を指します。例えば、奥方の実家や娘の嫁入り先は後者です。家の相続の決定は、その家の当主や家族のみならず、同族や親族一同の合議によって行われるものでした。なお、幕府に対して、跡目願・隠居願・養子願・縁組願などの家に関する重要事項を願い出る際には願書面に同族・親族が連署・連判する必要があったので、これらを関与させないということは実質的に不可能でした。同族・親族が跡目の決定過程に関与するのは、旗本だけではなく、大名レベルでも同様だったとされています（野口朋隆『江戸大名の本家と分家』）。しかし、明治二九年（一八九六）に公布された明治民法以降、戸主の決定権が強化されていく中で、こうした同族・親族の関与権限は相対的に薄まっていくことになります。親戚による「口出し」は、江戸時代の武家社会においては当然のものとしてあったのです。その合議の結果、夏目家の男子芳明＝政養を三嶋政堅の急婿養子とすることが決定されました。別の家から入るわけですから、当然、三嶋家の先祖祭祀等のことは知りません。そこで三嶋政行は、親戚代表として法要の進め方を指示するなど、政養をフォローしていくことになります。

嘉永元年七月二五日、芳明（政養）が三嶋家へ移り、政堅の娘機《はた》との婚礼が行われました。その際、種々の取り交わし事項が定められています。

第一に、夏目家から土産金四〇〇両を持参するということです。土産金は、実質的には持参金にあたります。旗本家で養子を迎える際に、持参金の多寡でその対象者を決めるようなことがあってはならないという達しを幕府は出していますが、実際には、このように土産金と称して金銭を介在させることは当然のこととして行われていました。夏目家と三嶋家を比べてみると、夏目家のほうが禄高にしても幕府職制上の立場も上です。次三男を養子として出す側は相応の金銭の拠出を必要としたので、上位の家格の家から下位の家格の家へ養子に行くのが一般的にならざるを得ません。

その土産金の内訳は、①厄介山鹿徳次郎の中長屋普請金一〇〇両（住居の修繕・改築費）、②朝岡れん女の養女差し戻し手当金五〇両（すでに、品子の姪を養女にしてしまっていたため、詫金にあたる費用）、③奥方機《はた》の支度金一〇〇両、④政堅の埋葬関係費用（「新葬見込金」）五〇両、⑤政養の代替わり諸入用見込金一〇〇両となっていました。純粋に、婚姻や養子入りに関係する費用は③と⑤だけで、ほかは三嶋家が本来は支出すべき費用を肩代わりする形になっています。家の経済面における課題を、養子取りの機会を利用して部分的にも解消しようという思惑があったに違いありません。

また、養子入りによって三嶋家の当主となった政養が、三嶋家の家族に対して経済的にどのような配慮をすべきかについても契約として定められています。年限は定めず、対象者の生存中は未来永劫にわたり、①政堅室（品子）の賄料として年間三五両を渡すこと、②奥方機《はた》の化粧料・衣服料として年間二一両を渡すこと、③厄介山鹿磯橘と同徳次郎に対する合力金としてそれぞれ年間三五両（一〇〇俵）と白米五人扶持を渡すこと、です。金額を具体的に定めることにより、養子入りした新当主の恣意によって故政堅の近親が不利な状況に追い込まれることのないよう、万全の準備がなされているのです。奥方や義母に対して不義理をすることはないかもしれませんが、厄介の山鹿兄弟は弱い立場です。大名家においては家臣団の数も多いので、養子入りした新当主による恣意的な行為は難しいはずですが、旗本家では家臣団が貧弱で、当主と家臣のパワーバランスが拮抗しているため、当主が勝手なことをしたり、横暴を働いたりする可能性が排除しきれませんでした。そこに、同族・親族が介在するメリットがあります。このように旗本家では、当主の立場にあるからといって家の収入を自由に裁量することはできないのであって、同族・親族一同による監視のもと、政養は、新たな当主として家を運営していくことになります。

江戸時代の「家」制度では、武家だけでなく町人・百姓も含め、家長の権限が飛び抜けて強いということはなく、男系・女系を問わず同族・親族団が共同で「家」を管理していました。また、商家においては、男子がいても、娘に婿養子を取って家業を継がせるケースが多かったとされます。その婿養子は、代表者として家業を取り仕切ることはできても、家の財産権は家付き娘が握っており、決してお金を自由に使うことはできなかった旨を示している研究もあります（横山百合子『明治維新と近世身分制の解体』）。それに似た当時の共通認識を三嶋家の事例からも見て取れます。商家では、商売に失敗して身代を潰すことがないよう、経営能力を見極めたうえで婿養子が決定されました。武家においても「家」を守るという目的は同じで、養子入りに際して様々な契約がなされたのだとみることができます。

芳明（政養）が三嶋家へ引っ越して、婚礼を挙げた翌日の嘉永元年七月二六日には芳明＝政養を三嶋政堅の末期《まつご》養子とする願いが幕府に提出され、無事受け取られたその翌二七日には三嶋政堅の病死届が提出されることになります。一日刻みで手続きが進むのは、もちろん、あらかじめスケジュールが組まれていたためです。旗本の家相続は、三嶋政堅をめぐる事例に見られるように、死を秘匿するということのみならず、まるで芝居の演出のように進められていくのです。そのことは、次項で紹介する判元見届の事例を通しても実感できるのではないかと思います。

生々しい婿養子選定の過程――金森家の事例から

旗本家の内部が本当に泥臭いものだったのか、懐疑を抱く方のためにもう一例を挙げておきましょう。家禄三〇〇〇石の旗本金森家での事例です。旗本の婿養子選定に際して同族・親族がどのように関与したのかも判明します（以下は、中井大右衛門家文書「日記」〔天保一五年〕によります。【図14】も参照してください）。

天保一五年（一八四四）二月一七日、九代当主金森左京近典《ちかのり》の妹お鉛を養女にし、一柳《ひとつやなぎ》土佐守（播磨小野藩一万石の大名一柳末延《すえのぶ》）の弟鉚之丞を婿養子にして家督を継がせる旨の相談が内々に整いました。実はこの金森近典、三ヵ月前に死亡しています。当主が亡くなってから、養子選定が実質的に動き出すというのは三嶋家と同じですが、異なるのは、金森家にごく近い間柄の同族・親族によって進められた内々の相談と、やや遠い間柄の同族・親族から了承を得るために行われる「表向」の相談が分離している点です。金森家は交代寄合の旗本のため、大名に准ずる手続きが求められたことや、宝暦八年（一七五八）に改易された美濃郡上八幡《ぐじょうはちまん》藩主金森家の分家旗本の系譜を引いているために同族・親族関係が諸家に広がっていることも影響していると思われます。

一柳鉚之丞を婿養子とすることが内定されたあと、金森家では「御親類様方表向御相談」や「御判元之節」（判元見届）の際に立ち会いを頼む親戚の下調査に取りかかっています。また、急婿養子の決定過程で幕府関係者の検査を受けなければならなかったため、三月七日には、内調べとして「御同列」（同格の交代寄合の旗本ヵ）や幕府の御留守居など一〇人が屋敷に来ました。彼らには、車屋とい

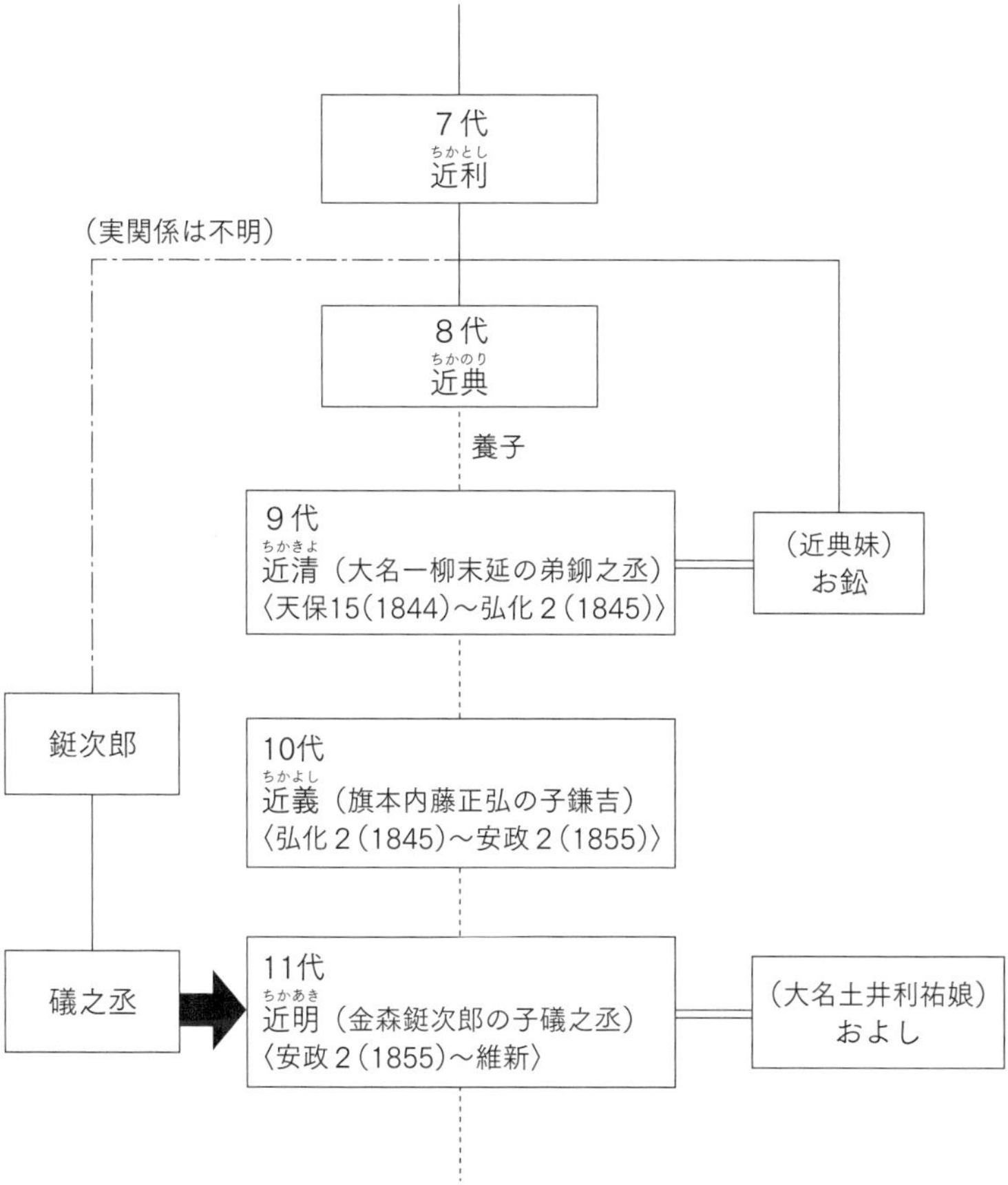

【図14】江戸時代後期の旗本金森家略系図(越前市編『旗本金森左京家関係文書』掲載系図に筆者補記)

う店から取り寄せた仕出料理を振る舞い、引物として蛇の目傘・唐まんじゅう・お茶を渡し、一人あたりの賄代が二五匁（現代の価値にすると六万円程度）かかったと記しています。おそらく検査は形式にすぎず、馳走をして、「今後何か問題が起きたらよろしく頼みます」ということを念押しする意図が込められていたと考えられます。

そこまで紆余曲折はありましたが、金森家の家臣団や日頃行き来のある親戚らの尽力により、養子として家督を継いでもらう人物を無事に決定できたのです。身近な関係者はほっとしたことでしょう。そこで表向きの手続きを開始しようとしたところ、思わぬ壁に突き当たります。親戚の一人「織田様」から反対意見が出たのです。この「織田様」について定かではありませんが、表高家《おもてこうけ》の織田家ではないかと推測されます。当然、内々の決定には関与していなかった親戚です。織田様の反対意見を受けて、金森家の家臣が何度も織田家へ行って説明しましたが聞き入れません。さらに、大奥様（先代当主の奥方）が二度も直接訪問して説明しましたが納得しませんでした。織田様の不満は、鋌次郎という人物（金森家の血縁筋の人物。近典の「弟」扱いになっていました）を仮養子にしていたのを取り消したことにあったようです。この時点で鋌次郎は金森家の屋敷内に居住していました。

織田様は「全く不行き届きなことだ」と金森家の家臣を責めますが、すでに一柳家から婿養子を迎え入れるために屋敷の建物に手を入れたり、土産金の一部（二五〇両。土産金の意は三嶋家の事例と同じ）を受領したりなど動き出している段階での口出しですから、たまりません。「抜きも差しも相成り申さず」「御家の浮沈」に関わるからと、金森家の江戸家老を務める谷市太夫は意を決し、「平に御詫び」

して切り抜ける作戦を敢行します。プライドを投げ捨ててお願いしたのでしょう。それでも織田様は許しません。

追い込まれた金森家の家臣は、織田様に次のように返答せざるを得ませんでした。「一柳家に対して、『今後、鋋次郎様に男子が産まれたなら、その子供を順養子（鉚之丞の養子にするということ）にする可能性もありますが、納得していただけますでしょうか』と内意を伝えました。一柳家側は（その可能性があるという点に対し）理解を示してくださいました。しかし、婿養子縁組の準備が進んでいる段階でそのことを表に出すことはできませんので、あくまで金森家家老の谷市太夫と一柳家留守居の栗山氏による内々の合意です」。つまり、ゆくゆくは鋋次郎の血統に戻るので、今回の鉚之丞を迎える養子縁組は承知して欲しいと言っていることになります。しかし、この返答は全くの作り話でした。金森家の家臣にそのような気はなく、織田様を納得させるためなら、嘘でもなんでもつくという覚悟だったのです。これについては家老の谷市太夫から金森家の家臣一同に直接説明がされています。のちに万が一の事態が発生したなら、市太夫が勝手に謀計を行ったことにし、市太夫一人が罪をかぶる覚悟であると。日記の筆者中井大右衛門は「至極もっともなことです」と市太夫の判断に賛意したとあります。現実を踏まえれば、そのような条件を付けて大名の弟を婿養子に迎えることなどできるはずもありません。下手をすれば一柳家側から破談を突き付けられる危険もあります。鋋次郎の子を順養子にするなどという可能性を残してはならないと、家臣一同、わかっていたのです。

四月一〇日以降、「御同姓様」「御親類様」に対して、婿養子の相談について正式な使者が遣わされていきます。同姓の金森氏四家はいずれも旗本です。それまでの経緯を説明のうえ、婿養子の手続きを進めたいので、正式の相談の席に出席いただきたいとの旨を申し出ています。内々の調整は済み、「織田様」のいちゃもん付けも無事クリアしたわけですから、異論が出ようはずもありません。もはや関心がないと言ったほうが正確かもしれません。相談の場へ出席すると返事をしたのは関係各家の半数以下にすぎませんでした。それでも形式上は、同族四家のほか、何代にも遡って縁戚筋の家の合意を取らなければならなかったのでしょう。とはいえ、同族や当代に近い親類を除けばそのようなことに時間や手間を費やす気はないので、結果が決まっている形だけの同族・親族会議が開かれることになったはずです。

一柳鉚之丞は、金森左京近典の死亡届を提出した当日（四月二七日）の夕方、三田魚籃下《みたぎょらんした》の金森屋敷へ移ってきました。この時、親類の荒木十左衛門（家禄一五〇〇石の旗本）が金森家側を代表して応接にあたっています。十左衛門は御殿表向の使者之間まで、家臣一統は玄関の張出（式台）まで鉚之丞を出迎えました（部屋名等は54・55頁の【図7】参照）。鉚之丞は、まず表の御書院で十左衛門へ挨拶をし、奥の御居間での休息を挟んだあと、御書院で金森家の家来一統に対する初御目見を行いました。中小姓格以上の家臣には「初めて」との言葉と共に手ずから熨斗《のし》を渡し、徒士格の家臣へは言葉なしで熨斗が渡され、御坊主（金森家の下級家臣。第四章参照）へは立御（主君側は立った状態）による御目見がなされました。さらに言えば、屋敷内には足軽・中間《ちゅうげん》などの武家奉公人もいますが、彼らは御目見できませんでした。家臣の身分階層により、初対面から御目見の方式が異なったということです。初御目見が済み、鉚之丞は新たな旗本家の当主として迎え入れられました。

実は、この一柳鉚之丞＝九代当主金森近清《ちかきよ》は、跡継ぎをもうける間もなく、養子入りの翌弘化二年（一八四五）に亡くなってしまいます。金森家で過ごした日々は、彼にとって全く楽しいものではありませんでした。そのあたりの事情は第六章で触れます。当主を亡くしたため、金森家では家禄五七〇〇石の旗本内藤正弘の四男鎌吉を急養子に迎え、一〇代金森近義《ちかよし》になりますが、なんとその近義も十年後の安政二年（一八五五）に病死してしまいました。結局、金森鋌次郎の長男礒之丞が一一代近《ちか》明《あき》となります。口出ししてきた織田様が推した鋌次郎の子です。鋌次郎の子は鉚之丞＝金森近清の順養子にこそなりませんでしたが、金森家では養子に迎えた人物を相次いで失ったため、結局、金森家の継承者となったのです。一柳家も内藤家も金森家より禄高では上位の家です。そのような家から養子を迎えることには社会的・経済的メリットがあったため、血統としては近い傍系の人物（鋌次郎）より養子が選択されてきたのでしょう。しかし、安政期（一八五四〜六〇）という政治的混乱期に至り、メリットに拘《こだわ》ることができなかったのか、それとも養子縁組の相談がまとまらなかったのかはわかりませんが、一族の男子を養子にすることになりました。幕府が推奨し、通達された養子縁組の選定基準があったにもかかわらず、旗本家では現実的な損得こそが優先されていたというのが実態なのです。

第四節　何があっても「淡々と」進む家督相続

判元改（判元見届）の実態

大名・旗本から急養子・末期養子の願い出があった場合、幕府の役人を願い出人の病床に派遣して、何か疑わしい点がないかを確認する手続きが行われます。大名の場合は大目付、旗本の場合はその役職の支配頭《しはいがしら》がそれを行うことになっていました。急養子の願い出をするということは、家督を相続させる予定の嫡子・惣領をまだ幕府に届けて出ていないということです。養子について認定を受けると同時に、その養子による家督相続を願い出ることになります。嫡子・惣領の届け出を済ませてあるなら、当主が隠居して跡目をその嫡子・惣領に譲りたい時に跡目願の手続きを進めればよいのですが、本人が病に罹って急死する場合もあります。急病の知らせを受けると、当事者が属する組の組頭や世話役は当事者の屋敷に赴き、跡目願に押された印章の検査を行いました。こうした家督相続時の書類の改めを「判元改」（または判元見届）と言います。つまり「判元改」には、急養子・末期養子を願い出る場合の判元改と、急死時に嫡子・惣領に家督を相続させる場合の判元改の二種類が存在することになります。

急養子や末期養子と聞くと、おそらく病人が息絶え絶えの状態で、必死に文書をしたため、家臣に対してあとのことを懇願している姿が思い浮かぶのではないでしょうか。ですが、それはありませんでした。当事者が死亡してから手続きを開始しても、全く支障がなかったのです。その当主がまだ生存しているかのように装って文書を作成し、その相続を願い出たのでした。急養子の願書面の印鑑（自筆署名は困難ゆえ、印鑑のみで済んだのでしょう）は当事者本人が押さなければならないのが建て前ですが、すでに死亡している場合は、親族が代わりに屛風のかげに隠れて行い、本人が自ら捺印したかのように装いました。だからこそ、先述の三嶋家のケースでも金森家のケースでも、本人が亡くなってから急養子を決めているのです。願書は、受け取った組頭から上役を通して即日、月番老中に提出されました。やがて願い人は亡くなります。すでに死亡しているのですから当然です。死去届は親戚二名から幕府に届け出され、一連の手続きのおおよそ三ヵ月後には家督相続を認可する下命が出るというのが一般的な流れでした。

こうした判元改の概要は、大正八年（一九一九）刊行の松平太郎『江戸時代制度の研究』でも触れられているので、当時からごく一般的に行われていたのでしょう。しかし、どのように手続きが進められたのか、具体的なことがはっきりしません。「死者に正式な文書を作成させる」という、現代的な感覚に照らし合わせればとんでもないことが判元改の過程で行われていたのであり、その点は小川恭一氏や高尾善希氏も指摘されていますが、改めて一連の手続きの実態を明らかにしてみたいと思います。

急養子は誰もが許されているわけではなく、原則として五〇歳未満で男子がいない場合となっていました。江戸時代前期には相続者がいないために御家断絶になった大名・旗本家が多数ありましたが、それは急養子の規定の厳密な適用によるものです。しかし、江戸時代後期には大きく変わっていました。三嶋政堅は、四九歳で男子がいないにもかかわらず養子を届け出ていませんでした。表向きで見るならば、政堅の急死は三嶋家断絶の危機を招来したと言えます。しかし実際のところ、如何様にも手段はあったので、政堅は養子手続きを先延ばしにし、放置していたのです。

急養子を決めるに際しては、第三者にあたる医師による状況確認を必要としました。本当に回復の見込みがない差し迫った状況であるかを判断したのです。医師の確認を受けさせることや組頭に書類を提出させること自体は、本人の意思の確認、さらには家臣団が不都合な主君を除くこと、いわゆる「主君押し込め」を防ぐ目的があったと言えます。幕府が判元改を課したのは、ごく当然の措置です。しかし現実には、当主が病気に罹ったとしても死亡に至るとは限りません。病気で気弱になった当主が養子を決めたのちに回復し、家督相続や養子について翻意するなどということがあっても困ります。ならば、病状が相当悪化してから養子を決めればよいかもしれませんが、それは病人にとって酷です。こうした事情から、当主の死亡後に養子の選定を本格化させ、養子候補者を確定し、もろもろの準備を整えたのちに急養子手続きを行うように変化していったと考えられます。そのうち、死んだ人間が生きているかのように書類を書いたり印鑑を押したりすることや、亡くなっている人物の病状を医師が診断するといった虚偽行為をさせることに旗本や家臣らは何ら心理的な抵抗がなくなっていったのです。

三嶋家の実例を挙げます。先述したように、嘉永元年三月七日、三嶋政堅が四九歳という年齢で急死した時点で、誰に家を相続させるのかは決まっていませんでした。ゆえに、政堅の死を秘匿して養子手続きを進めるしかありません。親族を含めた相談の末、芳明（政養）を急婿養子にすることを決定し、同年七月二五日に芳明（政養）の引っ越しと政堅の娘機《はた》との婚礼を行い、翌二六日には判元改（判元見届）を受けて芳明（政養）を三嶋政堅の急養子とする願書を提出します。翌々二七日に許可が出たことを確認したうえで、三嶋政堅の病死届が提出されました。ここまでで亡くなってから四ヵ月以上が経過しています。金森家のケースでも、実死亡日から五ヵ月程度の日数がかかっています。平均的にその程度の日数がかかるものだったのでしょう。とはいえ、当主不在の状況を放置し続けることには問題があるので、当時の暗黙の了解として、急養子は実際の死亡から数ヵ月程度で処理しなければならなかったと推測されます。

こうした手続きは同族・親族が主導し、家臣が協力して進めたことは述べてきた通りです。三嶋家の場合、政堅の父方の従兄弟にあたる旗本池田新之助（五〇〇石）、正室品子の父である井戸十兵衛（五〇〇石）、正室品子の妹婿である旗本朝岡栄太郎（禄高不明）が判元改に同席しています。次に挙げる徳山家の事例でもそうですが、家督の手続きにおいて協力を仰ぎやすいのは正室の父や兄弟なのかもしれません。同族・親族とはいえ、次第に親疎が生じていく中で、正室の実家とは頻繁に行き来し、交流していることが多かったのでしょう。

三嶋政堅は亡くなった段階で小普請《こぶしん》だったので、判元改の当日、小普請組支配の松平美作守・大嶋丹波守と、小普請組組頭の三橋藤右衛門、小普請組世話取扱の布施孫太夫・阿部三右衛門が屋敷に来て、急養子にかかる見届をしました。しかし、政堅が亡くなったのは四ヵ月も前、仮埋葬はすでに済んでいます。それでもなお、政堅が病床に伏しているようにしつらえたのか、それともそのような茶番はなしで、必要なやりとりだけをして帰ったのかはわかりません。所属する小普請組の上役たちは、三嶋家の事情を端《はな》から承知していたはずです。死亡届までの書面上の手続きが済むと、家督相続者は服忌《ぶっき》に入ります。これは、近親が亡くなった場合に定められた期間の喪に服すもので、父の場合には五〇日と決まっていました。服忌が明けると三嶋政養は江戸城に登城し、本丸御殿の菊之間にて、老中全員が列座する中、老中牧野備前守忠雅《ただまさ》から跡目許可の申し渡しを受けました。ここに至って、三嶋家の人々はようやく安堵することができたのです。

実子惣領が相続する場合の「その一日」

家督を継がせる男子がいない、養子届を提出していないなどの事情を抱えていた旗本家が、家督相続を乗り切るために使われたのが急養子の手続きでした。では、何らの問題もなく、実子の惣領に家督を移行させる場合なら不自然な行為はなかったのでしょうか。実を言うと、急養子のようなイレギュラーな場合のみならず、実子の惣領が相続する場合でも、死者に文書を書かせるようなことが行われていたのです。

家禄二七四三石の旗本徳山家の事例を挙げます（「跡目願一件」、岐阜県歴史資料館所蔵徳山稔家文書。なお、徳山家の屋敷は三嶋家の近所にありました。74頁の【図10】参照）。最初に流れを示しますが、これはあくまで「表向」の流れだと念頭に置いて追っていってください。

弘化元年（一八四四）に徳山家では、徳山秀起の死去に伴う子の秀守への家督相続がありました。秀守は家督前から番入（惣領の段階で召し出されて幕府の役職を務めること）して西丸小納戸となっていたので、家督相続における何らの支障もありません。父秀起は病床で、「天保一五年（＝弘化元年）一二月八日」の日付にて、親類の瀧川大蔵（徳山秀起の正室の実家の当主。正室の実兄弟カ）・逸見八左衛門を宛所とした家督相続の頼み文書を作成します。頼みに際しては、なぜその人物に跡式を継承させるのか、客観的な状況を説明しなければなりません。そこで秀起は、相続に関係する男子の情報をすべて示しています。西丸小納戸を務めていた実子惣領の秀守のほかに次男・三男・四男がいること、彼らは他家へ養子に行っていること、まだ御目見を済ませていない惣領秀守の子（秀起の孫）がいることなどです。つまり、秀守へ家督を継がせるのが最適な選択であると伝えています。そもそも秀守を惣領とする際には惣領届が出されているはずで、第一次の判断を経ているということを示してもいます。そのうえで、自分の病気が重くなっていること、もし自分が死んだならば、跡式を実子惣領五兵衛（秀守）が継げるようしてもらいたい旨を記しています。併せて、幕府に届け出るべき書類、療治を受けている医師の姓名書、手続きへの立ち会いを希望する親類の姓名書（瀧川と逸見が指名されています）も一緒に託されました。なお、その段階で懐胎している召仕（＝妾、側室のこと）の有無まで届けなければならなかったので、その書類も渡されました。

その日のうちに徳山秀起は亡くなり、本人から頼み文書を受け取った親類の瀧川大蔵と逸見八左衛門が家督相続を願い出ます。「一二月八日」付けの願書で、徳山石見守（秀起）が病死したこと、実子惣領五兵衛（秀守）へ家督を下されたいと存生のうちから願っており、その旨を拙者たちに伝えていたこと、よってそのように御取り計らい下されたい旨を先手《さきて》鉄砲頭の内藤内蔵頭《くらのかみ》に願い出ます。徳山秀起は前年に先手鉄砲頭を御免となり、寄合に入っていました。寄合の場合、諸願・諸伺等は御先手または仲間、ならびに親類をもって差し出すべしとの法令が安永八年（一七七九）に出ているので、それに従ったとみられます（新見吉治『旗本』）。

死亡時に秀起は六二歳でしたが、なぜ死去直前まで家督を譲って隠居しなかったのでしょうか。それは、秀守が受領している切米・役料のためと考えられます。秀守は西丸小納戸として切米三〇〇俵と役料三〇〇俵を受け取っていました。徳山家の家禄が二七四三石なので、知行所からもたらされる収入が米にして概算三〇〇〇俵と考えると、その二割相当に及ぶ六〇〇俵を加えて得ていました。もし、秀起が隠居すれば役料のみの加算になり、三〇〇俵の減収になってしまいます。いわば「ダブルインカム」の状態をできるだけ維持したかったのです。もちろん、収入の多少に拘泥せず、健在のうちに隠居して惣領に家督を譲るというパターンもあったはずです。

話を「一二月八日」の秀起死亡前に戻します。「秀起が危篤状態に陥った」徳山家に、御立会様方として指名された親類瀧川と逸見がやって来ます。先手鉄砲頭の内藤内蔵頭に、お出で下さるよう案内も出しました。そうした手配は家臣が行います。御立会様方の親類と内藤が表座敷に揃い、挨拶を済ませると、御立会様方はいったん奥向に引き、家臣が跡目願書類（この時点では未押印）を内藤へ内覧に入れます。そののち、奥向の居間に内藤を通し、御立会様方が病間から（調印された）跡目願書を持ち出し、内藤に渡しました。御立会様方の親類と内藤が最初に面会したのは、第一章にも記したように、表座敷＝書院などを備えた儀礼空間です。奥向の居間とは、旗本主人の生活空間である奥（中奥）の居間です。居間には、主人が来客や家臣と応接する居間と、主人が寝起きする居間とがあったとも触れましたが、御立会様方が内藤に書類を渡した部屋は応接のための居間、病間が、主人が寝起きするプライベートの居間ということになります。続いて、跡目願書以外の書類も御立会方両人から内藤へ渡します。その時に、「たった今本人が亡くなりました」と伝えました。このあと、取り計らいを頼む内藤宛て願書が両人から差し出されるのでしょう。内藤はそのまま御用番若年寄の本庄安芸守（道貫《みちつら》）宅へ直行し、徳山家の跡目願書を提出しました。徳山家の用人は本庄家の門前まで同行し、その跡目願書が滞りなく若年寄のもとに届いたか、様子を窺ってから屋敷に戻ります。内藤が不備なくやってくれるか不安だったのではなく、それが慣行となっていたのでしょう。

そして一二月の下旬、徳山五兵衛（秀守）に対して西丸頭取方（小納戸頭取と考えられます）を差出人とする登城召しの切紙が届きます。秀守は父の喪に服して職務を遠慮していましたが、その忌を御免（規程日数の五〇日を途中で打ち切ってよいとの意味）とするので、同月晦日に西丸へ登城せよとの旨が記された文書です。晦日に西丸へ登城したところ、御用番老中の阿部伊勢守（正弘）から家督を下し置かれる旨の仰せ渡しがなされました。このあと、秀守は関係者にお礼の挨拶回りをして、家督相続の手続きは終了となります。

史料の記載に即して流れを紹介してきました。しかし、皆さんはいくつもの違和感を抱いたはずです。一二月八日に危篤になったことを受けて、親類の瀧川と逸見、先手鉄砲頭の内藤が即時に集まり、親類二人から内藤へ説明が行われ、関係書類一式を渡したまさにそのタイミングで徳山秀起は息を引き取ったことになります。まともな人間ならば、日頃から交友してきた人物が今にも死にそうだという時に書類の受け渡しをしているなどということはあり得ません。つまり、すべてが予定されて組まれていたタイムスケジュールなのです。

本当は、徳山秀起は一一月二八日に亡くなっていました。死去の連絡を受けて集まった親類らは相談し、徳山秀起が当時属していた寄合の肝煎《きもいり》松平内蔵允《くらのすけ》へ使者を遣わし、指示を仰ぎます。松平内蔵允からは、旗本大久保讃岐守（忠実）の跡目願の振り合いで進めるようにとの具体的な指図が来ました。大久保讃岐守は近例だったと思われます。また、立会は親類両人、進達は先手鉄砲頭に頼むようにとの指示もあり、親類の瀧川大蔵・逸見八左衛門と先手鉄砲頭の内藤内蔵頭に依頼がなされたのです。手続きのすべてが死亡日から始まっています。よって、先に挙げた、秀守を跡目とすることを求めた徳山秀起の頼み文書も、本人が作成したものではない可能性が高いのです（花押はなく押印のみでした）。

あとは一二月八日、あらかじめ決めた手筈通りに進むことになります。親類の瀧川・逸見も、先手鉄砲頭の内藤も滞りなく徳山家へ集合でき、「まだ生きている」秀起から書面が渡され、その直後に秀起は「亡くなり」、それを受けて内藤は若年寄に即日書面を届けるのです。若年寄にその日のうちに届けられるように、一連の手筈の開始時間も考慮されていたはずです。

整理すると、幕府に届け出た死亡日は一二月八日、内実は一一月二八日ということになります。年齢も届け出年齢と実年齢とは異なっており、幕府への届け出では六二歳としていましたが、本当は享年五八でした。徳山家の家伝文書には、そうした真実が記されています。葬儀は一二月一〇日に行われ、深川長慶寺に葬送されました（同徳山稔家文書「遺直伝来集」）。

さらに省略される跡目願手続き――大澤家の事例

旗本の生死が、表向きと実際とで乖離していたことを示すために、類似の事例をもう一つ挙げます。史料は、弘化四年（一八四七）八月「跡式願判元手続」（神奈川県立公文書館寄託曽根原直子氏所蔵文書）、家禄五〇〇石の旗本大澤家における流れです。

書面上の経過は次のようになっています。八月二五日、当時、勤仕並寄合だった大澤弥三郎は病の床に伏していました。死期を悟った彼は、「一類」（同族・親族を指すとみられる）と相談して跡目のことを決め、御先手の内藤遠江守（徳山家の事例と同様に先手頭とみられる）に跡目願の願書を進達してくれるよう頼みます。また、支配頭である寄合肝煎の奥田主馬《しゅめ》を宛所として、惣領の三七郎に跡式を下されたい旨の届書も準備しました。本来ならば、内藤が「判元」見届のために大澤家へ来て、状況を確認しなければなりません。しかしこの時、惣領は実子だからとの理由でそれさえ省略されたのです。徳山家の事例と年代の違いはほとんどありませんが、形式化の先には怠慢が起こったと言えます。大澤は午上刻（午前一一時過ぎ）に死去します。内藤遠江守は九つ時（一一時～一三時の間）に自宅を出て御用番若年寄の屋敷へ向かい、屋敷前で大澤家の家臣から跡目願書を受け取って若年寄に提出します。次に大澤の支配頭である寄合肝煎の奥田主馬方に行き、やはり門前に待ち構えている大澤家の家臣から届書を受け取って提出しました。死亡してから二時間も経たないうちに跡目相続の書類提出が完了したことになります。やはり予定調和的です。つまり、大澤弥三郎はすでに死亡していたというとです。徳山家の事例と全く同じで、惣領が家を継ぐことが決定していたものの、当主の死に接してから親類や家臣が手続きを開始し、計画したスケジュールに添って八月二五日の「お芝居」をしたのです。大澤家の家臣にとってみれば病床を演出する手間が省かれ、内藤にとってみれば大澤家まで出向いて茶番に付き合う必要がなくなり、双方が楽になったわけですが、そこまで至ると、もはや「判元改」とは言えません。

徳山家と大澤家の事例を踏まえれば、あらかじめ惣領が届けられており、家督相続に何らの問題がなくても、本人が死亡したあとにもろもろの手筈が整えられるのが普通で、旗本の死と家督相続に関する一連の手続きが一日に凝縮して行われたことが判明します。おそらく、家の当主不在という状況は一日であっても避けるべきであるという意識があったためではないかと考えられます。また、幕府法令では届け出の猶予期間が明文化されていなかったので、当主の空白を指摘される危険を回避するため、このようなやり方が定着したに違いありません。死者を篤く弔うことよりも、落ち度なきよう手続きを整えることに腐心しなければならなかった旗本の親族や家臣のことを考えると、気の毒にも思えてきます。

他方、煩瑣な家督相続の手続きを効率的に済ませたいという家臣側・親類側の要望が汲み取られる形で、このようなシステムができあがっていったのだとも考えられます。幕府関係の儀礼や手続きはとかく形式主義的であり、そのために却って問題が発生していることは確かです。しかし、死者の文書をでっちあげたり、何日も前に亡くなっている人について「今さっき亡くなった」と告げることに躊躇はなかったのでしょうか。人間的な悲しみの心情よりも、形式や建て前が優先されるような様相こそ、幕府制度の綻びそのものなのだろうと思います。

格式ばった判元見届――金森近典の死亡時の判元見届

判元見届も、家格によって「演出」が異なりました。旗本金森家の場合、大名に准ずる格式だったために、三嶋家・徳山家・大澤家の事例には見えない対応があります。格式が高ければ、家臣にとっての苦労もひとしおでした。

先に触れた通り、実際に当主金森近典が亡くなったのは天保一四年（一八四三）一一月でしたが、急養子選定に際しての揉め事もあり、判元見届までようやく辿り着けたのは天保一五年四月二六日でした。その前日、「御同姓」「御近親」様へ判元見届のために集まってくれるようにと依頼する使者が遣わされます。目付へは出迎えの使者を差し越すことを連絡しました。判元見届には親類のほかに支配頭も同席しますが、金森家は交代寄合のために目付が加わることになっていたのではないかと考えられます（大名の場合は大目付が関与します）。二六日の判元見届に出席した関係者は、【表1】の通り

【表1】金森近典の判元見届に出席した人物

名前	家柄	判元見届における役割
金森美濃守（可充）	金森分家、700石旗本	御亭主・御付上り
荒木十左衛門	1500石旗本	御亭主代り
金森彦四郎	金森分家、300俵旗本	御亭主代り
御医師　森雲悦		
御医師　秦寿命院		
御医師　小野■畝		
御坊主　井辻良以		
御坊主　星野久意		
目付　坂井右近		
御先手頭　大田善太夫		

典拠：中井大右衛門家文書「日記」（天保15年）

です。御坊主（幕府御家人の役職）が関与しているのも金森家が交代寄合のためでしょう。

判元見届に備えて、屋敷の門前には飾手桶《かざりておけ》（手桶を美しく積み上げて飾り置いたもの）や台灯籠、玄関前にも張《はり》出《だし》雨障子や飾手桶・台灯籠を置いて、客人を迎える準備をしています。判元見届が行われるということは死に瀕している主人がいるという建前なのに、馳走を示すアイテムである飾手桶などが整えられるのは何とも違和感があります。判元見届が実質的には、家督相続の許可を幕府から滞りなく受けるための儀礼と化していた事実を示していると言えます。

判元見届が済むと、目付が書類を持って江戸城へ上がりました。その時、目付に付き添って登城するのが「御付上り」です。判元見届の終了後に出席者へ料理が振る舞われますが、その席の席主が「御亭主代り」になります。この時の料理は近江屋又兵衛に仕出しを頼み、費用が一二両余もかかったとあります。近江屋又兵衛は『江

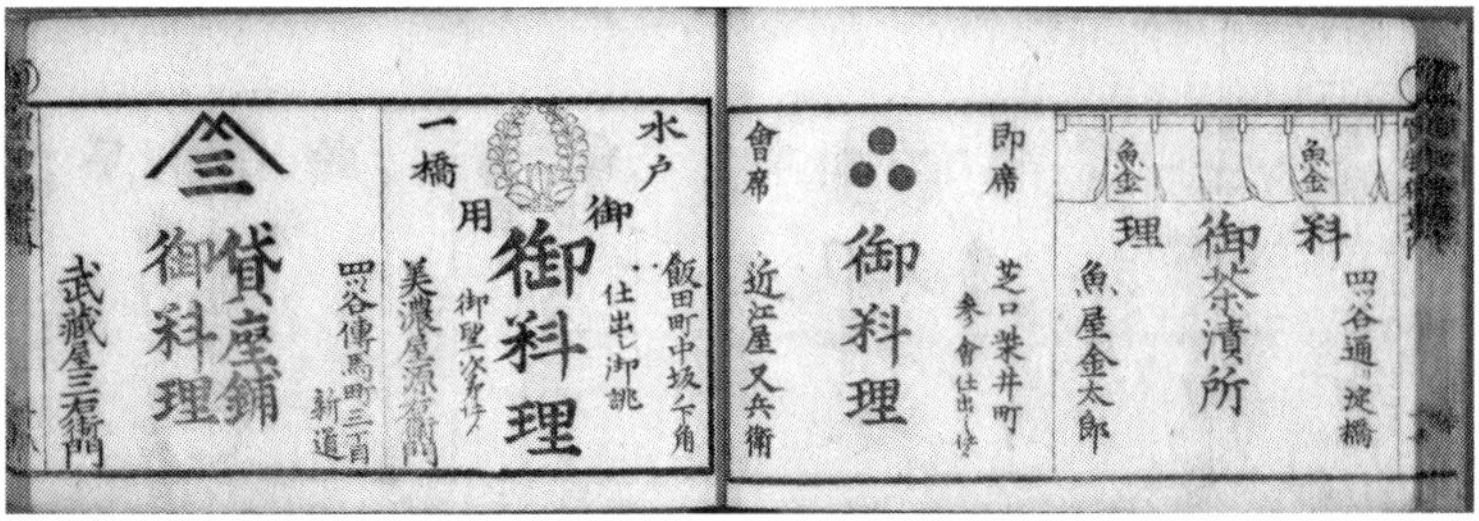

【図15】御料理屋近江屋又兵衛（『江戸買物独案内　飲食之部』、国立国会図書館所蔵）

戸買物独案内』にも掲載されている料理屋で、芝口柴井町《しばい》（現、東京都港区新橋付近）に店がありました。高級な料理屋だったのでしょう。【図15】。ますます死とは無縁の様相です。

大刀・脇差の両刀などが飾られた近典の病床には蚊帳が張りめぐらされ、蚊帳の中には、金森家年寄（家老）の谷市太夫のほか、小納戸・小姓の家臣、金森家側の医師が詰め、蚊帳の外には金森家用人の中井大右衛門が座していました。金森家の場合も埋葬はとっくに済んでいます。横たわっているはずの主人の「姿」はあったのか否や、そしてこの蚊帳で囲まれた「装置」の中に目付らは入ったのでしょうか。

服忌期間が明けると幕府から呼び出しがあり、登城して老中・若年寄らから家督相続の許可を申し渡されるという流れは同じです。家督を継ぐことになった金森家の新当主卿之丞は、呼び出しがあった時に病気だったので、名代の平尾兵庫助（同じ交代寄合）に年寄谷市太夫が付き添い、家督の仰せ渡しを受けました。このハレの日、玄関前と門前には飾手桶を置き、門番には絹の法被《はっぴ》を着せ、家臣は一同、染帷子《そめかたびら》・麻裃《あさかみしも》の正装を身にまとって喜びの旨を主人に申し上げています。三嶋家のような中堅旗本と、金森家のような交代寄合の旗本では、同じような経過を辿ったとしても屋敷内外での表現方法は異なっていたのです。

第三章　旗本の家族の姿

第一節　旗本家の縁組

旗本家の縁組に特徴はあるか？

武家の女性の婚姻なら、多くの読者は将軍家や大名家のほうに興味が惹かれるかもしれません。縁組相手の選択においても様々な政治的関係が影響しますし、婚礼の儀礼そのものも華やかです。また、大名家文書をひもとくと、婚礼の経過をまとめた一件文書を容易に見つけることができます。それだけ家にとって重要事だったからです。

しかし同じ武家でも、旗本となると婚姻の様子がだいぶ変わります。もちろん、大名に近い上層の旗本家では、正式な儀礼を経て姻戚関係が結ばれましたが、中層以下の旗本では、しきたりは気にするものの、格式ばったことが行われなくなるのです。西沢淳男氏は、旗本家の婚姻と大名家の婚姻の違いについて検討し、旗本家の場合、互いの家格を重視する傾向は弱いこと、新婦が実家よりも格下の家の新郎に嫁ぐという降下婚が一般的というわけでもないこと（徳川将軍家・大名家では降下婚が中心）、大名家の婚礼とは結納から婚姻・里披《さとびら》き（後述します）までの婚礼プロセスに違いが見られるなどの指摘をしています（西沢淳男「旗本子女の婚姻について」）。西沢氏の指摘は旗本竹垣《たけがき》家（家禄一五〇俵）の事例等から導き出されたものなので、もう少し格が高い三嶋家や金森家のような旗本では違いがあるのかどうかなどに留意しつつ、本節では旗本家における婚姻事情について探ってみたいと思います。

縁談の下交渉

江川文庫所蔵文書の中に「御縁談口」という柱題が書かれている史料があります。伊豆韮山《にらやま》代官を務める旗本江川氏に対して縁談話が持ち込まれ、その情報を、江戸屋敷に滞在している手附の新見健三郎が韮山屋敷にいる手代の柴田鴈助に伝えた文書です。旗本本人は韮山に居ますが、縁談話は江戸で動くので、逐次、連絡する必要があったのです。史料年代は天保期（一八三〇〜四四）と推定できます。手附や手代は代官の属僚としての役職名ですが、実質的には旗本江川氏の家臣としての仕事も扱っていました。ゆえに新見は、縁談の話も伝えているのです。この文書から、縁談に際して重視されていたポイントを知ることができます。

縁談は、家禄一〇〇〇石の旗本永井家から持ち込まれました。永井家の当主は永井求馬《もとめ》（五六、七歳。健三郎には、正確な年齢がわからなかったようです）で使番《つかいばん》を務めていました。縁談の相手は惣領の永井一郎（二六歳）です。ちなみにこの永井家は、江川氏と共に幕末期の幕府政局において重要な役割を果たしていく永井尚志《なおゆき》を輩出した家です。尚志自身は三河奥殿《おくとの》藩松平家に生まれ、永井求馬の娘と婚姻する形で天保一一年（一八四〇）に永井家の養子に入ります（城殿輝雄『伝記　永井玄蕃頭尚志』）。よって永井一郎は、その前に亡くなってしまった求馬の実子ではないかと筆者は推測しています。一方、縁談が寄せられた江川家の女性は江川英龍《ひでたつ》の妹ではないかと思われます。縁談は成立しませんでしたが、海防政策をめぐって両者が近づく以前に、このような接点もあったのです。

文書には縁談にかかる基本情報として、永井家の家柄、屋敷の場所、求馬や一郎が務めている役職名、求馬の奥方の実家等が記されています。さらに、新見健三郎の独自調査によって判明した諸情報が付け加えられていました。まず、一郎自身については「至極立派之御人品《じんぴん》」と高評価なものの、「再々縁」（三度目の結婚になること）というマイナス要素も挙げられます。最初の妻は五、六年前に離縁になり、二度目の妻は前年に病死していました。また、年頃の妹が二人いることも記されています。これは、近いうちに嫁入りに関わるまとまった金銭的支出が予想されることを示しています。さらに、その時点で永井家の借財が三〇〇両ほどあることも記されています。求馬が目付に就任することを目指して猟官運動をしたために、この借金ができたと聞いたとのこと。一方、旗本永井家は美濃加納《かのう》藩永井家の分家旗本のため、家来は本家からの附人が派遣されており家政はしっかりしていること、身元が知れない渡りの家来（渡りの家来については第四章で触れます）はほとんどいないことなども健三郎は高評価しています。求馬は律儀な人物だと二度も書いており、実際、縁談を進めるうえで間違いがあってはいけないからと、求馬は、身分的には下にあたる健三郎に直接会って、家族関係や借財の件などを率直に話してくれたとあります。健三郎は永井家の妹二人のことについて初めて聞いたため心配になりましたが、求馬の印象もよく、妹二人のことさえなければ至極良い縁談だと思うと自身の意見を書いています。求馬が土産の支度、つまり持参金や嫁入り道具について気にしていない、とにかく「御縁女様」の人体《にんてい》がよいことが大切だと言っているのもプラスポイントです。

この時点ではまだ下交渉段階で、江川英龍本人の意向は聞いていないようです。英龍は江戸ではなく韮山にいるので、どの程度まで情報が得られれば縁組の判断が下せるのかが難しいわけですが、健三郎は自分の見立てに自信を持っているようで、「危ぶんでいてばかりでは際限がありません。自分が大丈夫だと思うことについては申し上げるつもりです」と述べています。

当時の旗本社会においては、二度目、三度目の結婚も珍しくありませんでした。そうなると、迎える側としても厳しい注文を出すわけにはいきません。家に関するマイナス情報もある程度さらけ出し、承知してもらったうえで、縁組してもらえるかを打診しているのです。家柄で言えば、永井家のほうが江川家よりもかなり格上になりますが（降下婚にあたりません）、飾らぬ交渉が行われているように見えます。また、飾らぬ交渉のためには、家来の役割が不可欠だったこともわかります。

婚礼の進め方

「三嶋政養《まさきよ》日記」のほか、諸史料を見ると、当時の武家の結婚式が、私たちの想像よりもあっさりしたものだったことがわかります。富裕な庶民層はまた異なるのかもしれませんが、一般的な旗本の家では、賓客を多数招いて式を挙げるという様子ではなかったのです。

大名や旗本の婚礼は、時代が下るにつれて簡素化していきました。簡素化の一番の理由は財政問題です。大名・旗本にとって、幕府から婚姻について許可を得られることこそが第一に重要であって、婚礼式を華やかに行うかどうかは両家の判断に左右されました。状況によっては簡素にすることもあり得たのです。

子だくさんで有名な一一代将軍家斉《いえなり》の時代以降は、将軍姫君の婚礼においても省略が進んでいきます（吉成香澄「将軍姫君の婚礼の変遷と文化期御守殿入用」）。それまで「入輿《じゅよ》」とした輿入れ表現が「引移《ひきうつり》」へ、大名家へ嫁した姫君の住居の名称も「御守殿《ごしゅでん》」から「御住居《おすまい》」に変化しました。言葉の変化はすなわち方法の改変を示します。先例を踏襲するのでは、幕府も迎える側の大名も金銭的負担が大きく、最悪の場合、縁談がまとまらないことが危惧されて、そうした省略が進んだのです。財政面での不安があるのは将軍家や大名家に限らず、旗本家でも同様でした。そこで、婚礼という言葉を避けて「引取《ひきとり》」とすることで、結婚に伴う一連の儀礼を簡素化しようとしたのです。こうした変化が見られたことについては三田村鳶魚《えんぎょ》（明治から昭和初期に活躍した江戸風俗研究家）も指摘しています（三田村鳶魚『お大名の話・武家の婚姻』）。「引取」という史料文言に困惑してしまいますが、「引取」とあれば簡素な婚礼を行ったとみてよいのです。

三嶋政養の場合、婿養子先の三嶋家へ移った当日にすぐ、婚礼が挙げられています。媒酌人らが同席するだけの簡素な式でした。日記には、実家の夏目家から家臣を供に一人連れただけで移ったと記されています。家臣一人とは淋しい限りですが、当時は、現在行われているように、婚礼に両家の親族が顔を揃えるようなことはありませんでした。これは婿入り・嫁入りで違いはありません。なお、明治初年の事例にはなりますが、三嶋政養は娘の婚礼に出席していません。また、息子の政明《まさあき》が妻を迎えた際も、媒酌人は出席しても花嫁の家族は来邸しませんでした。当時はそうした方式が一般的だったと言えるでしょう。

旗本金森家の婚礼の事例も挙げてみましょう。天保一五年（一八四四）に金森家の姫君お鉩と播磨小野藩一万石の藩主一柳《ひとつやなぎ》土佐守末延《すえのぶ》の弟鉚之丞の間で婚礼が行われた際には、お鉩の介添えを金森家親類の旗本荒木十左衛門の奥方が、婿方の鉚之丞の介添を金森家の家老谷市太夫の家内が務めています。盃事が済むと二汁五菜の御祝膳が出され、荒木十左衛門夫婦や同席の人々に振る舞われました。家格が高いため多少華やかにはなりますが、簡素である点は変わりないようです。文久三年（一八六三）四月には、三河刈谷《かりや》藩二万三〇〇〇石の藩主土井大隅守利祐《としすけ》の娘「よし」と金森近明《ちかあき》が結婚します。金森氏は交代寄合の家格のため、こうした数万石規模の大名家との縁組は格式面で不釣り合いということにはなりません。婚礼に先立つ一一月一三日に、金森家から土井家へ立派な結納品が贈られ、土井家側からは持参金四〇〇両が贈られました。婿であっても嫁であっても、入る側が持参金を贈るのです。土井家の姫君を迎えるにあたって金森家では、御召物代・化粧代・小遣いを総額で年二〇両と定めています。それとは別に賄金として年一八両を差し上げるということも決めています。ところで前章では、三嶋政養の婿入り時の諸契約について触れました。三嶋家の家付き娘や養母、厄介に対して毎年定額を渡すという約束です。そのような契約を交わすのは嫁取りの場合でも同様で、三嶋政養が婿養子だったからあのような取り決めが行われたのではないことに留意する必要があります。なお、姫君と一緒に土井家から金森家に移る奥女中の給金は、土井家側が負担し続けました。これも武家において広く行われていた慣行です。

また、嫁や婿の引っ越しによって婚礼が一段落するのではないのも現代と異なる点です。

婚礼から三日目には「三つ目」のお祝いが行われました。平安時代には、男性が女性の家に通い始めて三日目の夜に三日夜餅《みかよのもちい》を食べる儀式を行い、婚姻関係を公表するに至ったということは、歴史学よりも文学の世界を通して知られていますが、この「三つ目」のお祝いは、三日夜餅の風習の名残りを引いていると考えられます。また、三嶋家では、日を改めて新婦の留袖の祝いも行っています。

そして、両家にとって重要だった儀礼が里披《さとひら》きです。里披きとは、新郎・新婦が揃って嫁(または婿)の実家へ行って挨拶することを言い、婚礼後、ある程度の日数を置いて行われました。数日後の場合もあれば、何十日かあとの場合もあります。里披きによって縁戚関係の成立が確認されたと言えます。

なお、里披きはいわゆる新婦の里帰りとは異なるものです。明治一〇年(一八七七)に三嶋政明が旧沼津藩士族の娘お里恵を妻に迎えた際は、「婿入りとして里披」のため、新郎・新婦が揃ってお里恵の実家を訪問したと記しています。里披きが済んで初めて、双方の家族が招き招かれるようになり、交流を深めていくことになるのです。里披きに続いて、嫁の両親による娘の新住居訪問が行われることもあります。その際には宴席が設けられました。また、その招待にあずかるのは新郎・新婦の両親だけでなく、兄弟や女性家族らも含まれました。こうして家と家の関係が、形ばかりでなく実態的なものとなっていくのです。武家社会では、引き移り当日の婚礼式と、後日に改めて行われる里抜きなどがセットであり、双方が滞りなく済むことで初めて婚姻関係が成立したと見なされました。

婚姻関係を成立させるには、こうした一連の儀礼を終える必要があったため、旗本金森家ではひと苦労することになります。金森近明が大名土井大隅守利祐の娘よしを正室に迎えたことは先述しました。姫君が金森家の屋敷に移り、婚礼は無事に執り行われたのですが、その後の里抜きの日程について双方の調整がなかなかつきませんでした。文久期には幕府の参勤交代制度が緩和されたこともあり、金森家ではこの迎えた正室を国許の陣屋に引っ越しさせる予定でいました。金森家は交代寄合の旗本なので、参勤交代に関する規定は大名と同様に適用されます。それまで金森家の家族――正室や子供たちは江戸で生活してきましたが、大きく変わることになったのです。しかし、国許への引っ越しのスケジュールのほうが先に決まり、里抜きの日程のすり合わせがなかなか進まないために、金森氏の家臣らは焦りの色を深めていきました。里抜きを行わない婚姻はあり得ない、というのが共通認識だったことがわかります。

当時の武家の婚姻は「女性が相手の家に入る」というものではなく、家同士の契約関係に近いものだったことは、「両敬《りょうけい》」の慣行が広く行われていたことからも窺えます。「両敬」の慣行は、大名同士の婚姻関係をめぐる研究の中で見出されてきた事象ですが、旗本でも行われていました。「両敬」とは、姻戚関係を結ぶ家同士がお互いに尊重し合う関係になるための契約です。たとえ両家に家柄の格差があったとしても、それを家同士の関係に持ち込まないとし、例えば、書状のやり取りでは相互に同じ敬称を使用するなどの工夫がなされました。三嶋政養の事例では、婿入り前の段階で、三嶋家と夏目家との間の両敬関係が結ばれています。家の男女が婚姻すれば自動的に両敬関係になるのではなく、別途に手続きを必要としました。また、武家の「両敬」関係は、結婚した本人が死去しても一定期間は継続するものでした。大名・旗本にとって「両敬」の関係を結ぶことは特別な意味を持ったのです。武家の婚姻は、幕府への願い出、両敬の取り結び、結納から婚礼式、後日の里抜きなどまで、いくつものステップを踏んで関係が確認され、家同士の結びつきとして構築されていくものなのです。

また、婚嫁する女性が相手先で、生活面・経済面で困ることがないよう万全の体制が整えられていた点も注目すべきでしょう。「両敬」もそうですが、婚家で蔑ろな扱いを受けないようにするための措置が張りめぐらされていたことがわかります。新婦がその実家よりも格下の家の新郎に嫁ぐという「降下婚」が大名家以上では一般的でした。「降下婚」は、婚嫁した女性の地位を担保する作用を果たしたと言えます。女性の実家のほうが格上ならば、身分制社会ゆえ、迎える側も粗略なことはできません。男性側の事情によって離縁するということもしづらくなります。旗本層では必ずしも「降下婚」ばかりではありませんでしたが、新郎・新婦の両家の関係のあり方は共通していました。不義理や不誠実な態度が見られたら、女性の実家が乗り出してきて離婚させることも躊躇なく行われています。そのためか、旗本においては離縁が非常に多いのです。婚姻後四、五ヵ月のうちに離縁させている例もあるほどです。旗本家ほどでないものの、大名家でも離縁が選択されることがあったようです。

結婚した女性は正室として尊重されます。たとえ夫婦仲が悪かったとしても、丁重に接しなければなりませんでした。しかし、跡継ぎが産まれなくては困ります。そこで、妾《しょう》（側室）の存在が必要になってくるのです。次節では、旗本家における正妻と妾の関係について見ていきます。なお、上記のような夫婦関係が見られたのは武家社会においてであって、家柄や格式といった要素がさほど社会関係を縛っておらず、妻が労働力として見られていた町人・百姓では違ったようです。

第二節　正室と妾

旗本の離縁

旗本の夫婦は離縁が多いと述べましたが、実際にどの程度、離婚・再婚が繰り返されていたのでしょうか。三嶋家の事例からピックアップしてみます。

機《はた》の父政堅《まさかた》（一三〇〇石）は、初めは家禄七〇〇石の旗本中山信濃守勝正《かつまさ》の娘を正室に迎えましたが、離別しています。次に丹波柏原《かいばら》藩二万石の藩主織田出雲守信憑《のぶより》の娘と結婚し、一女をもうけますが離別します。中層クラスの旗本が大名の姫君と結婚したにもかかわらず離縁しているのは、何らかの事情がひそんでいるのかもしれません。三番目の正室が、家禄五〇〇石の旗本井戸十兵衛弘邦の娘の品子です。彼女は文化六年（一八〇九）に生まれ、文政一一年（一八二八）に政堅と結婚しているので、数え二〇歳で一〇歳年上の政堅と結婚したことになります。

政堅の父政先《まさかつ》は、初めに旗本堀図書《ずしょ》（家禄不明）の娘と結婚しますが翌年に離別し、次に家禄七〇〇石の旗本有田播磨守貞勝《さだかつ》の娘と結婚しましたが、彼女は亡くなってしまいます。そこで有田貞勝は、旗本松前左近《さこん》の妹を養女にして三嶋家へ縁付かせますが、六年後に離縁しています。三嶋政先は書院番士を務めた程度で、権力がある立場だったわけではありませんが、有田家は、三嶋家と形成した家同士の関係を継続させるために、養女を迎えて再度、三嶋家へ縁付かせたと言えるでしょう。

旗本彦坂家（一二〇〇石）の事例も見てみましょう。嘉永二年（一八四九）正月一九日に彦坂家の娘お錠は「引取」られ、旗本服部重太郎と結婚したのですが、同年五月には早くも離縁が決まっています。結婚の仲人だった旗本大久保紋之丞（家禄一〇三〇石の大久保新八郎ヵ）らを介して相談がなされ、諸道具の引き取りや持参金の扱いについての交渉が固まり、五月七日にお錠の父彦坂三太夫は請判《うけはん》をしています。

正室が何度も替わった、スピード離婚したという事例ばかりを意図的に挙げているのではなく、旗本の家譜を読み解けば同様の傾向を指摘することができます。旗本の結婚が、結婚したなら添い遂げるというものではなかった点は確かです。

なぜ、旗本家においては離婚の事例が多いのでしょうか。夫側の問題、妻側の問題、家そのものの問題と、それぞれ状況は異なると思いますが、妻側に問題があるとするなら、旗本の正室の場合、求められる能力の基準が高かったという点も指摘できます。幕末期の幕府官僚として有名な旗本川路聖謨《かわじとしあきら》には二度の離婚歴があり、しかも聖謨の判断で離婚したとされていますが、その理由は、妻の資質に不満があったからだとされています（川田貞夫『川路聖謨』）。旗本家の正室には、しなければならない仕事が多々ありました。第五章で触れますが、奥向を取り仕切るのは基本的に正室の仕事です。大名家なら、正室が多少頼りなくとも、御付きの奥女中がサポートしてくれます。しかし、旗本の正室には、知性を備えた大奥の老女のような奥女中は付けられません。また大名家では、正室のほかに側室を置くのは一般的で、正室に子供が産まれなくても差し支えはありません。しかし、旗本には側室（妾）を置く経済的余裕があるわけではないので、できるならば正室に母になってもらいたいのです。正室は子供の養育も責任を持って行うことになります。大名家なら形だけの正室でも通るかもしれませんが、旗本家においては形だけでは困るのです。それもあって、場合によっては離縁が選択されることになったのでしょう。家の維持という観点から見れば仕方ないとしても、そのように判断された女性本人にとっては辛いことだったはずです。三嶋政堅と大名織田信憑の姫君の離婚は、そうした気の毒ななりゆきだった可能性もあります。

旗本の「妾」とは？

ところで、婿養子として三嶋家に入った政養は正室の機《はた》一筋でした。婿養子という立場上、正室を替えることができないのはもちろんですが、彼は「妾」も置いていません。機《はた》は三男四女に恵まれたので、実のところ、妾を置く話にもなりませんでした。結果としてではありますが、一夫一婦を貫いたことになります。なお、「妾」は旗本の誰もが置けるものではなかったはずです。御家人ではまず妾は見当たりません。武家社会において妾は奥女中の扱いで、将軍の側室（役職名は中臈《ちゅうろう》）であっても、将軍の子供の生母とならなければ奥女中の序列のままでした。よって、そもそも奥女中（雑務をする下女《げじょ》ではありません）を召し抱えられるような家でなければ妾は成り立たないのです。正室にも妾にも子供ができない場合、家の存続が何より大切なので、親戚筋などから養子を迎えるという選択がなされることになります。そのため、旗本においても、婿養子でない他人養子縁組の事例は相当多くあります。旗本家が、正室が産む男子によって代々相続していけるというのは夢物語にすぎず、娘に婿養子を迎えて家を繋いだり、妾の産んだ子供に相続していくのでさえ、ハードルは相当高かったのです。

武家社会における側室＝「妾」の基本的立場は、これでわかったと思います。それを踏まえて、旗本の「妾」の具体例を見ていきます。

三嶋政養の正室機《はた》の生母「せき」の場合は次のようなものです。「せき」は江戸の塩町（現、東京都中央区日本橋横山町ほか）に住む町人上総屋平助の娘でした。経緯は不明ですが、文政期（一八一八〜三〇）に三嶋政堅の妾となり機《はた》を産んだあと、暇を出されます。赤子の養育をしなければならないため、暇を出されたのは出産後すぐということはないでしょうが、機《はた》が産まれた三年後に政堅は、井戸弘邦の娘（品子）と再婚することになるので、そのことも関係して暇を出されたのかもしれません。品子との再婚は、機《はた》に対して旗本の娘としての教育をつけるためでもあったと考えられます。「せき」は実家に戻ったあと、尾張町の家持《いえもち》町人山口屋弥兵衛方へ嫁し、三人の子供をもうけて安政五年（一八五八）に亡くなりました。このような経緯を表面的に追うと、妾に子供を産ませ、乳離れしたら身分の低い生母を厄介払いしたようにも見えてしまうのですが、実態は違います。幼い機《はた》は生母と引き離され、連絡も取れなくなってしまったわけではなく、三嶋家から「せき」に対しては暇後も毎年、手当金にあたる金子《きんす》が渡されていましたし、上総屋平助と三嶋家の付き合いも続いています。よって、手紙のやりとりはできたはずですし、史料には見えませんが、実際に会うこともあったのではないでしょうか。上総屋平助についての詳細はわかりませんが、関連諸史料から推測するに家持町人だったようです。家持とは、町屋敷と呼ばれる不動産（土地）を江戸に所持して、商売を行っている町人です。経済的にも恵まれている階層の商人の娘が、旗本の妾になっていたのです。また、屋敷奉公から戻って来てすぐに、ほかの商家（やはり家持町人）に嫁しているので、旗本の妾になったという経歴が結婚に不利には働かなかったこともわかります。

ここで確認しておきたいのは、近代における妾《めかけ》と武家社会における「妾《しょう》」は、文字は同じでも異なる存在だということです。いわゆる「お妾《めかけ》さん」の系譜に繋がる存在を抱えていたのは町人・百姓でした。墨東《ぼくとう》（本所・深川や向島あたり）の別宅などに妾を置き、本妻のいない所で息抜きをするというのは町人がしたことです。近代になると、政治的・経済的な成功者がそのステータスシンボルとして別宅に妾を置くようになりました。しかし、武家社会における妾《しょう》は、主人に対する奉公の一環として務めるものです。ゆえに、屋敷内に妻妾を同居させるのが原則です。たとえ暇を申し渡すとしても、子供を産むという務めを果たしたからには手当を支給し続けなければなりません。将軍の側室（中﨟）

が将軍の子供を産んだならば、たとえその子供が次期将軍にならなくても、側室（中﨟）には経済的な手当てが一生にわたって続けられたのと同じです。現代的な感覚からすると理解しがたい面もあります。しかし、「妾《しょう》」を置く目的はあくまで、家を繋ぐために子供を産ませるということにありました。その点で近代の妾《めかけ》とは違うのです。

「せき」の実家は庶民というわけではなく、財力も教養も備えた町人でした。「せき」は五人兄弟の長女で、弟の一人は上総屋を継ぎ、別の商家へ養子に行った弟もいる中で、妹は対馬《つしま》藩士吉永利助の妻となっています。吉永は勤番武士（大名の参勤交代に同行して江戸に短期滞在する武士）ではなく、江戸抱（江戸常住）の藩士だろうと思われます。武家との様々なパイプを持っている町人が娘を旗本の妾にすることは、決して消極的な選択ではなかったはずです。

御医師桂川《かつらがわ》家の娘である今泉みねの回想録から、妾に対する旗本の認識にかかる事例をもう一つ挙げておきます。みねの父である桂川甫周国興《ほしゅうくにおき》は、みねの姉「とせ」に黒沢という人物を婿養子に迎えて家を継がせる意向を持っていました。ただ「とせ」は、何らかの身体的あるいは精神的な障碍を持っていたようで、甫周国興は「妾を置いてもいい」と黒沢に申し出たとあります。これを、障碍がある娘では断られてしまうだろうから妾を置いても良いと譲歩した、と解釈するのでは一面的です。「とせ」に正妻としての地位を与えることは前提としつつ（三嶋家の事例のように、経済的な手当を渡すことは約束させるはずです）、彼女にとって荷が重いであろう役割をほかの女性に務めさせることを意図したとも言えます。これは、妾を持つことについて旗本本人が自由に決められたというわけではなく、正室の実家側の意向や親戚の意向も関わっていたことを示唆するものです。

正妻を持てない者の伴侶としての「妾」

ここまで触れてきた「妾」は、家督を継承する子供を産ませるために、正妻のほかに「妾」を置いたものです。実は当時、そうした「妾」とは別に、結婚関係には至らない形で実質的には夫婦として暮らしている男女の、女性の側を「妾」と呼ぶ場合もありました。現代で言えば、内縁関係にある男女の女性側のようなものです。

金森益之助《ますのすけ》は、金森左京家の分家旗本、金森甚四郎家（次節参照）の部屋住だった人物です。理由は不明ですが、益之助は金森左京家に住まいし、妾の「やす」と同居していました。甚四郎家は禄高七〇〇石の家ですが、経済的に困窮していたのかもしれません。「諸向地面取調書」（国立公文書館内閣文庫所蔵）によると、四谷と青山に拝領屋敷が与えられているにもかかわらず、そこには住まず（地貸していたと推測されます）、本所緑町にある旗本岩間《いわま》家（三〇〇俵）の屋敷に借地住宅していました。そのため、部屋住の者を住まわせる場所がなく、親戚の屋敷に置かせてもらっていたのかもしれません。家督を継ぐ予定にはない部屋住男子に正妻を娶《めと》らせるわけにはいきません。しかし、伴侶がいて子供が産まれれば、直系に子供が産まれなかった場合に養子にすることもできます。そうした点が考慮されたのでしょうか、益之助には「妾」がいました。金森左京家にしてみれば、益之助に専属の召使いを付けるわけにもいかないので、日常生活の世話をしてもらう目的もあって「妾」が置かれたと考えられます。つまり、この場合の「妾」は、三嶋政堅の妾「せき」とは全く違うわけです。正室とは別にいるのではなく、また、奥女中としての立場でもありません。実質的には夫婦ですが、正式な結婚とは認められておらず、結納から続く一連の婚姻儀礼も行わなかったはずです。経済的な援助はさほどできないため、身分ある武家の子女は迎えにくかったのでしょう。この金森益之助の妾は、三嶋政堅の妾「せき」とは違うタイプの町人の娘でした。だからでしょうか、益之助と妾「やす」は、寓居先の金森左京屋敷でひと騒動を起こすことになります。

文久二年（一八六二）七月十六日の晩、益之助と「やす」は大喧嘩をします。史料には「やきもち喧嘩」とあるので、益之助の女性関係をめぐるトラブルだったのでしょうか。「やす」は思い余って西井戸に身を投げてしまいます。幸いなことに、大雨のあとで井戸が満水だったので、益之助がすぐに襟首を引き上げて助け出しました。金森左京家の屋敷は三田の新堀《しんぼり》（現、古川）に近い谷地形の場所にあるので、雨後は水が溜まりやすかったはずです。もちろん、上水井戸ではなく堀井戸です。痴話喧嘩がきっかけで入水自殺騒動が起こったことは屋敷内にもすぐに広まり、金森家の家臣は当惑するばかりでした。

その益之助は、妾「やす」とそのような騒動を起こした翌月に病気になり、翌々月には亡くなってしまいます。この頃、麻疹《はしか》が流行していたので、益之助も罹患したのかもしれません。益之助は金森家の菩提寺である祥雲寺に葬られることになり、屋敷の裏門から出棺するのを金森家の家臣一同が見送りました。

益之助が亡くなって一三日後、妾「やす」は手切れ金三五両を受け取りたいと申し出てきました。益之助が亡くなってしまえば、「やす」が屋敷内に留まる理由はありません。手切れ金交渉には「やす」の父も介入してきます。「やす」には子供が産まれなかったので、三五両は当時の相場から言えばやや法外な金額だったのでしょう。金森左京家の家臣中井大右衛門は甚四郎家の家臣伊藤貢と相談して、「やす」本人へは一〇両、「やす」の父へ四両、「ばば（祖母ヵ）」へ一両を渡すということで話をつけます。そして益之助の歿後二二日で「やす」は屋敷を去りました。手切れ金一五両のほか、金森家では部屋で使用していた家財道具を「やす」方に渡してやっています。

妾「やす」に関する記載はこの僅かしかないので、彼女がどのような立場の人物だったかはわかりません。しかし、手切れ金をねだってきた経緯から推測すると、さほど豊かではない江戸の町人の娘だったのではないかと思われます。次節でも触れますが、旗本家の部屋住や厄介は、当主から生活費を宛てがわれて生きる身の上です。生活費がなければ途端に路頭に迷ってしまいます。渡されるお金が少ないなら、貧しい町人の女性を伴侶にせざるを得ないのかもしれません。一方、自殺未遂騒動が語るように、益之助と「やす」は、痴話喧嘩をするほどくだけた関係だったのかもしれませんし、二人の間には恋愛感情があったかもしれません。しかし、旗本の部屋住・厄介の妾は、伴侶が死亡したら立場を失うことを原則とした、不安定な存在だったのです。

これでも「やす」は控えめなほうで、もっと強烈な行動に出た妾もいました（以下、国立公文書館内閣文庫所蔵『嘉永雑記』による）。嘉永二年（一八四九）九月、西丸小姓番組の旗本本間縫殿助《ぬいのすけ》（家禄一八〇〇石）は江戸城から退出する際、大手門前の下馬《げば》で女性から抱きつかれます。縫殿助が馬乗して逃れようとすると「本間様を取り押さえてくださーい！」と女性は大声で叫び、衆人が噂するほどのひと騒動となりました。その女性は縫殿助の妾だった町人で、妾の時に男子を一人産んだものの暇になり、その後、旗本牧野家の妾になるも「邪悪多候」ため暇になり、下谷《したや》に住んでいました。産んだ男子が惣領になったと聞いて本間家の屋敷に三〇両をねだりに行ったものの、三両しか渡してもらえなかったために意趣返しとして大手門前で恥をかかせたと、『嘉永雑記』の筆者は伝聞しています。

この女性は、部屋住・厄介と暮らした妾ではなく、旗本の側室としての妾ということになりますが、三嶋政堅の妾「せき」とはだいぶ状況が違ったようです。行動に至った背景には、旗本家側の不誠実な対応があったようにも見えます。

第三節　次男・三男や厄介の扶養をめぐって

「次男・三男」と「厄介」

たとえ兄弟が何人いようとも、旗本の家を相続できるのは一人だけです。第二章で触れたように、必ずしも長男が相続できるとは限りませんが、家督を相続する男子以外の子供については、他家へ養子に行かせるなどして、その後の身の振り方を定めてやらなければなりませんでした。本章第四節で言及しますが、旗本のような、当時においては経済面・保健衛生面で恵まれているほうであろう層でも、乳児死亡率は高く、成人する男子がいない家は多く存在しました。旗本の次男・三男に生まれると冷や飯食いの境遇を余儀なくされたと言われていますが、実際にはそれなりに養子先が見つかり、縁付いていいます。実家の屋敷で一生を終える旗本の次男・三男が溢れている状況ではありませんでした。養子に行く適齢期を過ぎたり、病気・虚弱などで養子に行くのが難しかったりした場合には、先ほど見たように、実質的な伴侶としての妾を迎え、家の当主から生活援助を受けて暮らしていくということになるのでしょう。

ここで用語の整理をしておきたいと思います。「次男・三男」は惣領の弟にあたる存在です。一方、「厄介」は当主から見て伯父・叔父や従兄弟にあたり、扶養されている者を指します。「厄介者」という言葉の連想から、当主・惣領以外で家に属する男子すべてを「厄介」と言うように思われるかもしれませんが、違います。幕府役所で記された文書でも「次男・三男」と「厄介」の語は区別して使用していることがわかります。なお、男子がたくさん生まれて四男・五男がいたとしても、幕府の規定では「次男・三男」という範疇にまとめて処理されているようです。

「次男・三男」や「厄介」をめぐる問題は、武家社会にだけ存在していたのではありません。商家でも同様ですし、新田開発が行き詰まり、農地を分割して別家を立ててやるのが難しくなった時期の百姓でも同様です。公家社会においても次男・三男層の去就を定めるのが難しくなり、悲喜こもごもがあったと紹介されています（松田敬之『次男坊たちの江戸時代――公家社会の〈厄介者〉』）。「次男・三男」や「厄介」をめぐる問題は、家産と身分を家督相続によって受け継がせるという方式が採用されていた諸身分に共通して現れる問題であることを、まずは指摘しておきたいと思います。

厄介山鹿磯橘の家族

「次男・三男」「厄介」は、どこかへ養子に行くことができなければ「飼い殺し」状態になってしまうのかというと、そのようなことはなく、金森益之助と妾「やす」ように、家族を持つことも許されました。旗本三嶋家の厄介山鹿磯橘も、三嶋家の敷地内の長屋で家族生活を営んでいました。政養が三嶋家の婿養子であるという事情等により、厄介の彼に対しても丁重な扱いが求められたということはありますが、決して無慈悲なことにはならなかったと考えられます。

ただし、一定の制約はあります。山鹿磯橘の妻も立場上は「妾」です。正妻としての地位は与えられませんでした。ただ、磯橘の妾「はつ」は益之助の妾「やす」と違って、出自は出羽庄内藩士の娘でした。磯橘と妾「はつ」の間には孫之丞・お兼・珊三郎の三人の子供が産まれます（104・105頁の【図12参照】）。しかし、磯橘には家督権が存在しないので、磯橘が亡くなると家族は解体されます。益之助の妾「やす」には手切れ金が渡されて、屋敷から本人を退去させるだけでしたが、子供がいる場合は、その処遇まで家の当主が考えてやらなければなりません。

まず孫之丞は、磯橘の弟の山鹿徳次郎に賄金を付けて預けられました。その後も、三嶋家から生活支援を受けて暮らさせるということです。珊三郎は、妾「はつ」の縁続きである庄内藩士富樫善蔵の養子になります。女子のお兼は政養の養女になり、のちに養女として他家へ嫁すことになります。そして妾「はつ」本人は、やはり屋敷から出ることを求められました。正妻ではないというのはこういうことなのです。しかし、何の生きるすべもない状態で放り出されるわけではありません。三嶋家から「はつ」へは月俸一〇匁ずつ（現代の価値にすると二万円程度）を遣わす約束がなされています。機《はた》の生母が、三嶋家の屋敷から生家へ戻ることを余儀なくされたものの、その後も継続的に経済的支援を与えられていたのと同じです。子供がなく、その旗本家との関係が切れてしまう場合は「やす」のようにまとまった手切れ金を渡し、子供がいて、何らかの機会に関係を持つ可能性がある場合は、月俸制が採用されていたのかもしれません。

こうした旗本当主の立場は、家父長的と表現できるかもしれません。しかし、家産権・決定権を独占するというよりは、厄介家族まで含めた広い範囲に対して生活面での責任を持たなければならない立場だったと言えるでしょう。近代以降の、明治民法で規定された戸主権とは、似て非なるものだと考えられます。

だからこそ、次のような心温まる話が出てくるのです。この妾「はつ」は安政四年（一八五七）、三嶋家の家族・家来中が疫病に襲われた際、一時的に三嶋家の屋敷に戻っています。「はつ」が産んだ娘お兼（当時は政養の養女となっていました）を看病してもらうために政養が呼び寄せたのです。お兼は回復するまで二ヵ月を要するほど病に苦しみましたが、その病床へ実母が来てくれ世話をしてくれたことは、一四歳のお兼にとって嬉しいことだったに違いありません。妾の立場にあった者に暇が出されると、接点が失われてしまう、屋敷にも出入りできなくなってしまうのではなく、緩やかな関係が保たれていたことが、こうした事例からも判明します。

いくつかの事例から推測するに、旗本の「次男・三男」や「厄介」は他家へ養子に行くのが最も望ましいものの、仮に縁に恵まれなければ、その家の家督相続者が生涯の面倒を見るべきものという共通認識が持たれていたのは確かです。それにおいても最低限度の生活を強いるという様子ではなく、「次男・三男」「厄介」のために主屋から独立した長屋を準備してやり、伴侶や子供を持つことも許すなど、人間的な生活を送ることも保障しています。もちろん、ここに挙げた事例は上・中層旗本の事例なので、経済的に豊かではない旗本家ではそれも難しいのかもしれません。御家人の次男・三男の中には余儀なく町人になることを選ぶ者もいました。とはいえ、原則としては「次男・三男」が家に留まるなら、生涯にわたって生活を支えるべきとされていたのです。

こうした様相や認識は、個人が商売を営んだり、勤めをして生活費を稼いで家族を扶養しているのではなく、家禄が武家の家そのものに付与されているということから生じたと考えられます。ゆえに、「次男・三男」にとどまらず、「厄介」までもが家に包摂される存在であり、扶養の範囲であり続けたのです。三嶋政養は明治維新まで山鹿兄弟を支え続け、維新後、旗本の家が消失する段階になって初めて、扶養者としての立場を離れることになります。そこに自ずと答えがあります。

同族団による相互扶助の形

益之助は金森左京家の同族金森甚四郎家の部屋住でしたが、金森家の同族団は、旗本六家で構成さ

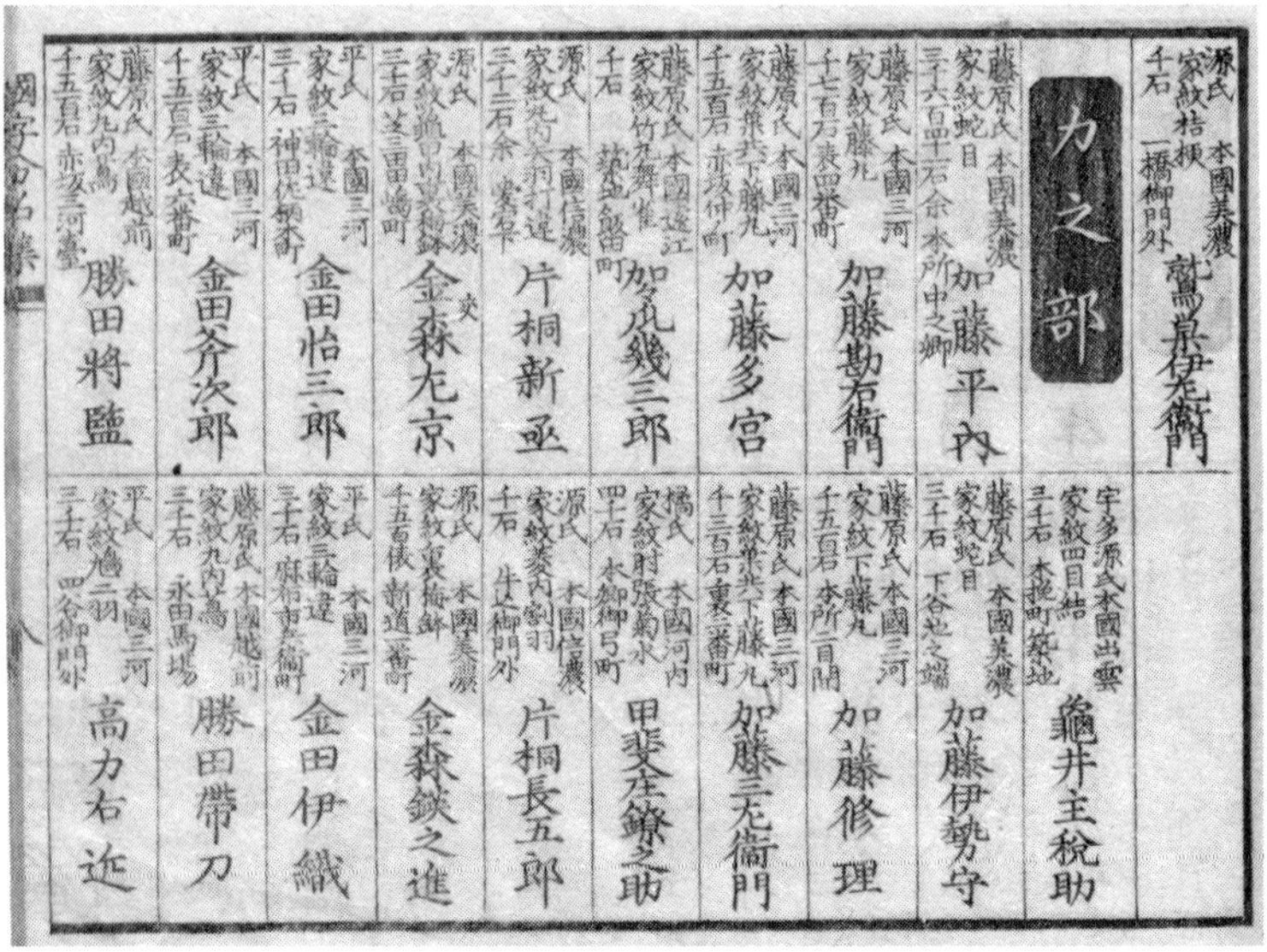

【図16】金森左京家と宗家の金森家（『国字分名集』、国立公文書館所蔵）

『国字分名集』は家禄1000石以上を対象としているため、左京家と宗家以外の分家旗本は掲載されていない。

れていました（【図16】）。

宗家は、江戸時代中期までは美濃郡《ぐ》上《じょう》八幡《はちまん》藩主（三万八〇〇〇石）だったものの、宝暦期（一七五一～六四）に領内で大一揆（いわゆる郡上一揆）を発生させてしまった不始末が咎められ、改易されました。のちに家の再興が認められ、一五〇〇俵取（一揆を引き起こした過去があるため、家禄が相当高いにもかかわらず知行所を与えられませんでした。一五〇〇俵もの蔵米取旗本は特異です）の旗本に取り立てられます。一方、金森左京家は、もともと宗家の内分知（大名領の一部を分知される）の旗本でした。宗家の改易後、幕府から新たに三〇〇〇石の知行を越前国に与えられて独立します。ほかの金森同族団の旗本は、彦四郎家（三〇〇〇俵）、甚四郎（左兵衛）家（七〇〇石）、監物《けんもつ》（左衛門）家（七〇〇石）、八左衛門家（二〇〇俵）の四家です。江戸時代初期の段階で系統が分かれていますが、以降の時期に養子縁組関係が結ばれることもあり、一族としての紐帯を保っていました。だからこそ、金森左京家の屋敷内に金森甚四郎家の部屋住をまわせるということがあるのです。三田魚籃下の金森左京家の屋敷面積は二四〇〇坪という広さがありました。禄高で見れば平均的な規模ですが、参勤交代をする交代寄合の旗本のために国許の陣屋にも経費を割かなければならず、屋敷まわりの庭などは比較的に簡素で、空き地もあったのでしょう（御殿の構造は第一章で検討しました）。

三嶋家では厄介のために家臣長屋と同程度の規模や造りの長屋を建築しましたが、金森家では、厄介の住居として古家を買っています。天保期（一八三〇～四四）、金森家では鋌次郎を仮養子として迎えましたが、何らかの事情が生じたため（一柳鉚之丞を婿養子とするに至った事情。第二章第三節）「下地御病身」（生まれつき病気がち）ということにして「惣領除」にすることを決定します。しかし、今さら鋌次郎を追い出すわけにはいかないので、彼の住居とするために白銀《しろかね》（白金）あたりにあった古家を一一両一分で購入し、いったん解体したうえで屋敷に持ち込んで建設しました。その運送費が三両二分で、合計一五両を要したとあります。彼には妾も持たせました。結果として後年、これが功を奏すことになるのです。

安政二年（一八五五）、金森近義《ちかよし》が死去しました。天保から弘化期（一八四四～四八）にかけて、金森家では養子に次ぐ養子で家を繋いでいましたが、近義も跡継ぎを残さずに亡くなってしまいました。

そこで白羽の矢が立ったのがこの鋌次郎の子の礒之丞（＝近明《ちかあき》）で、彼が急養子になります。

この時、礒之丞（近明）は一〇代の青年だったこともあり、宗家（「家元」）の金森万助《まんすけ》や一族の金森甚四郎可充が家政に介入することになりました。「家中知行分限規定」（『旗本金森左京家関係文書』所収）は、この家督相続時に定められた規定書です。家臣団の身分や職分について律すると共に、家の財政取締を強めていこうとする内容になっています。この規定書に、礒之丞に続いて奥書を署名したのが金森甚四郎可充でした。甚四郎は老齢により家督を子供に譲った隠居の身だったと考えられますが、一族の長老として規定書に署名しています。一族の長老が、一族の家の危機に際して家督の相続等を監督するというのは、三嶋家における三嶋政行《まさゆき》の役どころと同一です（第二章を参照）。

宗家は金森万助家ですが、左京家は、宗家よりもこの甚四郎家や監物家との日常的な繋がりのほうが強かったようです。甚四郎家では文久期に知行所における騒動が発生しているのですが、その解決に向けて左京家の家臣も駆り出されるなど、家臣相互の関係も密です。甚四郎家には部屋住の男子に益之助がおり、益之助が金森左京家で妾と共に生活していたことは、先述した通りです。

益之助の死後、今度は本家の万助家の部屋住である修之助を左京家の屋敷で預かるよう、老中松平信義《のぶよし》から命じられることになります。修之助に対しては同族の金森監物がお目付役を務めていましたが、文久三年（一八六三）、監物が一四代将軍家茂《いえもち》の上洛に御供して留守中のところ、修之助が何らかの不行跡を仕出かしたためのようです。金森左京家の家臣中井大右衛門は、自分が住んでいた長屋を空けて、修之助の住まいに充てることを余儀なくされます。駕籠に乗せられた修之助は裏門から入ってきた、とありますから尋常ではありません。老中から命じられたということもそれを裏づけています。左京家では、一族の困った人物を押しつけられることになり、家臣らは本当にてんてこ舞いだったのでしょう。修之助を確かに預かった旨を老中へ届けに出た家臣の稲垣勇は落馬して、馬もろとも、桜田門近くの堀に転げ落ちてしまいました。堀がそれほど深くなく、馬も一緒に引き上げることができ、大事にならずに済んでよかった、と書いてあります。結局、修之助の住居とするために新たな長屋を建て、修之助はそこに住まうようになります。修之助のことも詳しい情報がないのでよくわかりませんが、幕臣の「次男・三男」「厄介」に対して軽い処罰を下す場合、同族団にその身柄を監視させるということがあったのではないかと考えられます。扶助とは異なりますが、同族団は多様な機能を持たされていたことがわかります。

第四節　旗本の子女と養育環境

妊娠・出産から宮参りまで

旗本家では、正室の妊娠や出産、子供の成長の節目に際して儀礼が営まれていきます。本節では、そうした子供の出生にまつわる事柄や、子育てに関する様相を概観します。

まずは「三嶋政養日記」から、正室の妊娠・出産までの経過や出生後の子供の状況などを見ていきましょう。

三嶋政養の正室機《はた》は結婚して間もなく妊娠し、嘉永二年（一八四九）二月二三日に妊娠五ヵ月で着帯のお祝いを行いました。七月一〇日に出産し、生まれた男の子は弥八郎と命名されます。七月一七日には御七夜のお祝い、八月朔日には産婦の枕直し祝い（産婦が産褥を出て、平素の起居状態に戻ること）、八月一五日には無事に宮参りも済ませています。順調に育つと思いきや、この男子は翌年六月に亡くなってしまいました。日記によると、六月朔日から具合が悪くなり、あれよあれよという間に九日に旅立ってしまったのでした。満年齢で言えば〇歳十ヵ月、数えでは二歳です。この時、政養は幕府御抱えの奥医師小川玄達《げんたつ》をはじめ、六人もの医師に往診を頼んで診てもらいましたが、望みは叶いませんでした。

政養の日記には、このあとに生まれた次男以降についても同様に、着帯・出産・御七夜・枕直し・宮参りの日が記録されています。なお、生まれた子供が男子でも女子でも、長子でも次子以降でも、出生に関する行事は違いなく営まれていきます。徳川将軍家や大名家では、若君や姫君の御七夜祝いや宮参りでさえ大々的に行われたため、その過程をまとめた一件文書が作成されましたが、旗本家についてはそうした細事を記した文書がなかなか見つかりません。家族や親戚、数名の家臣が参加する程度のため、わざわざ一冊の文書を残す必要があるとは判断されなかったためと考えられます。

それではイメージもつかみにくいので、旗本の子供の事例ではありませんが、子供の誕生に関する状況が窺える史料を紹介します。「池田清蔵出生記」（国文学研究資料館所蔵播磨国神東郡屋形村池田家文書）は、享保四年（一七一九）六月七日に生まれた池田清蔵の出生前後について記した史料です。

【図17】江戸の武家の宮参り（市岡正一『徳川盛世録』）

赤子を抱くのが生母。供は、奥女中２人・士分の男性家臣２人、ほか中間等。

旗本池田家文書の中にある一点ですが、清蔵は備前岡山の屋敷で生まれているなどの情報から見て、岡山藩の上級家臣の子供ではないかと推測されます。出産から御七夜までは、医師が産婦と小児の側にいて様子を見守るほど慎重に対応しています。御七夜の日に清蔵と命名され、家臣たちが祝儀の宴席を囲みました。御七夜の日には関係者に下され物があったのですが、出入の商人とみられる人物（魚屋亦八郎、鍛冶屋八右衛門）、出産時に祈禱を行ったとみられる神子《みこ》、出産そのものに関与したと推測される女性たちの名前が見え、興味深いものです。「取揚ケはゝ（婆）」には餅と金一〇〇疋が渡されています。このほか「平福村仁右衛門母」「森田や六太夫妻」といった既婚者の名前もあり、彼女らは産婆の前後に名前が並んでいるので、出産の介助を務めたのではないかとみられます。出生の翌月には宮参りを行っています。宮参りには、「きた」（生母ヵ）が赤子の清蔵を抱いて駕籠に乗り、士分の供が三人、そのほか、草履取一人と駕籠の者三人、「きた」の下女一人、乳役（乳母）「かん」が同行しています。市岡正一『徳川盛世録』の挿絵【図17】には、清蔵の事例と同程度の人数が付き添う宮参りの様子が描かれており、旗本層の宮参りの姿を示していると推測されます。

乳母を雇う

上層の身分階層の子育てを象徴するのは、乳母の制度でしょう。将軍の子供の場合、実母は養育にも授乳にも原則的に関与しません。養育責任者としての「乳母」（乳人・御さし）と、授乳だけを担当する「乳持」が別々に定められ、役割を分担しました。しかし旗本家では、大身の家を除けば、若君や姫君に専属の奥女中を何人も付けるのは困難でした。奥女中もサポートはするものの、実母が主要な養育者になったと言えます。

先ほど挙げた岡山の某家の事例では、出産当初から乳役（授乳担当者と推測される）が雇い入れられています。しかし、旗本三嶋家ではそうしていません。これは正室であるところの実母機《はた》が授乳していることを示しています。しかし、母乳が十分に出ず、成長に懸念がある場合は乳母を召し抱えることもありました。実際、子の銈之丞（政明《まさあき》）のために乳母を雇い入れています。ただ、史料をよく読んでみると、嘉永四年（一八五一）二月に生まれた銈之丞の乳母を翌年閏二月に雇っていることがわかります。出産から一年余もすれば乳の出も減ってくるのですが、そこで授乳をやめるという選択とならず、新たに乳母を雇い入れているのです。江戸時代は乳児への授乳期間が長く、満三歳頃まで続けることも多かったと言われています。そのため、満一歳を過ぎた銈之丞に継続して乳を与えるために雇い入れられたのだと推測されます。

乳母を雇い入れる方法としては、出入の商人などに紹介を頼む場合と、奉公人を派遣する人宿《ひとやど》に依頼する場合とがあったようです。三嶋家では安政六年(一八五九)、「お経」が産まれて十数日後に乳母「はる」を雇い入れることを決めています。この時は、産婦の機《はた》に事情があったためと思われます。「はる」は、深川海辺大工町の家主半三郎の店子《たなこ》桑五郎を請人に立てた奉公人請状を提出し、それを受け取った三嶋家側が前金で給金の一部を支払うと、その直後に「はる」は行方をくらましてしまいます。三嶋家では北町奉行の石谷《いしがや》因幡守穆清《あつきよ》に出訴して、給金分を取り戻しました。「はる」本人ではなく請人の桑五郎に賠償させたはずです。乳母は一般的な女中奉公と違って対象者が限られるために、見つけるのが難しく、このようなトラブルは茶飯事だったと考えられます。旗本江川家では、乳母として自身の代官支配地の百姓の女性を給金五両で召し抱えています(江川文庫所蔵文書)。支配地の百姓の女性なら身元に間違いはありません。また、村役人や親類に多大な迷惑が及ぶことになるので、「はる」のように行方をくらますことはまず不可能です。なお、給金五両は好待遇であり、仕事の重さに見合う報酬を江川家では渡したことがわかります。

旗本家の乳母は主に町人層から雇い入れられたものでしたが、授乳だけでなく養育面の世話もしたので、乳母と子供の双方に親愛の情が芽生えていったとしても不思議ではありません。契約期間が終わって宿下がりをしたあとも、乳母と仕えた旗本家との関係が継続している事例も見えます。三嶋政養の実弟で家禄一二〇〇石の旗本河田《かわた》親義（素行）が幼少時に世話になった乳母は「日本橋青物町の石川氏りよ」でした。明治維新後も石川家では、三嶋政養・河田親義の実家である夏目家に盆暮二季の付け届けを続けていたとあります。町人ですが裏店《うらだな》層ではなく、もともと知己の間柄等で、乳母の役目も引き受けた可能性があると考えられます。また、明治一五年（一八八二）に三嶋家では、三嶋政明の乳母「たけ」が病死した旨の知らせを東京京橋区中橋和泉町の浜田銀次郎妻「なみ」から受け取っています。先述した、嘉永五年（一八五二）閏二月に雇い入れられた乳母こそ、この「たけ」です。詳細はわかりませんが、彼女が明治維新後に東京に住んでいたことは確かです。このように、政明の幼少時に乳母として養育した人物と、育てられた人物の間の交流が続いていたのです。なお、「たけ」という女性は慶応四年（一八六八）段階にも三嶋家に勤めていることが確認できるので、同一人物だとしたら、授乳役としてだけではなく、三嶋家の複数の子供の養育担当者として長期にわたって雇用されていたのかもしれません。

三嶋家の系譜からわかる子供の生死

三嶋政養が作成した系譜は、明治期における整理情報も含まれますが、非常に詳細なものです。特に、女性や子供に関する情報が丁寧に拾われている点には目を見張るものがあります。

機《はた》は三嶋政堅の一人娘だったため、婿養子として政養を迎えることになります。しかし、端《はな》から一人娘だったのではなく、次々と弟や姉妹が亡くなってしまった結果として一人となってしまったのでした。

三嶋政堅にとって、二番目の正室である大名織田信憑《のぶより》の息女の女性から文政五年（一八二二）八月に生まれた女子が初めての子供でしたが、命名もされないうちに数日で亡くなってしまいました。法名は幼夢院知泡。赤ちゃんの命が泡のように儚く消えてしまったことが、法名からも窺われます。三番目の正室である井戸品子からは二男四女が産まれましたが、全員が夭折してしまいました。「秀」は数え二歳、「釧」は三歳、「亀」は三歳、「艶」は二歳、平之丞は三歳、龍之助は二歳です。これは数え年なので、満年齢で言えば〇歳から一歳にあたると推測されます。品子は、妾「せき」の子供である機《はた》に対して実はあまり良い思いを持っておらず、機《はた》に婿養子として政養を迎えることにも反対します。自分が産んだ子供は誰一人成長できなかったのに、妾の子供だけがすくすくと育っていくのを目の当たりにせざるを得なかったわけですから、彼女が複雑な気持ちを抱いただろうことは推し量るに余りあります。

機《はた》が、出産後一年近くが経過して、自然と母乳が減っていく時期に乳母を雇おうとしたのも、当時の女性にとっては、乳が出なければ子供の成長に影響が出るのではないかという恐怖心があったからではないでしょうか。機《はた》自身も、長男弥八郎を満〇歳一〇ヵ月で亡くし、長女「釧子」を満一歳二ヵ月で亡くしています。乳児期を無事に乗り越えることが難しかったとされる前近代です。三嶋家のような、社会的・経済的に比較的恵まれている旗本であっても、子供を無事に育てることは並大抵のことではなかったということを、三嶋家の記録からは知ることができるのです。

男子の教育

旗本の子供として生まれた男子は、どのような教育を受けたのでしょうか。一般的に、旗本の子弟の場合、家庭で読み書きの基本を習得したあとに、一〇代になったらに師匠に門入して本格的に学問を学びます。武芸の習得においても同様です。三嶋政養は、実父の夏目信明から幅広い分野について学ぶよう促され、和歌・手跡（書）・宝生《ほうしょう》流謡曲・茶道・画（狩野派）・遠州流活花《いけばな》・俳諧、剣術・馬術・鎗術・弓術を嗜んでいます。そして政養は、息子の政明に、手跡（書）・宝生流謡曲・囲碁・仏学・画・馬術・剣術・宝蔵院《ほうぞういん》流鎗術・英学（著名な乙骨太郎乙《おっこつたろうおつ》に習っています）・高島流砲術を学ばせています。英学や高島流砲術が入ってくる点は、幕末期という時代相を反映していると言えるでしょう。

御側御用取次まで昇進した夏目家と違って、三嶋家には経済的な余裕があったとは言えませんが、幕臣として立身するには教養が不可欠との認識があったと推測され、幅広い分野に触れさせています。

旗本小笠原久左衛門の安政五年（一八五八）の日記からも、そうした旗本層の修養の様子が窺われます。久左衛門は家禄七〇〇石の旗本で、役職は大番《おおばん》でした。久左衛門の子息には、成人になっている惣領政太郎と弟の真五郎がいます。彼らは大番士の子息として武芸の稽古には熱心だったようで、弓術・鎗術・剣術・柔術・馬術の稽古に毎日のように出かけていることがわかります。日記の時期には、江戸の越中島《えっちゅうじま》に設けられた講武所《こうぶしょ》における西洋式調練も始まっており、久左衛門と惣領政太郎が揃って参加している日もあります。一方、旗本彦坂三太夫の日記によると、三太夫の男子は神道無念《しんとうむねん》流の斎藤弥九郎《やくろう》の剣術道場へ通っており、師匠から皆伝の目録を許されています。皆伝の際には、師匠の弥九郎へ金五〇〇疋、ほかの内弟子などへも祝儀金を贈ったことが判明します。斎藤弥九郎は、江戸でも指折りの剣術家です。当時の剣術道場は、幕府や藩といった垣根を越えた人脈を形成する場となっていたとされ、実際、斎藤弥九郎の門人だった幕臣や藩士の一部は、そうした人脈を生かして幕末政局で活動し、維新史に名を残していますが（桂小五郎〔木戸孝允〕・高杉晋作・伊藤俊輔〔博文〕なども弥九郎の門下）、三太夫の男子が人脈を活用できたのかどうかは定かでありません。

また、旗本小笠原家では、子供の学問師匠として儒者の岡田という人物を付けています。岡田に小笠原家の屋敷に来てもらい、稽古を受けさせていますが、「読書」という書きぶりからすると、初歩的な漢文の読み下しを習わせている程度のようです。幕府の昌平坂《しょうへいざか》学問所で幕臣子弟を対象に実施された初歩者向け試験である「素読吟味」を受験する予定があったのかもしれません。惣領の政太郎は俳諧も嗜んでおり、五月には四谷の夏爐庵《かろあん》松秀（松本宗次郎）、山中与三郎方へ出かけるなど月に何回かずつ俳会に参加しています。七月七日の七夕の日には竹本方の俳会に参加し、翌朝六つ時に帰宅するなど、一晩中俳諧に興じた日も少なくありません。宴席とセットになった遊戯的な俳会だったためと考えられます。

寛政期（一七八九～一八〇一）頃までは無学の旗本も多く、それを嘆かわしく思う人物も少なくありませんでしたが、幕末期にかけては、旗本層にとって学問的修養は不可欠であるとの共通認識が培われていたはずです。実際、学問的修養や専門的知識を兼ね備えた旗本が幕末政局を主導していきましたし、家禄が低くてもそうした人材は積極的に登用されました。その一方で、基礎教養程度のレベルにとどまった旗本も少なからずいたに違いなく、家による差異が大きかったであろうことも指摘しておきたいと思います。

女子の教育

旗本の男子の場合、「芸術書上」という、自分が嗜んだ学問や武芸の種別を書き上げた文書を幕府に提出する機会があったので、習熟度の深浅はあるにしても、経験しておくことのメリットはありました。幕府の素読吟味を受験して、その基礎学力を公的に認定してもらうこともできました。一方、女子の場合、学問や教養を修めることそのものが、ダイレクトにその後の人生を変えることにはなりにくかったのが実際です。しかし、家によっては、女子の教育も重視していました。旗本の家における女子教育はどのようなものだったのでしょうか。いくつかの具体的事例を挙げつつ、イメージをつかんでみましょう。

教育熱心かどうか、家風の違いがあったことは先ほど指摘した通りですが、旗本江川家は明らかに熱心層でした。だからこそ江川英龍《ひでたつ》のような巨人を輩出したとも言えます。戸羽山瀚『江川坦庵全集中巻』には、江川英龍が父として子供の教育とどのように向き合っていたのかを示す具体的なエピソードが紹介されています。その熱心さは親譲りであり、英龍の父英毅《ひでたけ》や母久《ひさ》による教育も同様でした。注目すべきは、男女の分け隔てが見られない点で、女子に対しても男子同様の教養を付けさせていた様子が窺われます。

例えば、江川文庫の文書中には、英龍の妹にあたる「みき」や「たい」が作った漢詩が数点残されています。江戸時代の女性が記す文書は一般的にかな文、または漢字かな交じり文です。武家の女性であっても漢文・漢詩はハードルが高かったはずですが、江川家の女子はそれらに親しんでいたのです。「榊原孺人江川氏行状概略」（江川文庫所蔵）は、「みき」の甥にあたる江川英武《ひでたけ》が、近代になって「みき」の行状についてまとめた文書です。それによると、「みき」は七歳の時から、父英毅からは四書五経を、母久《ひさ》からは「女誡」の句読を習ったとあります。学習が進んでいたので、彼女が一六歳の時、兄英龍が旗本北条氏から妻を娶ると、その嫂《あによめ》に孟子や五経の句読を教えるほどだったようです。ほかに和漢の典籍の知識もあり、和歌を詠むこともでき、書も達筆、裁縫、弾琴《だんきん》、茶の湯、挿花の技芸にも優れていたとあります。まさに才女の雰囲気が漂っていました。女子が漢学を学ぶには、初歩は親が教えるほかありません。江川英毅は、英龍ほどの知名度はありませんが文化人でした。もう一人の妹の「たい」は、離縁によって江川家へ戻ったあとに江戸城大奥へ奉公し、弘化期（一八四四〜四八）には「御簾中様御三之間」、のちに一三代将軍となる家定（この当時は家祥《いえさき》と名乗っています）の最初の正室である鷹司任子《たかつかさあつこ》（天親院《てんしんいん》）に仕えていました。御三之間は、旗本の娘が務める大奥役職としては一番下の序列ですが、身につけていた教養は大奥において役に立ったはずです。

また、英龍の娘「卓《たく》」が作った漢詩や「睦《ちか》」が描いた画も残っています。文事に関しては男女を隔てぬ教育を受けて育った英龍なので、自身も女子に同様の教育を施したのでしょう。娘たちが伊豆国韮山の「僻遇ノ地」で育っていたことから、英龍は将来を心配し、一〇歳前後になった長女「睦《ちか》」と次女「鎌《れん》」の教育を旗本榊原氏の後妻となっていた妹「みき」に託そうと、江戸飯田町の榊原邸で生活させたりもしています。

江川英龍の女子に対する教育については、「空菓子箱の硯箱」の話が伝わっています。英龍の三女卓《たく》が七歳で手習いを始めた時に、家臣が漆塗りの硯箱を買い求めて用意したところ、それを見た英龍が、それは奢りである、女子は他家へ嫁さなければならぬものゆえ、質素の家に嫁して奢りの癖が出るようなことがあっては先方に対して相済まぬ、と、質素の風に慣れさせておくために菓子の空箱（漆で塗っていない木地製）を使わせたとする話です。実物も江川邸に現存しています。こうした事実はあったのでしょう。しかしこの話は、英龍の子の英武が大正期に行った講演の関連記録を見て『江川坦庵全集』の著者戸羽山瀚が昭和期に紹介した話で、当時、賞賛を受けやすかったタイプのエピソードと言えるでしょう。むしろ、英龍が女子の学びを重視していた点を評価すべきかと思います。

「井関隆子《いせきたかこ》日記」も、当時の旗本家には教養ある女性がいたことを示す史料です。隆子は旗本井関親興《ちかおき》の正室（後妻）で、日記は五〇代後半の晩年期に記されました。隆子の生家は四〇〇俵取の旗本であり、婚家も二五〇俵取とそれほど家格は高くありません。しかし、和歌を詠み、日本の古典文学に親しむ機会があり、結果として教養の豊かさを表す日記やその他の著作を残すことになりました。

隆子は井関家へ嫁したあと、新見正路《しんみまさみち》（家禄二三〇〇石）や戸田氏栄《とだうじよし》（家禄五〇〇石）など、井関家の親族であり、かつ文人である旗本との交流の機会を持つことができるようになったとの指摘もあるので、大人になってからの学びの影響がより強かったのかもしれません（深沢秋男『旗本夫人が見た江戸のたそがれ――井関隆子のエスプリ日記』、野口朋隆『『井関隆子日記』――旗本家の女性が残した日記』）。

なお、家の主人が客などを招いて屋敷で催した学習会や宴会に、旗本夫人や娘が同席することは十分可能でした。女性だからといって遠慮すべきということにはならなかったのです。そうした席への出席が、書物で学ぶことはできても、人から学ぶ機会が限定されている女性が知を深める絶好の機会となったことは間違いありません。

一方、今泉みねの回想録によると、旗本桂川《かつらがわ》家では親が準備して子供に手習いをさせるということはなく、生活の中で各自が自然と覚えるものだったとあります。とはいえ、和歌を詠む機会が日常的にあり、親や来客との会話でも和歌や俳諧のことを話したので、わざわざ和歌の稽古をしなくても自然と身についたと書いています。桂川家の場合、出入りする蘭学の弟子の者も多かったので、そういった人物から気軽に教えてもらえる機会もありました。和歌を添削してもらうこともあったようです。当時の旗本家における女子教育は、親や学問師匠によるばかりでなく、親戚や家に出入りする門人・客などの多様な存在によって成り立っていたということが判明します。

旗本の娘の音曲稽古

ただ、このように女子に漢文・和歌・画といった教養を授けていた家はやはり少数派であり、手習いに加えて三味線による音曲《おんぎょく》などの芸事を習わせる程度の、町人の娘と同様の内容にとどまる家も多かったと筆者は考えています。

旗本三嶋家では慶応二年（一八六六）、数え八歳になった「お経」が杵屋福十郎のもとで長唄の稽古を始めています。「お経」が手跡（習字）を習い始めたのはその翌年なので、手跡入門よりも前に長唄を始めていることになります。旗本桂川家の娘「みね」も、七歳頃、長唄を杵屋文左衛門に習っていました。文左衛門は当時、名声を得ていた人物でしたが、病気になり、その治療を受ける目的かたがた、桂川家で「みね」に稽古をつけることになったのです。

旗本小笠原家では、娘の「お哉」に踊りを習わせています。踊りの師匠は坂東三江七という人物で、「お哉」が師匠方へ稽古に出向くほか、三江七が小笠原方に出張稽古にも来ています。娘に稽古をつけてもらったあとに食事を振る舞うこともあり、親しい仲だったようです。ある日、三江七は弟子の「小金」と「お銀」という一〇歳の娘を連れてきました。「お銀」は牛込御納戸町の能登屋という町人の娘で、上手なので、「お哉」には手本として、小笠原家の家族にはお楽しみにと踊りを見せてやったのでしょう。「お哉」の相弟子で、加藤貫作の娘「さく」が屋敷にやって来て、「お哉」と一緒に踊りのおさらいをしている日もあります。加藤は御家人か江戸詰め藩士とみられます。現代の中高生女子が、友達と一緒にダンスを練習するようなものです。旗本彦坂家では娘「お幾」に琴を習わせており、嘉永二年（一八四九）には「中許し」の免状を受けることが決まっています。琴の師匠は英風一という人物で、おそらく当道座《とうどうざ》に所属する盲人でしょう。

長唄や琴といった音曲に旗本が親しんでいたことについては第六章でも触れますが、音曲は武士の日常生活に入り込んでおり、屋敷へ芸人を呼ぶことも抵抗なく行われていました。それもあり、女子の教育にも取り入れられるようになっていたのでしょう。

女性でも、少女期の初歩的学習においては師匠のもとへ通うことができますが、成長するにつれ、学習の場を確保するのが難しくなっていきます。女性を対象とした漢学塾はありません。そうした中で、女性がほかの旗本屋敷へ泊りがけで長逗留する機会は重要な意味を持っていたと考えられます。旗本家の女性が、数日にもわたって他家に滞在することについてはレジャーや休息としての面もありましたが、加えて、自宅にはない本を見せてもらったり、家事や生活の知恵を教えてもらったりなど、貴重な学習の機会となっていたのではないかと筆者は推測しています。

第四章　仕える人々、出入する人々

第一節　家臣の顔ぶれとその出自

旗本家臣団の特質

近年、旗本の家臣については研究が進展しています。大名家の家臣である藩士と比べて、旗本の家臣はいまいち把握しにくい存在でしたが、どのような経歴を持つ人物がいて、どのような活動をしていたのかがわかってきました。

旗本家はもちろん、家督相続によって受け継がれていきます。相続をめぐる困難が発生することはありますが、家がなくなってしまう心配はまずありません。当主が急死したならば即座に養子の話を固め、その人物が家を継いだのは第二章で見た通りです。当たり前にように見える武家の世襲ですが、それは家禄があるからこそです。生活の資本が家禄として保障されているからこそ続くのです。

では、下級武士はどうでしょうか。幕府の御家人の中でも下層（およそ三〇俵三人扶持の同心層以下）

では、毎年幕府から与えられる禄米のみで生活することは困難です。そのため、内職などをして収入を増やすことになります。それでも御家人は、まだ恵まれています。仮に三〇俵三人扶持ならば、その分について受け取れなくなることを心配する必要がないからです。物価上昇による実質収入の目減りはあるにしても、禄米自体が減らされることはありませんでした。幕府財政は時代が下るにつれて厳しくなっていきますが、旗本・御家人に対する禄米の支給は堅持しています。しかし、大名家や旗本家では家臣に対する支給額をカットするということが起こり得ました。財政が行き詰まった諸大名家では、「借上げ」などと称して、禄米の一定割合を給付分から差し引く（または自主献納させる）ようなことも行っています。対応策として、家族が協力して世帯収入を増やす方向に向かえればよいのですが、武家ゆえにうまくいかないこともありました。結果として主従関係から離脱する、つまり家臣の地位を捨てて主家を去る者が出たり、相続者がなく家が絶えてしまうということが発生したのです。

武士としての序列が低ければ低いほど主従関係から離脱しやすいのは幕臣も藩士も旗本の家臣も同じですが、旗本家の場合、家のことを取り仕切る中核的な家臣層でさえ禄高が低いので、そうした者までもが主従関係から離れてしまうことがありました。大名家で、家老や奉行クラスの武士が、経済的理由から地位を捨てて去るということは考えにくいでしょう。しかし、旗本家の家老や主要家臣では起こり得たのです。武士としての道義上の問題があるため、自ら決断して主家を去るということには躊躇もあったはずですが、経済的問題は、そうした主従の基本的論理まで崩していくことになったのです。

知行所の差配や家の財政管理などができる人材が不足するようになると、旗本は家臣を、出自を問わず、浪人でも、百姓や町人からでも採用するようになっていきます。採用後、両刀を差させ、髪型や服装を改めれば武士のできあがりです。こうしたにわか仕立ての人物が、末端の仕事ではなく、家政を取り仕切るような立場にまで就いていきます。武家屋敷内で番や雑用を行う足軽《あしがる》・中間《ちゅうげん》などの武家奉公人は、江戸時代前期から変わらず、百姓・町人から採用されるものでした。しかし江戸時代中期以降は、旗本家のような、ある程度の規模の組織を管理する武士までもが百姓・町人から採用されるようになっていくのです。むしろ、百姓・町人から登用される家臣こそ、多岐にわたる問題を抱えつつある江戸時代後期の旗本家を維持するには不可欠な存在だったと指摘する研究もあります。

江戸時代中後期における旗本の家臣は、家ごとに家格が決まっていて、その地位は世襲で受け継がれていくというような、一般的なイメージの武士ではありません。新たに家臣となる者がいる一方、主家を去る者もおり、家柄も定まっているわけではないという流動的な状況が広がっていきました。特に、家禄数百石から一〇〇〇石程度の中・下層旗本の家臣でその傾向が顕著でした。そうなると、旗本本人も主従関係に安住できなくなります。家臣と自分の関係を、真剣に考えなければならないからです。できるだけ繫ぎ留めておくために、彼らに配慮する旗本もいました。しかし、努力を怠り、なりゆきに任せる旗本もいました。結果がどちらに転ぶかわからなくても、自身がより強権を発動しやすい家臣を召し抱えようとする旗本もいます。そうした旗本と家臣の様々な関係のあり方や実態を、史料に拠りつつ見ていきましょう。

旗本家臣団の規模

旗本が、どの程度の人数の家臣を召し抱えなければならないかについては、幕府から出された軍役規定に示されています。旗本も、大名と同様に、幕府から知行宛行《ちぎょうあてがい》を受けることに対する奉公としての軍役負担義務を負いました。軍役とは、知行高に応じて出兵したり、幕府の城郭や台場などを警衛したりすることです。寛永一〇年（一六三三）の軍役令や慶安二年（一六四九）の軍役令からは、領知高・禄高を基準に軍役量が定められたことがわかります（【表2】）。慶安の軍役令については、実際のところ、幕府から発令されなかったとする解釈が定説となっているので、数字は参考値として見る必要がありますが、一〇〇〇石以下の旗本の軍役に関する数字は慶安の軍役令のほうが詳細です。

具体的に見てみましょう。一万石の大名なら、騎兵、弓・鎗・鉄砲の歩兵、雑兵等を併せて二三五

【表2】「慶安軍役令」に規定された一万石以下の軍役人数

知行高	軍役量												合計人数
	侍	馬上	甲冑持	槍持	馬口取・口附	小荷駄	草履取	挟箱持	沓箱持	鉄砲	立弓持	押足軽	
二〇〇石	一		一	一	一	一							五
二五〇石	一		一	一	一	一	一						六
三〇〇石	一		一	一	一	一	一	一					七
四〇〇石	二		一	一	一	二	一	一					九
五〇〇石	二		一	一	二	二	一	一			一		一一
六〇〇石	三		一	一	二	二	一	一		一	一		一三
七〇〇石	四		一	二	二	二	一	一		一	一		一五

八〇〇石	四		二	二	二	二	一	一	一	一	一		一七
九〇〇石	五		二	二	二	二	一	二	一	一	一		一九
一〇〇〇石	五		二	二	二	二	一	二	一	一	一	一	二一
一一〇〇石	五		二	三	二	二	一	二	一	一	一	一	二三
一二〇〇石	六		二	三	二	三	一	二	一	一	一	一	二五
一三〇〇石	六		二	四	二	三	一	三	一	一	一	一	二七
一四〇〇石	七		二	四	二	三	一	三	一	一	一	一	二八
一五〇〇石	七		二	四	二	三	一	三	一	二	一	二	三〇
一六〇〇石	八		二	四	二	三	一	三	一	二	一	二	三一
一七〇〇石	八		二	五	二	四	一	三	一	二	一	二	三三
一八〇〇石	八		二	五	四	四	一	三	一	二	一	二	三五
一九〇〇石	八		二	五	四	四	一	三	二	二	一	二	三六
二〇〇〇石	八		三	六	四	四	一	三	二	二	一	二	三八
三〇〇〇石	八	二	三	八	六	四	一	三	二	三	一	三	五六
四〇〇〇石	九	三	四	一〇	七	五	一	四	二	三	一	四	七九
五〇〇〇石	九	五	四	一八	九	五	一	四	二	五	一	四	一〇三
六〇〇〇石	一〇	五	四	二〇	九	六	一	四	二	一二	一	四	一二七
七〇〇〇石	一一	六	四	二一	一〇	七	一	四	二	一八	一	四	一四八
八〇〇〇石	一二	七	四	三五	一一	八	一	四	二	一八	二	四	一七一
九〇〇〇石	一四	八	四	三六	一四	九	一	四	四	二〇	二	五	一九二
一〇〇〇〇石	一六	一〇	四	五二	一六	一〇	一	四	四	二五	二	六	二三五

註：「慶安軍役令」については各種伝来本により人数の異同がある。ここには勝海舟『吹塵録　上巻』（明治二〇年成立）所収の「慶安度　御軍役人数積」の数字を掲載。一〇〇〇石以上では長刀・雨具持・若党・小者・長持・馬印・旗差・数弓ほか各種の従者が加わっていくが、省略した。そのため、各項の積算数と合計人数は一致しない。

人を確保しておく必要があるとされています。それに対し、五〇〇〇石の旗本では一〇三人、三〇〇〇石では五六人、一〇〇〇石では二一人、五〇〇石では一一人と、知行高に比例して人数は減っていきます。旗本は、戦《いくさ》に備えてこの人数の家臣団（足軽・中間まで含む）を常時召し抱えていなければならないとされていたのです。しかし、次第に形骸化していき、現実には、幕府の軍役規定通りの家臣団を抱えていることは稀となっていきます。二七〇〇石の旗本仙石《せんごく》家では、寛政期（一七八九～一八〇一）には三六人にまで減らされていました。ところが文久二年（一八六二）には六六人まで回復しています（鈴木壽『近世知行制の研究』）。この幕末期の人数増は、政治情勢を受けて抱足軽を大幅増員したことによるもので、それがなければ、なお軍役令を大幅に下回る人数だったでしょう。

家臣の人数は、上層旗本でも一〇〇人以下です。下層旗本では一桁ということもありました。一桁では格式分けや役割分担もまともに成り立ちませんが、普通は大名家中と同様に家臣の序列が付けてありました。

旗本の家臣の役職名にはどのような種類があったのか、各家で共通して見られる役職名を挙げると、格の上位から、家老、用人、御側（側用人）、給人、近習、中小姓、徒士《かち》、足軽、中間などがあります。家の規模によっては、さらに細分化されたり省略されたりすることもありますが、ほぼこの構成です。そのうち、中小姓以上は身分が「士分」になり、大刀・脇差の両刀を帯刀できます。中小姓は元来、一人前になっていない若年の武士を指しましたが、のちに武士における階層の一つに転化していきました。徒士は中間的な存在で、士分格になるかは家によって異なります。足軽・中間は「士分」ではないので帯刀できず、木製の模造長脇差一本を差せるだけです（【図18】）。これらは「武家奉公人」身分に属し、一般的には百姓・町人から雇い入れられました。おおよその傾向として、「士」＋「徒」と「足軽」＋「中間・小者《こもの》」の人数比は、同数程度か、後者が多くなっています。家禄二七〇〇石の旗本仙石家の寛政期（江戸屋敷分）の場合、徒士以上が一一人、足軽以下が二一人でした。

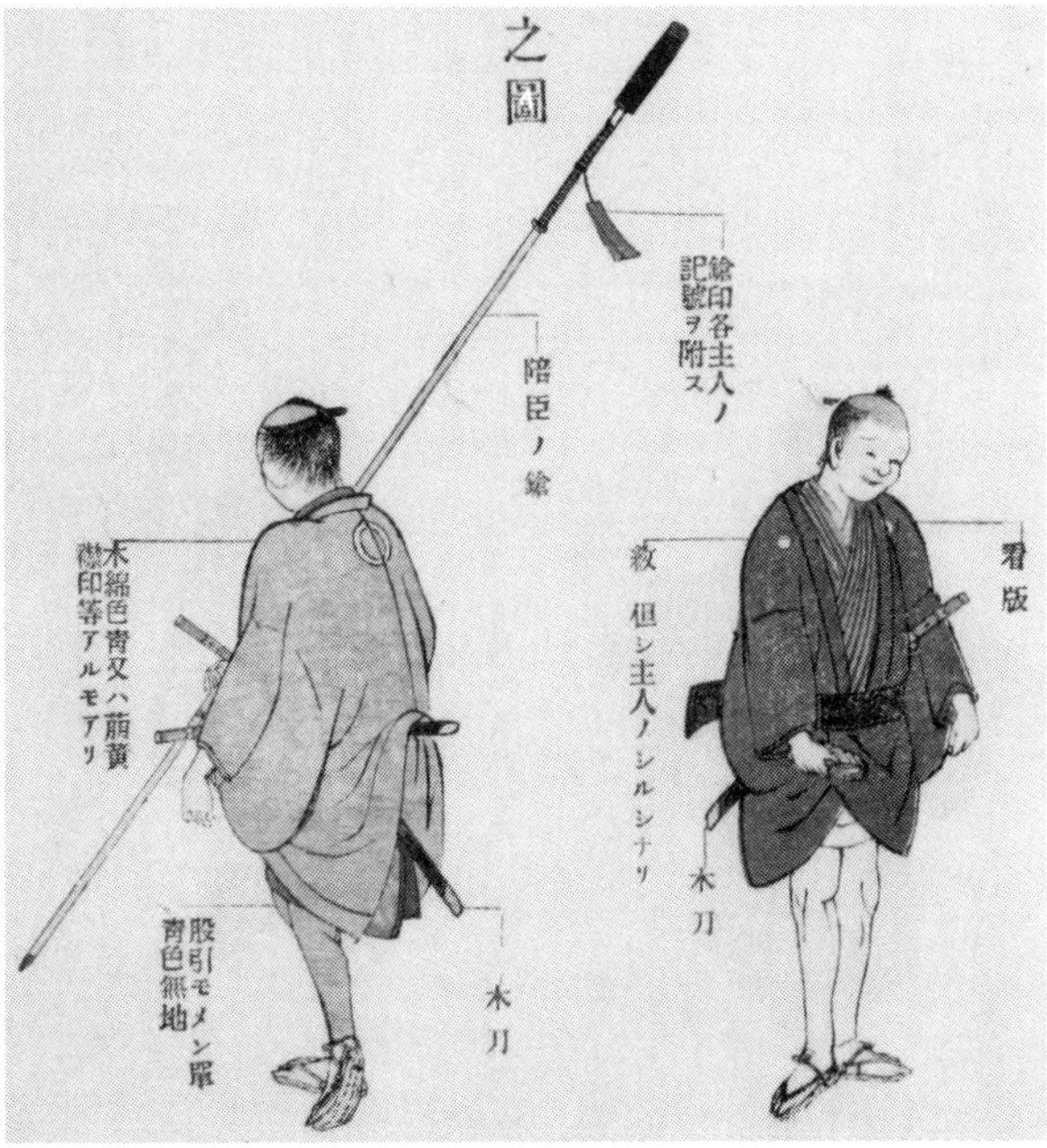

【図18】中間の服装〈左図：法被股引着用、右図：看板着用〉（市岡正一『徳川盛世録』）

旗本家における「男性」家臣団の人数はこの程度です。しかし、旗本屋敷で働く人はほかにもいました。まず、召し抱えられている「女性」です。江戸城大奥をぐっと縮めたような組織が旗本屋敷にもあり、家禄二七〇〇石の石河《いしこ》家では一五人（寛政期）の奥女中が召し抱えられていました。奥の組織についての詳細は本章第三節で触れます。また、医師や学者などで家臣に准じる存在として扱われた者たちがいました。これについては本章第四節で触れます。もちろん、奥女中やお抱えの医師・学者は、先の軍役令の規定人数には入りません。

家禄三〇〇〇石の旗本金森家の、天保一五年（一八四四）段階における、男性・女性を含めた、江戸屋敷に仕えている家臣の人数を挙げてみましょう。年寄（一人）、用人（一人）、側用人（一人）、奥御用達（一人）、小納戸《こなんど》（二人）、中小姓・大小姓《おおごしょう》（七人）、御徒目付（一人）、御徒士・御坊主（三人）、御錠口番（一人）、小遣（一人）までが男性、女中（九人）、御末《おすえ》（三人）が女性です。このほかに足軽・中間・小者等が二〇人ほどいるはずです。金森家は、大名と同様に参勤交代を義務づけられている交代寄合の旗本なので、知行所詰めの家臣と江戸屋敷詰めの家臣を置かなければなりませんでした。すべてを足せば、軍役基準を満たす人数を召し抱えていたのかもしれません。しかし、在陣年に殿様は知行所の陣屋に住むので、江戸屋敷の足軽・中間層の必要人数は大きく増減します。当然、必要分は江戸で雇い、殿様が帰国すれば暇を出すということになるのでしょう。このように家臣団の人数は、単純に禄高の高低によって増減するわけではないのだということがわかります。

次のようなケースもあります。旗本としての家禄が低くても、幕府の主要な役職に就任した場合、家臣団の数を増員しなければ業務が追いつきません。川村修就《ながたか》（家禄五〇〇石）が長崎奉行に在任中の安政二年（一八五五）の家臣数は、徒士格以上が三九人、足軽・中間が三二人でした。同じく大坂町奉行就任時の万延二年（一八六一）には、徒目付以上が二二人となっています（宮地正人『幕末維新期の社会的政治史研究』）。家禄二七〇〇石の仙石家より圧倒的に人数が多いことがわかります。ただし、長崎奉行や大坂町奉行などの遠国奉行は特別で、旗本本人が現地へ赴任するために江戸と現地の両方に家臣が必要になるという事情、長崎奉行や大坂町奉行としての任務を滞りなく行うためにはサポートにあたる相当数の家臣が必要になるという事情がありました。仙石家でも幕府の役職を務めていますが、奉行職等でなければ家臣の増員までは必要ありません。

旗本の家臣に与えられた俸給

旗本の家臣は、どのような形式で、どの程度の額の俸給を受け取っていたのでしょうか。

武家社会には俸禄に関する共通原則があります。身分が高いほど地方《じかた》知行、つまり領地が与えられ、次の階層は蔵米《くらまい》を与えられます。最も格が下がるのは給金取です。大名はほぼすべて、旗本は約半数が領地＝知行所を与えられています。知行取か、蔵米取か、給金取か。それは単に支給方式の違いであるだけでなく、武士の身分序列そのものを示すと理解されていました。それこそ武家社会における共通認識です。

ところが、旗本の家臣においては必ずしもこれらの原則が適用されません。もちろん、蔵米取の旗本が家臣に地方知行を与えるのは不可能であるなど、前提とする条件に欠ける場合もあります。しかし、それを差し引いて考えてみたとしても、旗本家では、身分序列に応じた支給方式は採用されず、家臣団に対して給金制（扶持米も加算）を基本とする俸給の方式が選択されていきました。なぜなら、旗本家は組織がさほど大きくなく、家臣団も流動的ゆえに変更が容易だったからです。なお、幕府でも、蔵米取の旗本・御家人に対して禄の全額を蔵米支給にせず、現金支給を併用していますし、大名家では、藩士への給付において、表向きは地方知行の形を取りながら実質的には蔵米知行方式だった り、ということもありました。そうした社会の実態に即した変更を、旗本家では、建前・実際の表裏なく実施するようになります。

旗本の家によって俸給制度の違いがあるので、いくつか例示してみます。まず、家臣団の上層である用人・給人を基準に比較します。

①家禄三〇〇〇石の池田家の場合（寛保～宝暦期）

第一章で屋敷絵図を検討した池田内記家と同一の家です。

士分は家老・用人・給人・中小姓・徒士の格式に分かれており、家老は五〇俵から一〇〇俵取に加扶持五人扶持（一人扶持は米五俵にあたるため、約米二五俵）、用人は三〇俵から四五俵に加扶持四人扶持（約二〇俵）、給人は二〇俵から三〇俵に加扶持三人扶持（約一五俵）となっていました（鈴木壽『近世知行制の研究』）。ただし、これは表向きの数字である可能性が高いです。なぜなら、池田家の知行所はすべて播磨国にあり、年貢米を江戸までわざわざ廻米《かいまい》させていたとは考えにくく、知行所近くの在郷町《ざいごうまち》もしくは大坂等で換金していたはずだからです。また、換金した金を使って江戸で買米して家臣に給付したと考えるのも無理があります。よって蔵米取は建前で、実際には全額が給金払い、または米金払い併用の可能性が高いと思われます。なお、越前国に知行所がある金森家の場合、家臣の禄高は「石取」制（擬制的な地方知行制カ）ですが、江戸詰めの家臣に対しては「江戸相場」で禄米の一部を渡すとされており、つまり米相場に換算して現金で江戸での生活費が渡されていました。

②家禄二七〇〇石の石河家の場合（寛政期）

池田家とほぼ同規模ですが、知行所は下総国にあります。給金支給と給米支給を併用しており、人数で平均割すると（史料には複数人の合計額しか示されていないため）、用人に対しては金九両と米一五俵、給人は金七両と米九俵となっています（川村優『旗本知行所の支配構造』）。便宜的に金一両＝米一石で換算すると、池田家と同じ用人・給人でも俸給基準が低いことになります。

③家禄一三〇〇石の三嶋家の場合（幕末期）

三嶋家の家臣は出入りが激しく、人数も一定しませんが、士分はおおよそ用人二人、給人一人、中小姓一人程度の人数、ほかに中間や小者が五人ほど召し抱えられています。用人宮本旦馬に対して金八両三人扶持（約一五俵）（安政四年〔一八五七〕）、給人宮本益三に対して金六両二人扶持（約一〇俵）（嘉永六年〔一八五三〕）を給分として渡しています。石河家と比べると、やや基準額は下がりますが、用人同士、給人同士で比較するとそれほどの差はありません。一般的に見て、江戸時代後期の旗本用人・給人の俸給額は、石河家や三嶋家の数字あたりが平均値だったと考えられます。

なお、文化一一年（一八一四）に江戸の医師小川顕道《けんどう》が記した随筆『塵塚談《ちりづかだん》』には、「渡り用人は六両に弐人扶持、七両に三人扶持、四五十年以前も今も、給金替りなし、此渡り用人は妻子もあり、熨斗目、差替大小も所持致し、拶々廉成者《れんなるもの》にてよく取り廻す事也、定ていかがゝ敷《しき》事もあらんか」との記載があります。彼の認識によると、用人・給人の給金相場は「六両二人扶持、七両三人扶持」あたりで、しかもその相場が変わらず長年続いているというのです。三嶋家の幕末期の事例ともさほどの違いはなく、職務内容に見合わない低い待遇が改善されないままだったことは確かです。それなのによく差配ができる者たちだ、と言っていますが、待遇の低さは様々なひずみを生じさせることになりました。

旗本の家臣に対して給金がどのように渡されたのか、一般的なやり方がどうだったのかはわかりませんが、旗本彦坂家では七月九日・一一日という日に家来一統へその年の分の給金渡しが行われています。武家奉公人と同じく、士分の家臣にも一年分を一度に渡していたようです。日にちは、知行所からの年貢金送金の時期と関連している可能性が高いと思われます。

次に、中小姓や徒士を見ます。

用人・給人の場合、何らかの副収入が見込めるなら、何とか家族での生活や家の再生産が可能かもしれません。しかし、その下の序列に位置する中小姓では一二俵から一四俵に加扶持二人扶持（約一〇俵）、徒士は一〇俵に加扶持一人扶持（約五俵）程度で（旗本池田家の場合）、家族を持つことは難しいと言わざるを得ません。ただし中小姓は、一般的に若年者が務める役職で、まだ家督を継いでいない用人や給人の子供などが就任することがありました。つまり、家臣筋の家数自体は増やさず、家督前の段階に勤めることができるようにすることで、必要な家臣数を充足し、かつ家臣の生活が収入面で成り立つようにしていたとみられます。旗本・御家人や藩士には、家督前の惣領が幕府や藩の役職を務める番入り制度や見習勤めの制度があり、その場合、役職に応じて手当米金が給付されます。幕臣の惣領番入りには制約があったため、誰もが番入りによる経済的恩恵にあずかれたわけではありませんが、旗本家ではそれが貴重な家計補足の手段となっていました（第二章第四節、旗本徳山秀起《ひでおき》が死ぬ間際まで家督を譲らなかった理由を思い出してください）。同様に、家臣層も惣領が家督前から勤めることを前提として家計が成り立っていたと思われます。

旗本の家臣をその「出自」によって分類してみる

旗本の家臣は、どのような生い立ちを経てから家臣となったのか、つまり出自で旗本の家臣を分類してみると、大きく三つに分類することができます。まさに、そこに旗本の家臣の特徴があると言っても過言ではありません。

A譜代の家臣

一般的に思い浮かぶのはこのタイプでしょう。父子代々、世襲にて主家に仕える、大名家の譜代家臣と同様の存在です。しかし、「真正」な当該タイプの家臣は一部に限られました。

【表3】維新段階における旗本久松家家臣の状況

	名前	勤仕状況	役職	禄高・給金	扶持
1	中村瀬兵衛	(三代以上)	用人	(現米)高四五石	
2	武田勝右衛門	(三代以上)	用人	(現米)高五〇石	
3	依田国輔	三代以上	用人	(現米)高四五石	
4	鈴木安太郎	三代以上	用人	(現米)高四五石	
5	水石徳太郎	(三代以上)	給人	金六両二分・手当金六両	三人扶持
6	栗原半三	(三代以上)	給人	(現米)高五〇石	
7	石橋善五郎	在住、三代以上	給人	高一二俵	
8	石橋清三郎(善五郎悴)	在住、(三代以上)	中小姓	金五両	二人扶持
9	土方嘉右衛門	(三代以上)	給人	高一二俵	
10	土方四郎(嘉右衛門悴)	(三代以上)	中小姓	金五両・手当金五両	三人扶持
11	浦定左衛門	在住、三代以上	給人	高一二俵	
12	浦銀輔(定左衛門悴)	在住、三代以上	中小姓	金五両・手当金五両	三人扶持
13	萩原革弥	在住、三代以上	給人	高一二俵	
14	萩原弥一兵衛(革弥悴)	在住、三代以上	中小姓	金五両・手当金五両	三人扶持
15	塩川潤次郎	(三代以上)	近習	(現米)高四〇石	
16	白石椈也	(三代以上)	近習	金六両	二人扶持
17	檜原佐仲太	(三代以上)	近習	高二三俵	二人扶持
18	赤松伝之丞	(三代以上)	近習	金六両・手当金六両	二人半扶持
19	丸山久左衛門	(三代以上)	近習	高六俵	三人扶持
20	丸山久平(久左衛門悴)	(三代以上)	中小姓	金五両・手当金五両	二人扶持
21	石塚小五郎	(三代以上)	中小姓	金五両・手当金五両	三人扶持

22	成瀬鉄太郎	（三代以上）	中小姓	金五両・手当金五両	三人扶持
23	平賀森次郎	（三代以上）	中小姓	金五両・手当金五両	二人扶持
24	早川勇之進	（三代以上）	中小姓	金五両・手当金五両	二人扶持
25	落合五郎	（三代以上）	中小姓	金五両・手当金五両	三人扶持
26	楢原常次郎	（三代以上）	中小姓	金五両・手当金五両	二人半扶持
27	比田井弥五右衛門	在住、二代目	近習	金六両・手当金六両	二人扶持
28	比田井為吉（弥五右衛門悴）	在住、三代目	中小姓	金五両・手当金三両	一人半扶持
29	落合六郎	在住、三代以上	近習	金七両・手当金六両	三人扶持
30	依田福蔵	三代目	近習	金五両・手当金五両	二人扶持
31	大村善九郎	三代目	近習	金五両・手当金五両	二人扶持
32	千野林之助	二代目	近習	金七両・手当金五両	二人扶持
33	楢原平六	（三代以上）	近習	金五両・手当金五両	三人扶持
34	佐藤助右衛門	初（一六年）	（近習）	金六両・手当金六両	二人扶持
35	守田文友	初（四年）	医師	金一〇両	三人扶持
36	高藤栄之助	在住、初（二年）	中小姓	金五両	二人扶持
37	伊藤福太郎	初（四年）	無役	金三両・手当金三両	一人扶持
38	柳沢鉚三郎	二代目	無役	金三両・手当金三両	二人扶持
39	小河原円蔵	初（六年）		金五両	二人扶持
40	小林勘兵衛	在住、初（一四年）	中小姓	金五両	二人扶持
41	佐々木恭介	在住、初（一五年）	中小姓	高九俵	二人扶持
42	柳沢惣兵衛	在住、初（四〇年）	徒士	金四両	一人半扶持
43	小林宗治	在住、初（三八年）	徒士	金四両	一人半扶持

典拠：国文学研究資料館武蔵国江戸久松家文書№19。史料は複数の下書文書を一括したものであり、文書により記載内容の異同がある。そのため、最も確実とみられる記載・数字を筆者が判断してまとめた。

【表3】は、家禄五〇〇〇石の旗本松平（久松《ひさまつ》）家の維新段階における家臣団の情報をまとめたものです。「三代以上」とあるのが、おおよそ譜代家臣にあたると判断してよいでしょう。用人・給人など家臣団の上層はほぼ譜代の家臣で、近習・中小姓などの中層家臣（平士層）には初代・二代目が交じってくるという傾向がはっきり出ています。松平（久松）家は交代寄合なので、知行所居住の家臣も置いています。「在住」とあるのがそれです。また、用人層は格が高い現米取（知行は与えられないが家禄が石高表記となり、石数分の米が蔵米取同様に給付されます）になっており、給人層は主に蔵米取、近習・中小姓は給金取というように、階層ごとに俸給の形式が変えられているのもわかります。

松平（久松）家は大身旗本です。こうした家では譜代家臣の割合が高い傾向にあり、家禄が低い家ほど概して譜代家臣の数は少なくなります。それは、家禄が低ければ財政規模が小さくなるため、高い「報酬」を安定的に給付できないからにほかなりません。

家禄一三〇〇石の三嶋家には、実質的に譜代家臣と呼べる存在が一人もいません。また一見、家臣の家として続いているように見えても、実際のところ、父子兄弟等の血縁者の相続によって順調に受け継がれている譜代家臣というのは限られた存在でした。「譜代」であっても、血縁関係がない養子や名跡相続によって維持されている実態もあるのです。主人の旗本とまるで同じです。また、旗本の家臣には帰参者が時折見られ、それも一つの特徴となっています。帰参者とは、その旗本家に勤めていたものの、いったん主従関係から離れ、他家勤めを経て時期をおいて戻ってくるものです。本人がいったん離れたのちに戻って来るケースもあれば、祖父・父の代に仕えた旗本家に戻るというケースもあります。こうした場合、関係が一度途切れているにもかかわらず、「譜代」の家臣として扱っている節《ふし》が見られます。若年段階で他家の様子を学んでくる研修のような位置づけだった可能性もあります。「譜代」の家臣といっても、将軍との関係が制度的に明確な旗本・御家人や藩士の場合と違って、主従は緩やかに繋がっていたと言えるでしょう。

なお、野本禎司氏が著書で提示している分析データによると、譜代の家臣は、上層ばかりでなく足軽層にも多いことがわかります。しかし、それはよく見極める必要があります。足軽層は知行所の百姓から採用されることもあるため、「譜代」になっている可能性が高いのです。「家臣として登用された知行所の百姓」のほうが、旗本家に対してより強い譜代の家臣としての性格や「譜代意識」を持っていたと指摘する研究者もいます。知行所の百姓と知行主としての旗本の関係は、それこそ二〇〇年以上も継続しており、関係はより深かったはずです。士分の「譜代」と武家奉公人身分の「譜代」は分けて考えたほうがよさそうです。

B随時雇用される家臣――渡り用人・渡り給人など

「渡り用人」や「渡り給人」という言葉は、江戸時代の文書に出てくる言葉です。様々な旗本家を渡り歩いている家臣という意味そのもので、給金（年に何両・何俵と決める）や職務に関する契約を交わして家臣として勤めていました。なお、言葉こそ見えませんが、中小姓や近習、徒士などにももちろん「渡り」の存在はいました。武家奉公人である中間《ちゅうげん》・小者《こもの》のように一年や半季といった短期の雇用契約を結ぶこともあったと考えられます。

渡り用人や渡り給人がどこから来たのかというと、他家の用人・給人からの移籍者をメインとし、ほかに浪人者や百姓・町人出身者がいました。用人・給人が担当する職務は旗本屋敷の事務的な仕事(文書作成、会計管理、来客応対など)なので、百姓・町人の中でも、村役人層の子弟などで一定レベル以上の筆算ができる人物でないと務まりません。なお当時は、どのような分野でも請人《うけにん》が間に立ち、身元保証をしたうえで、組織に入るという方式が取られました。よって、用人・給人に関しても、旗本屋敷に「就職」する際には、請人の紹介を経て入るケースが大半だったと考えられます。縁故採用にほかなりませんが、旗本屋敷側としても、その人物の能力を測るものさしがないため、判断のしようがありません。そのような中で、江戸の学問塾で培われた同門の者同士の兄弟弟子・学友関係は、旗本の家臣としての就職に有利に働いたのではないかと筆者は考えています。塾の場なら、その人物がたとえ百姓・町人であっても、旗本屋敷での仕事が務まるほどの能力があるのかどうかがおおよそわかるはずです。いったん旗本の家臣になることができれば、その経歴を片手に別の旗本家へ「移籍」することも可能になります。しかし、こうして「就職」を果たした百姓・町人の子弟であっても、若年時のみ旗本の家臣として仕事をし、親が隠居したら生家に戻って百姓・町人として暮らすということもありました。比較的富裕な百姓・町人の娘が、嫁入り前の数年間だけ、武家屋敷の奥女中奉公をすることはよくありましたが、それと同様に、若い男性が社会について学び、見聞を広めるために渡りの家臣というポストを利用していた面もあります。

渡り用人・渡り給人は、祖父・父も仕えた譜代の家臣というわけではないので、主君に忠節を尽くすという意識は形成されにくかったと言えます。だからこそ、採用条件（格、俸給など）に不満がある場合に、別の旗本家へ「移籍」することがあり得たのです。そのため、家政の責任者である用人でさえ在籍期間の長短の差が激しく、二〇年以上の長きにわたって勤める人物がいる一方で、短い場合は一年未満で辞めてしまうこともあるほどです。三嶋家での事例を見ると、用人から中小姓まで、家臣のほぼすべてにおいて、長くとも三年程度しか勤務が続いていません。驚くべきことに三嶋家では、飼馬の世話役である別当の橋本吉五郎が最も長期にわたって仕え続けた人物なのです。

こうした渡りの家臣が多数派を占めていたことは、数字からも裏づけられます。明治初年、新政府は旗本の家臣へ扶助金（という名の実質的手切れ金）を支給するために、その「勤続」状況＝旗本に仕えた代数の調査を行いました。そのために家臣団の状況がわかる各種の史料が残っているのですが、家禄が五〇〇石から一五〇〇石の層では「一代目」の家臣、つまり渡り用人・渡り給人が最も多いことが判明しています（野本禎司『近世旗本領主支配と家臣団』）。調査は幕末期の状況を反映しているわけですが、江戸時代の中後期からこうした状況になっていたと思われます。

渡り用人や渡り給人タイプの世界では、個人の才智が重要な意味を持ちました。とはいえ、殿様と良好な関係が築かれれば、自身の子供に見習勤めをさせることもあったでしょう。結果として父子共々、家臣に登用されることにもなったはずです。旗本と家臣の関係が、給金を介した一時的な、個別的な関係から進んで、「武士らしい」主従関係に発展していくかもしれません。つまり、マッチングさえうまくいけば、生涯にわたってその家に仕え、さらにはその子の代、孫の代と仕え続ける、譜代の家臣となる可能性もあったのです。しかしながら、実際にはそうはならず、「渡り」の存在が多数派を占めたのは、譜代化する条件の厳しさを物語っていると言えるでしょう。

C知行所から登用された家臣――在地代官・在地用人

旗本の家臣には、知行所から取り立てられた百姓＝家臣という一群も存在しました。家臣分類の三つ目です。

渡り用人・渡り給人と、この百姓から取り立てられた家臣は近接的な関係にありますが、違いもあります。前者は、自らの意志で家臣という職業を選んだと言えます。それに対して後者は、百姓が旗本からの指示・命令を受けて、家臣になったものです。

比較的よく見られるのが在地代官や在地用人などで、百姓として住んでいた土地から離れず、身分のみ旗本の家臣に移って代官や用人を務めました。領地（旗本なら知行所）を支配し、検見《けみ》や年貢徴収などを実施する代官は、本来、領主役人の側から任命されるものです。幕府代官は一貫して旗本の役職ですし、藩の代官も主として藩士から任命されました。規模の大きな旗本領でも江戸時代前期までは士分の代官が置かれていました。しかし、中期以降になると、知行所の在地支配を担う代官・用人は、地元の名主・庄屋から任じられるタイプが一般的になっていきます。

名主・庄屋から任じられる在地代官が発生する理由は多々あります。第一に、武士身分の家臣を知行所に配置する余裕が旗本にはなかったという理由が挙げられます。人材も人件費も足りません。そもそも、知行所に陣屋・役所といった専用施設を置ける旗本が限られていました。専用施設を置くよりは、名主・庄屋を在地代官・用人に任命して、その自宅に役所としての機能を複合させるほうが簡単です。また、地元の名主・庄屋のほうが知行所村々の状態を熟知しています。江戸から派遣された家臣が、土地の習慣も知らないで支配の指揮を執るよりも、彼らに在地代官・用人としての職務を行わせたほうが効率的なのです。さらに、名主・庄屋を領主役人側の構成員に組み込むことによって、百姓をコントロールできるのではないかという期待が持てます。領主側が無理難題を申し付けると反発を浴びてしまいますが、名主・庄屋から登用された代官・用人を経由して百姓に申し付けるなら、反発もしにくいでしょう。既存の名主・庄屋の権威を知行所支配に利用しようとする策であると学術的には解釈されています（川村優『旗本知行所の支配構造』、熊谷光子『畿内・近国の旗本知行と在地代官』）。

別の理由もあります。渡り用人・渡り給人は旗本家に対する忠誠心が低く、また簡単に辞めてしまうこともできたので、用務で知行所に出向いた際に横暴や不正を行う者が多かったのです。そうした危険があることを考えると、名主・庄屋のほうが信用に足ります。彼らには、武家社会の用務を遂行できる程度の筆算能力はあります。ただし、名主・庄屋を代官・用人に任じた場合、武士の身分と旗本の家臣としての格式や禄米・役料を与えることになります。百姓身分のまま代官・用人になり、かつ旗本の家臣になるということは稀です。身分制の原理と矛盾してしまうからです。なお、このタイプの家臣は、完全に士分へ移行してしまうのではなく、在地代官・用人を務めている期間だけ百姓身分から武士身分へ移り、百姓人別から除帳《じょちょう》されるのであって、辞めれば百姓に戻ることが想定されています。あくまで、在地代官・用人としての職務が円滑に行えるようにと一時的に身分を移し、権威を付与させるというものでした。

代々にわたって名主・庄屋を務めていた百姓が、在地代官・用人を経験するようになると、知行所運営に対する見方が変わってきます。名主・庄屋の立場では、いかに旗本領主から搾取されないようにするかを基本的に考えているわけです。それが在地代官になると、例えば、年貢の総量変更はできなくても、納入の方法などを村側にとって都合がよいように工夫することもできるのではないか、と考えるようになります。また、旗本家の内部事情に触れることで財政の問題も深く認識できるようになったでしょう。旗本は、財政状況が厳しくなると、その場しのぎのために知行所村々へ御用金を申し付け、年貢増徴を図るようになりますが、名主・庄屋の立場では知り得なかったその根本的原因を知ることになるわけです。

先納金や御用金を押し付けてくる旗本に対して、知行所の村側は、百姓の負担が増すようなことはやめて欲しいと歎願します。旗本側で質素倹約を徹底し、出費を減らせば先納金・御用金に頼らなくても済むはずだと果敢に意見もします。しかし、百姓の声は届きにくいのが現実です。ならば、名主・庄屋が旗本の家臣になって旗本家の経営の中枢部にコミットし、願い上げる・訴えるのではなく、内部から問題を改善させていくほうが得策であると考える向きも生まれるでしょう。こうした状況を反映し、江戸時代後期には、名主・庄屋や在地代官（あるいは在地代官の子弟）が、在地代官から進んで、江戸屋敷詰めの用人・給人の身分を得、勝手方担当として家政管理に関与したりするようになっていきます。知行所で、在地の業務に限って引き受ける存在だった家臣から、旗本の中核的な家臣へ移行していく様相が見られるようになります。旗本家によっては、そうした百姓出身の家臣が、渡り用人・給人よりも主導的に家政を取り仕切るようになっていくのです。

臨時雇いの家臣

ここまで挙げてきたA・B・Cタイプは、一年あたり何両・何俵と給分が決められて正式に採用された家臣ということになります。旗本屋敷には士分未満の足軽・中間もいましたが、彼らも一年または半年の雇用契約を結んで働きました。奥女中も同じです。しかし、こうした年単位で採用する家臣では手が足りないような事態も稀に発生します。例えば、冠婚葬祭や旗本の職務の事情によって臨時に人数を増員しなければならない時です。そうした場合は「雇」を使いました。雇はまさに一時雇用です。一ヵ月とか数日だけとかの単位で頼んで仕事をしてもらいます。頼みやすさが優先されるためか、親戚や近所の旗本家、知人方に融通を求めることが多いようです。家臣の家族を引っ張り出すこともあります。もちろん、働いてもらった日数に応じて手当を支払いました。婿養子が入った旗本三嶋家や金森家では、婿の実家から頻繁に「雇」の家臣が呼ばれ、使われています。実家であれば、依頼する気安さの点では一番だからでしょう。このように旗本家では、親戚や家臣その他の関係者が協力し合って、ようやく人繰りをしているのが実態でした。

第二節　旗本家臣団の様相

三嶋政養の家臣団統制

旗本三嶋家の家臣団については西脇康氏、野本禎司氏が詳細な分析を行っており、年代ごとにどのように移り変わっていったのかが明らかになっています。そのため本書では、家臣団の推移に関する詳細には踏み込まず、その代わり、三嶋家の家臣団をめぐる興味深いトピックを中心に紹介していくことにします。

三嶋政養《まさきよ》の養子入り前、士分以上の家臣は、用人宮本旦馬、用人三浦道之進、給人伊東又助、中小姓佐藤新吾がいました。士分未満では中間・小者が五人です。小者は、「上州西平井村」出身の人物や「上総」から奉公に出ている者が雇われています。いずれも三嶋家の知行所の百姓またはその関係者でしょう。その養子入り以前からいた三嶋家の家臣に対して政養は、養父の忌明け早々、暇を出しています。まず用人三浦です。山鹿磯橘・徳次郎兄弟を政堅《まさかた》の後継者として推していたとみられる人物であり、「改革に付」とは日記に書いていますが、実のところ、自分の養子入りに異議を唱えた家臣が気に食わず、辞めさせたというところでしょう。もし大名家の譜代の藩士が主家の養子選定をめぐって異議を唱えたとしても、左遷こそされ、召し放ちにされることはないでしょうが、旗本の家臣レベルでは主人の意向でどのようにもできてしまうわけです。政養は三浦に続き、ほかの家臣にも暇を出していったので、政養が養子入りしておよそ一年のうちに士分以上の旧家臣団がほぼ総入れ替えとなっています。政養は三嶋家の財政が厳しい状況下にあることを承知していたので、家臣や召使の人数を削減して出費を抑えようとしたというのが、この連続解雇の根本的理由です。しかし、解雇した家臣の代わりに安い給金で新たな家臣を確保しようとすると、質は望めなくなります。そこで政養は、実家夏目家や親戚などの関係筋から家臣を調達しています。失敗はできないので、人柄を見知った人物を採用したのでしょう。

そもそも政養は、三嶋家の家政改革を行うことについて実父夏目信明から指示を受けていました。三嶋家の借財を倹約によって返済し、家政を立て直すようにと言い含められていたのです。婿入り時に父から渡された教諭書には、家臣人数について、用人一人、中小姓二人、子供（近習）一人、中間三人、奥女中は養母付き一人、奥（奥方）付き一人、子女（子供に付ける世話担当の奥女中と考えられます）一人、茶の間（茶の間女中のこと）一人、半下《はした》（身分が一段下がる奥女中のこと）一人を目安とするようにとの具体的指示も記されていました。これだと、使者などとして他家に派遣できるまっとうな士分の家臣は用人一人だけということになってしまいます。三嶋家の家柄を考えると尋常ではない家臣団構成案ですが、体面が保てなくても倹約を優先せざるを得ないほど家の財政状態が悪化していたことを反映しているのでしょう。

家臣による勤め先斡旋と身元引受

さらに旗本金森家での事例も加えて、家臣の様相を見ていきます。

先ほど、三嶋政養の養子入り当初、実家である夏目家の関係筋から三嶋家の新規家臣が採用されたと述べました。旗本家同士、家臣が融通されたり派遣されたりすることがあったことは、金森家の史料からも確認できます。

金森家の家臣中井大右衛門は、家禄一七〇〇石の旗本土方《ひじかた》家へ中小姓として伊蔵という人物を差し遣わすことを決めています。伊蔵は金森家の家臣の親族とみられ、井上庄蔵と改名して勤めさせることにし、先方とは、給金年四両、白米一人扶持、盆暮一〇〇疋ずつ、月々塩梅代五匁ずつを受け取る約定を交わしました。請人は中井大右衛門、添請人は堅田吉蔵の名前にて請状を作成し、土方家からやって来た甲斐喜内という人物と書面を取り交わしています。また、取替金として年間給金の半額の金二両を前金で受け取り、本人の準備に充てることにしています。この手続きは、武家奉公人の奉公時に取られるやり方と全く同じです。この伊蔵、実はひどい粗忽者のため、金森家では持て余していました。土方家での仕事が決まる数日前には、金森家の屋敷内で品物の片づけを手伝っていて「南京の大鉢」を割ってしまい、本人は泣き出すという始末です。ほかの武家屋敷に仕えて学び、成長して戻ってきて欲しいとの気持ちが大右衛門らにはあったのでしょう。

勤務先の旗本土方家は書院番士であり、交代寄合である金森家との役職上の関係はなさそうです。屋敷の所在地は麻布のため、三田にある金森屋敷と近所というわけでもありません。それなのになぜ、旗本の家臣同士が知り合いで、伊蔵の話をつけることができたのでしょうか。答えは無尽講《むじんこう》です。中井大右衛門は五月二一日、土方家の甲斐喜内が主宰する無尽講に出かけ、大右衛門の子息鋖太郎が当たりくじを引いて銭二貫文を受け取っています。無尽講は一般的に、多額の資金が急遽必要になった人物が主催して開始され、主催者が最初の当たりくじを取り、参加者は貯蓄目的で講に加入しますが、中井氏にとってこの無尽講は、旗本の家臣同士の情報交換の場としての意味合いが大きかったのではないかと考えられます。金森家は交代寄合のため、中井氏自身も国許の越前国と江戸を行き来している身です。そのため、旗本の家臣でありながら江戸の事情に疎かったのです。旗本社会のこと、幕府政治のことなどを情報交換する中で、伊蔵の「就職」の話をつけることができたのではないでしょうか。

後日談ですが、この井上庄蔵、土方家での勤めぶりもはかばかしくなかったようで、同年のうちに、親が病気であると理由を付けて暇を取り、金森屋敷に引き取られます。そして、金森家の家臣（徒士層）の片岡弥兵衛の甥が江戸堀居町（＝堀江町のことヵ）三丁目の油屋で番頭をしているのを頼って、その商家へ行くことになったのです。つい先日まで旗本の家臣として勤めていた人物が、今度は商家の奉公人になったわけです。そうした転身も当たり前の世界だったと言えます。百姓や町人から旗本の家臣になる者もいましたが、武家社会に適応できなければ旗本の家臣から百姓・町人へと、生きるすべを変えなければならない人物もいたのです。しかし、武士より百姓・町人のほうが世渡りするのが楽であるはずはありません。実際、伊蔵＝庄蔵は油屋からも暇を出され、弥兵衛は詫状を書かざるを

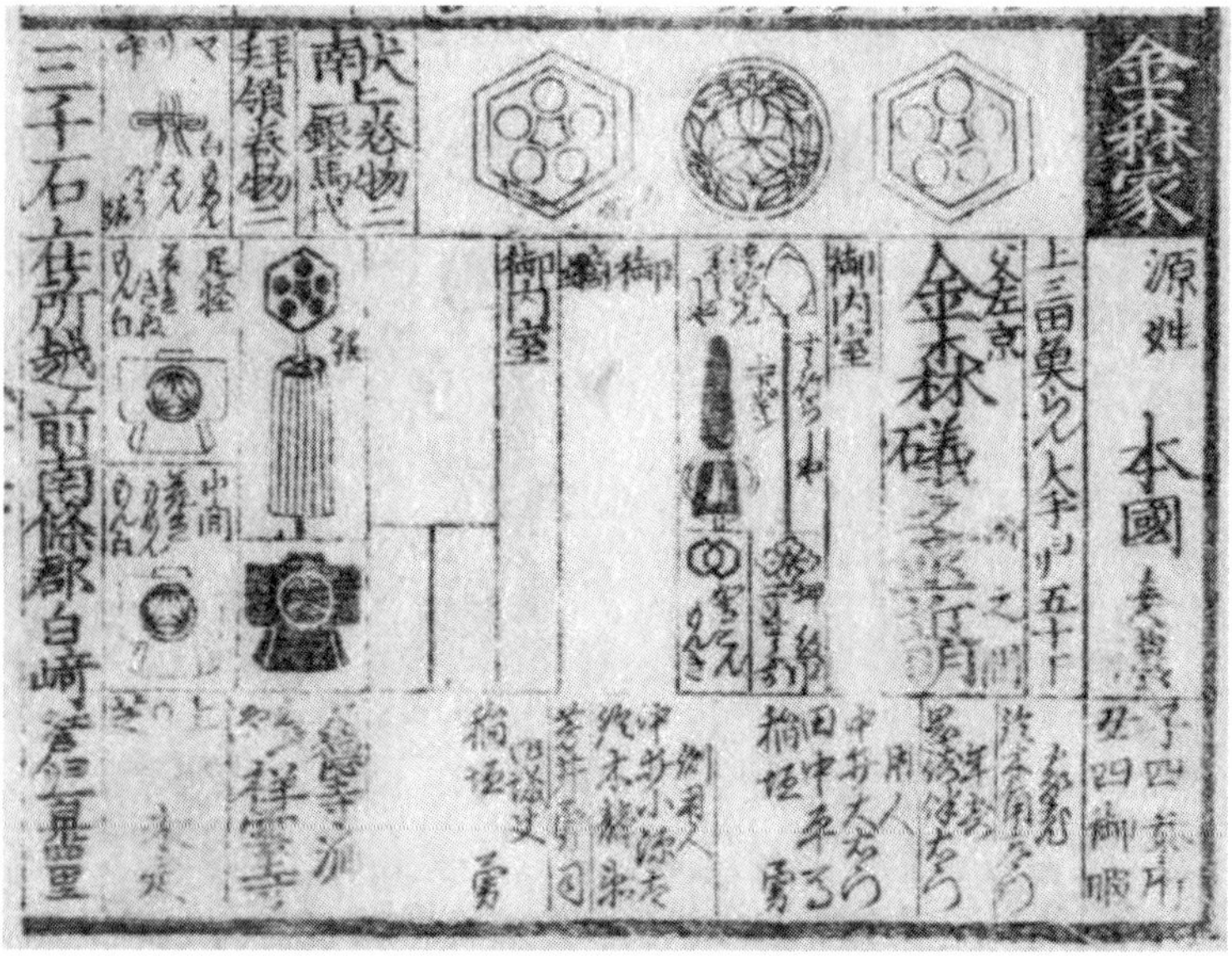

【図19】武鑑に掲載されている旗本金森家の情報（『大成武鑑』安政６年〔1859〕版、国立国会図書館所蔵）

当主は金森礒之丞近明。また、金森家の用人として中井大右衛門の名が見える。

得ない羽目に陥ります。「南京の大鉢」を割るよりも、もっとひどい失敗をしたのでしょうか。その後、伊蔵＝庄蔵は小網町三丁目の伊勢屋方へ奉公に出ることになります。その後の情報はありませんが、彼にとっては前途多難だったかもしれません。

交代寄合金森家の家臣団の特徴

金森家は交代寄合の家柄であるため、家臣団にも一般的な旗本とは異なるいくつかの特徴があります（金森家の概要については【図19】参照。【図20】は最後の旗本当主、金森近明の写真）。

三嶋家のような家禄一〇〇〇石程度の家においては、江戸時代後期、代々にわたって仕える譜代の家臣がいるかいないかという状態が一般的でした。それに対して金森家では、家臣のほとんどを譜代が占めています。交代寄合は大名と同じく、江戸と知行所の両方に生活基盤を置いています。そのため、妻子を国許に置いたまま、家臣本人だけが殿様に従って江戸に勤番することもありました。大名家の藩士と全く同じです。国許には家臣同士のコミュニティも存在するので、渡り用人・渡り給人のような流動的状況になりにくかったと言えます。そもそも交代寄合は三〇〇〇石以上の家禄が与えられていることが多く、そのため家臣団の上層には五〇石以上の禄を与えることも可能で、生活面も安定しやすかったはずです。現に、中井大右衛門の家禄は七五石です。

ただ、万石以下で江戸と国許の二元生活を維持しなければならないので、経済的な難しさは大名以上かもしれません。特に殿様の在陣年です。江戸は留守でも幕府や他の大名家・旗本家との関係を維持しなければなら

【図20】金森近明肖像写真（金森家文書、画像は越前市史編さん室提供）

ないため、それなりの数の家臣を置いておく必要がありました。また、大名と同じく正室や子供を江戸に置くので、奥向担当の男性家臣や奥女中も必要です。そのためだからでしょう、殿様の留守期間は、屋敷全体を取り仕切る家老・用人層は別として、中下層の家臣については江戸での短期採用を活用しています。

一方、殿様の出府年には国許から勤番家臣も一緒に来るので、短期採用家臣のほうは解雇して人数を調整しました。金森家は家格が高いので、参勤交代の行列も形式を整えなければならず、出府時には少なからぬ従者を召し連れて来ました。しかし、そのすべてを江戸に置いては余剰人員になってしまうので、江戸着後に国許へ返すこともしています。その国許から召し連れてくる従者は、譜代の家臣だけでなく、知行所の百姓を使っています。

のちほど第三節で触れるように、知行取の旗本では屋敷の武家奉公人を知行所の百姓から確保するのが一般的です。交代寄合の金森家もその方式を取り、参勤交代の行列に同行させて足軽・中間を江戸に連れてきていました。殿様の在府年はこれでよいのですが、殿様と一緒に帰国してしまう留守年は困ることになります。そのために金森家では、人宿《ひとやど》に頼んで採用する武家奉公人も併せて使っているのです。殿様の在府年は、国許から連れてきた家臣・武家奉公人に支えられ、万全の体制だったと言えますが、留守年は家臣の目も行き届かず、屋敷内の空気の落差が激しかったのではないでしょうか。

また金森家は、交代寄合として大名に准じた格式を認められているためでしょうか、家臣団構成も大名家臣団に准じた序列になっています。旗本三嶋家で士分の家臣は用人・給人・中小姓の職階しかありませんが、金森家では家老・年寄・用人・給人をはじめ、側用人・徒士目付・御坊主なども置かれていました。大名の分家旗本である家禄三〇〇〇石の池田家においても、実際にその役職を務めていた者がいたかどうかには疑問があるのですが、多々の「格式」が存在しました。やはり本家における家臣団構成を意識しているためと考えられます。しかし、三〇〇〇石程度なら家臣団は三〇人から五〇人ほどの規模です。すべてを大名家並みに揃えることは到底できません。よって、何らかの調整を行わざるを得ないことになります。御坊主の例で示してみましょう。

御坊主は、幕府の職制にも大名家の職制にもあります。幕府の御坊主は御家人の役職で、江戸城にあっては、老中の職務のサポート役を担う御坊主、江戸城に登城してくる大名に対して各種の世話を行う御坊主、呈茶を担当する御坊主などがいました。広い範疇で士分には入りますが、剃髪《ていはつ》姿で、服装も異にする特殊な存在です。交代寄合は万事、大名に准ずることを重んじるので御坊主も置いていました。しかし正直なところ、旗本家の規模で御坊主が必要なシーンは限られるはずです。いなければいないで格式との齟齬が生じてしまうため、金森家は御坊主を置いたのですが、その正体は国許から呼び寄せられた徒士層でした。金森家の徒士層は譜代家臣とは区別された存在で、特定の家筋は定められているものの、知行所内で暮らす、半農半士の郷士《ごうし》に類する存在だったとみられます。その徒士の一部を御坊主として「御雇」していたのです。一時的に御坊主の役職に据えるだけなので、幕府や大名家の御坊主のように剃髪させることはなかったのではないかと推測されます。金森家にとってみれば御坊主という役職があり、任命されている人物がいることが重要なのであって、実態は問わないのです。現実には、御坊主とは言いながら徒士と同様の仕事を担当していたのではないかと思われます。

金森家の家臣は、譜代の家筋の者を中心として構成されていましたが、それでも血縁者による相続を続けることは困難でした。子供がいない場合、譜代筋の家臣家相互に養子を取って補われることが多いのですが、養子縁組は決してその範囲に収まるわけではなく、また国許である越前国の関係者が優先されているわけでもありませんでした。

家臣の佐々木六郎は文久二年（一八六二）九月、病気が重くなったため養子をとって跡式を継がせたいと願い出ます。その養子というのが、家禄八〇〇〇石の大身旗本杉浦牧豕郎の家臣宮文吉の弟である宮孝助だというのです。金森家と杉浦家の間に親戚関係はありません。江戸における旗本の家臣同士の交流の中で宮氏との関係が生まれ、彼が養子として望まれたとみられます。この佐々木氏の養子願の過程で興味深いのは、願書を同僚の家臣一同（五人）宛てに提出している点です。旗本・御家人や藩士の場合、所属している組織（番方の場合は組、役方の場合は役所部局）の長である支配頭に養子願を提出するものですが、旗本の家臣では、そうした組織を形成するほどの規模もなく、また、家老はいても上下関係が明確でないので、同僚にあたる「仲間」に承認を求める形式となるのでしょう。旗本家臣団という小組織ならではの様相と言えます。もちろん、この養子願は殿様へ伝えられ、殿様の承諾を経ることになったと考えられます。

旗本の家臣の生活

近年、大名家の勤番武士の生活ぶりを示す史料が紹介されるようになり、江戸藩邸に単身赴任した男性らによる、食べ、飲み、遊ぶという、なかなか楽しい暮らしぶりが知られるようになってきました。そうした大名家の勤番武士の生活と旗本の家臣の生活には共通する面もありますが、旗本の家臣は妻子と同居していることが多いので、その点で様相の違いもありました。

旗本の家臣の中にも単身暮らしの者がいましたが、家族形態を問わず、同僚同士、日頃から気にかけ合う生活を送っていたようです。旗本の家臣の住居は、大名屋敷の家臣長屋のように何十軒と並んでいるわけでなく、せいぜい十数軒です。そのため関係が密で、ご飯のおかずをあげる・もらうというようなことを頻繁にし合っていました。このあたりの具体的なことについては第六章で触れます。風呂は長屋備え付けのものを使うほか、勤番武士と同様に屋敷外の店へ行くこともあったようで、金森家の家臣中井大右衛門は正月に、薬湯屋（えびすや）・湯屋（屋号不明）・湯屋（小山湯）、そして髪結床の髪結に年玉を渡しています。湯屋は三軒を使い分けていたのでしょう。

家臣同士が集まって酒を飲むこともありました。田中平馬が家老職に任じられた際の宴席で、徒士の末蔵という人物がひどく酔っ払い、「御殿の中で切腹する」などと言って脇差を抜いたので縛っておいた、などという記事もあります。罰則としてではなく、泥酔した本人の安全のために縛っておいたということのようです。飲酒で家臣が失態を犯すという例は尽きません。旗本三嶋家では慶応三年（一八六七）一二月（この月には京都で王政復古の大号令が発せられています。政局は混迷を極めようとしている時期というのに……）、政養の子政明《まさあき》が無事に家督相続できたことを祝う宴席が開かれました。その場で家臣の米沢桃輔が酒に酔って客に無礼を働いてしまい、桃輔は「今後禁酒する」という誓約書を書いてようやく許されたのでした。

中井大右衛門や三嶋政養の記録を読んでいると、旗本の家臣が酔っ払って仕出かした失態の多さには呆れてしまいますが、しらふでも頼りなかったようです。

「三嶋政養日記」によると、嘉永五年（一八五二）五月、中小姓の渡辺義一が旗本仙石家へ金五両を届ける途中で、その金を奪い取られる事件が起こっています。政養は約一五日間の差し控えを彼に命じました。なぜ、そのような大金を持ち運んでいることが盗人にわかったのでしょうか。彼が三ヵ月後に免職されているのは何か判明したからでしょうか。謎は尽きません。

さらに安政元年（一八五四）には、中小姓の三村鈕三が私用で外出して夜に屋敷へ戻る途中、中間躰の者と口論になって刀を奪われ、疵を負っています。三嶋家では浅草の医師に往診を頼み、疵四ヵ所、一二針を縫ってもらっています。鈕三はあまりに面目ないと思ったのか、そのあとで依願退職しました。

また、万延元年（一八六〇）には用人の宮本旦馬（二代目）が浅草で髪結の金太郎と喧嘩し、手疵を負わせるという事件を起こしています。表沙汰になると何かと面倒なので内済《ないさい》にしました。内済にするということは三嶋家から何らかの根回しが行われ、金銭の支出もあったはずです。政養は彼に二〇日間の謹慎を命じるも、重い処分は下していません。宮本は、曲がりなりにも三嶋家の家臣団のトップなので、彼の処遇に関する判断は政養自身でせざるを得ません。宮本を辞めさせてしまっては家政が回らなくなることを心配し、不満をぐっと飲み込んだというところでしょうか。

このように、家臣に支えられることもあれば、家臣に面倒をかけられることもある、それが旗本と家臣の関係なのです。

「家政方諸規定書」に示された家臣団統制の本音

旗本金森家の「家政方諸規定書」は万延元年（一八六〇）、家臣団の引き締めを図るために制定された「旗本家法書」です（『旗本金森左京家関係文書』所収）。金森家の家臣の諸士以上＝士分以上を主たる対象とし、勤務における心得などが示されています。この文書は、家法書でありながら、何とも不可解な条項を含んでいます。金森家は不安定な状態にあり、立て直しが必要だったのは事実としても、もはや「旗本家中はかくあるべき」という理想を追求することができないほどだったことが察せられるのです。具体的にはどのようなことでしょうか。金森家は交代寄合なので国許に関する条項も含まれますが、江戸屋敷で適用される条項について紹介しましょう。

例えば、出奔した家臣の取り扱いについてです。家臣が所在不明になったとしても、二五日間は内々にしておき、二六日目に出奔届を出すようにしなさいという指示が「家政方諸規定書」にあります。その出奔届は重役が預かっておき、さらに二六日を過ぎても行方が知れない場合に限って殿様に報告するというのです。殿様へ報告されると、家族の身柄は親類へ引き渡し、家財は封印ということになります。しかし、親類から願い出があれば、家の格を引き下げたうえで名跡を許す（＝別の者に相続させる）ということになっていました。若気の至りなどと解釈し、家臣の家を潰さないことに何よりも重点が置かれていることがわかります。仮に、本人が約二ヵ月以内に帰宅したなら謹慎処分で済んでしまいます。また、家臣が御勝手金や大切な品を「引負」、つまり横領して出奔したとしても家格を下げるだけで名跡を立てることが許されるというのです。

さらに、家臣の必要数を補うため、諸士以上の家臣の次男・三男を、親と同格というわけにはいかないものの、一五歳から大小姓《おおこしょう》格・平番・御徒・御坊主などとして登用するとの規定もあります。絶家になる家が頻繁に発生していたことの反映でしょう。中層家臣の傍系子弟を下層家臣に組み込んでいくのが、やはり容易かつ有効だったことを示しています。金森家の場合、参勤交代があるために、江戸の渡り用人・渡り給人供給市場を全面的に利用することができませんでした。とはいえ、国許での確保も容易ではなく、そのため、既存の家臣団を何としてでも存続させていこうとする意向が働いたと考えられます。

「家政方諸規定書」には、諸士以上の家臣が殿様の家族やその関係者の女性と不義をしたとしても、家臣本人が蟄居《ちっきょ》・隠居になるだけで、家格を下げたうえで悴への相続を認めるとあります。そのような想定があること自体、驚きですが、それにしても処分が甘すぎるような印象を受けます。家臣の妻が密通をして発覚したとしても、男女双方に慎みを申し付け、七日くらいで御免にするとも記されています。幕府が定めた刑法典「御定書百箇条（公事方御定書）」では、密通をした妻は相手の男と共に死罪とあるのに、何という違いでしょう。もちろん、旗本には個別領主としての自分仕置権があり、幕府法と旗本法で刑法に関わる規定が違っていても問題はないのですが、あまりにかけ離れています。金森家の規定には、家臣団の多少のスキャンダルは目をつぶってでも、家臣団の形を崩すことはしたくないという事なかれ意識が漂っているのです。

第三節　旗本屋敷の武家奉公人

武家奉公人とは？

ここまで、すでに「武家奉公人」の語を何度も使用してきていますが、改めてその定義を確認しておきたいと思います。

大名家臣団でも旗本家臣団でも、家臣団内部は、「士分」と「武家奉公人（卒）」の二つの身分に大別されています。真正の武士は「士分」で、その下に、兵事の戦力として召し抱えられているものの「士分」ではない層＝武家奉公人身分が存在しました。足軽《あしがる》・侍《さむらい》（若党《わかとう》）・中間《ちゅうげん》・小者《こもの》などです。「武家奉公人」は「士分」層から身分的に分離された存在であり、明治維新後に身分制度の改正が行われた際に「士分」は「士族」とされたのに対し、武家奉公人は「卒」と区別されたことはその明らかな反映です。なお、より正確に言うと、「士分」と武家奉公人身分の間には、准士分にあたる「徒《かち》（徒士）」が存在しています。「徒」を「士分」「武家奉公人」どちらに近い存在として扱うかは、藩や旗本家によって異なりました。

ほとんどの「士分」は世襲を許されます。それに対して「武家奉公人」は、世襲を原則としない一代限りの召し抱えです。「徒」は中間的な存在だと書きましたが、江戸時代前期には「徒」を一代限りの召し抱えとする藩が多かったのに対し、後期には世襲が許されるようになっていきます。

武士の俸禄形態は、原則的に知行取か蔵米取です。旗本の家臣においては、便宜性を優先して給金制が広く採用されていましたが、武士としては本来のやり方とは言えません。一方、武家奉公人身分においては原則が給金取です。そして、「士分」と「武家奉公人」の人数比は、藩や旗本家によって異なりますが、同人数程度、または武家奉公人のほうが多い傾向にありました。堀田幸義氏によると、仙台藩の場合、江戸時代前期から後期までを通じて、「士分」は三、四割、足軽以下の身分が五割強を占めていたとのことです。

「武家奉公人」に属するのは、足軽・侍・中間・小者の四種だと書きましたが、足軽は、少し特殊です。藩によっては、足軽を武家奉公人グループに含めない編成とすることもありました。そもそも足軽は、弓・鑓・鉄砲などを装備して戦う歩兵という位置づけであるのに対し、中間・小者は戦時に、兵糧や武器の運搬など雑役を行う要員という根本的な違いもあるからです。

戦《いくさ》のない時代になると、足軽・中間・小者は、城中や屋敷内で雑用を務める役職に割り振られていきます。そのため、身分上は足軽・中間・小者であっても役職名はそれとは異なっていることも多く、判別が厄介です。武家奉公人には家族を持つ生活が営めるほどの給金は与えられません。なぜなら、武家奉公人の仕事内容自体が単身者であることを前提にしているからです。そのため武家奉公人は、独り者の百姓・町人や、百姓・町人の若年子弟が短期間のみ就く職業となっていました。藩では領内諸都市の町人や農村の百姓が応募、または徴発されて務めましたが、江戸屋敷では、人材派遣業者である人宿を通じて採用されていくようになります。武家奉公人の仕事を希望する百姓・町人が人宿に登録し、人宿の斡旋を受けて各武家屋敷に派遣されるのです（【図21】）。

　なお、「士分」と「武家奉公人」には、「身なり」の区別もあります（以下、磯田道史『近世大名家臣団の社会構造』による）。武家奉公人の人材は百姓・町人から供給

【図21】江戸城大手門前で待機する武家奉公人たち（楊洲周延「千代田之御表　玄猪諸侯登城大手下馬ノ図」、国立国会図書館所蔵）

登城した大名が戻るのを待つ家臣ら。手前の３人は武家奉公人で、馬に水を与えているのは後述の別当の可能性が高い。煙草を呑んだりしてのんびりと休んでいる。麻裃姿にて敷物の上で正座して待つのは士分の家臣。

されるので、ある意味当然です。武蔵忍《おし》藩（阿部家）の規定では、士分は絹紬や羽二重《はぶたえ》の羽織を着用できるのに対し、徒士は絹紬・木綿まで、足軽は紬・木綿・布（麻）、中間・小者は木綿・布（麻）を着用すると決められていました。ほかの事例を見ても、中間・小者は、百姓と同様に、絹類の着用が許されていません。また、衣類だけでなく、士分以上でないと足駄《あしだ》（高下駄）・雪駄《せった》を履けないなど、履物着用の規制も存在しました。なお、白足袋を着用できるのは士分のみです。

また、士分・徒以上の者には袴《はかま》の着用が認められました。実際、袴の有無や上着との取り合わせ方が武士の格を見分ける指標となっていました。儀礼時ではなく平時の勤務に肩衣《かたぎぬ》と袴を着用できる者が最も身分が高く、次は羽織に袴を取り合せる者です。なお、足軽でも役職によっては「役袴」、すなわち役所での勤務中に限って袴を着用することが許される場合もあったようです。そして当然、徒以上は帯刀（大刀・脇差の二刀を差すこと）ができるのに対し、中間・小者は一刀差で、しかも形だけの木刀です。足軽は、藩によって二刀差しと一刀差しの場合に分かれました。

旗本家の事例を拾うことが難しいために大名家の事例を紹介してきましたが、こうした区別は旗本家にも当てはめて考えてよいはずです。

旗本屋敷の中間・小者

武家奉公人といっても、必ず足軽・侍・中間・小者の四種が揃っているわけではなく、およそ三〇〇石以上の大身旗本では足軽も召し抱えられましたが、中・下層旗本では足軽を略し、中間・小者

【図22】日本橋本町の繁華街を通る旗本主従（『江戸名所図会』巻一、国立国会図書館所蔵）

職務のため平日に江戸城へ登城する姿と見られる。③が旗本本人。従者は士分の家臣２人（④・⑤）のほか中間・小者が６人。うち、挟箱持（⑥）・鑓持（⑦）・草履取（⑨）。禄高2000～3000石の上層旗本の行列と推測される。

を雇い入れる程度でした。中間・小者は、屋敷の番をしたり、殿様の外出時にその供をしたり、屋敷の中で雑用を務めたりしました（【図22】）。

大名屋敷の中間・小者は、一部の大藩では国許の百姓などを雇い入れて江戸に連れて来ていましたが、江戸時代後期においては、大半が江戸の人宿を通じて年季雇用される形となっていました。必要な人数について人宿に依頼をかければ、さほど時間もかからずに斡旋してもらえるので、大名屋敷側にとって大いに都合がよかったのです。しかし実際のところ、斡旋されてやって来る奉公人には問題があることが多かったのでした。給金の前払い分を渡したとたんに失踪したり、大名が登城したり外出する際の供先で他家の中間・小者とトラブルを起こしたりなど、頭を抱える事態も発生したため、変化が起こっていきます。江戸の人宿を使うのをやめ、上総国や信濃国の抱元《かかえもと》と大名家の間で契約を結び、上総国・信濃国の身元が確かな百姓を江戸へ、武家奉公人として送り込んでもらう仕組みを構築したのです（松本良太『武家奉公人と都市社会』）。なぜ、上総国や信濃国の百姓なのかと言うと、江戸から遠くなく、かつ藩や旗本による武家奉公人募集とかち合いにくいという利点があったからです。江戸で人宿を介して武家奉公人になったのは、村から出奔してきて江戸に滞留している百姓や、身元引受人がいないために一般の商家奉公に出ることが難しかった下層町人でした。そうした人々ではなく、労働力が余っている村の百姓の若者層に、武家奉公人として働いてもらうことを期待したのです。とはいえ、大名家では必要な人数が数百、数千とあまりに多いため、江戸の人宿を介して召し抱える武家奉公人と、上総者・信濃者と呼ばれるような農村の若い百姓から召し抱える武家奉公人を併用せざるを得ませんでした。

それに対して旗本では、中間・小者等の武家奉公人の必要数は、大身の家であってもせいぜい三、四〇人程度です。この程度の人数であれば人宿を介さずに集めることが可能です。知行所を持つ旗本なら、知行所内の百姓から募集することもできます。しかも、知行所の村役人に命じて吟味を徹底させれば、不適当な人物が応募してくる危険も回避できました。旗本知行所の大半は関八州にあるので、採用した百姓を江戸に来させるのも大変ではありません。そのような条件もあり、知行所を持つ旗本家では、中間・小者をほぼ知行所の百姓で賄っていました。では、畿内などの遠方に知行所がある旗本の場合はどうでしょうか。そうした旗本は禄高が多く、かつ支配地が所在する村々が散在している分散知行ではなくて、知行所が地域一円にまとまっていることが多いです。それなら、村同士のネットワークもあるので、中間・小者の適任者を見つけるのも容易です。知行所から江戸へ来させる際には注意が必要ですが、それ以外の支障はありません。武家奉公人の出替わりの際、旅慣れない百姓が一人で江戸へ行くのではなく、知行所の名主が江戸の旗本屋敷へ用事で出向くついでに該当者を連れていくなどしたので、道中の心配も少なくて済みました。先述したように、交代寄合の金森家では、参勤交代の行列に同行させています。こうした旗本屋敷での中間・小者奉公は、百姓の若者にとって出稼ぎの機会にもなりました。

家禄二七〇〇石の旗本仙石家では、文久期（一八六一～六四）に中間が二〇人おり、給金は年四両一人扶持でした。仙石家の中間も知行所の百姓から出させた奉公人です。志願制ではなく、知行所村々に対して人数の割り当てがなされていたとあります。仙石家の知行所は信濃国小県郡《ちいさがた》（八ヵ村）、武蔵国入間郡《いるま》（二ヵ村）、上野国山田郡下仁田山村《やまだぐんしもにたやま》（九〇石分）に分かれていたので、主に信濃国と武蔵国の知行所から人が出されたのでしょう（鈴木壽『近世知行制の研究』）。

旗本遠山家の家政日誌である『遠山金四郎家日記』（岡崎寛徳氏により翻刻が出版されています）によると、知行所（遠山氏の知行所は上総国岩熊村《いわくま》〔三〇〇石。現、千葉県いすみ市〕と下総国今泉村《いまいずみ》〔二一七石。現、茨城県下妻市〕ほか二ヵ村に分かれていました）の岩熊村の名主久司は、遠山家より、村から江戸屋敷へ中間を出すよう申し付けられていたことがわかります。奉公していた中間が暇になれば、代人の差し出しが命じられました。やはり遠山家の中間も、知行所村々から供給されていたのです。遠山家の中間は、村の宗門人別帳に記されている百姓としての名前ではなく、中間としての名を奉公期間中は名乗りました。中間が同じ名前を引き継ぐことは当時、広く行われていたようで、遠山家の中間には何人もの「源三」がいました。本名が源左衛門の源三から、本名が市兵衛の源三に交代するというようになっています。こうした名前の継承は、後述する奥女中も同じです。遠山家の中間の給金は「三両一人扶持、月々塩味噌代六匁ずつ」とあり、当時の平均的な金額だったと言えるでしょう。

旗本金森家では殿様の在陣年に、江戸で雇足軽・雇中間を使用しています。天保一五年（一八四四）には足軽が三人と大部屋八人がいたとの記事があります。この大部屋とは中間を指します。大部屋と聞くと、大名屋敷の大規模な中間部屋を思い浮かべますが、旗本屋敷の一〇人程度の規模でも大部屋の称を使用していたことがわかります。この大部屋の部屋頭は定吉ですが、その年末に暇を出されてしまいました。莫大な借財を作って困窮に陥り、奉公が差し支えがちとなったのが原因でした。その跡役として入ったのが、金森家の屋敷近くの三田魚藍《ぎょらん》前にあった道具屋留七です。彼は、定吉が金森家から借りた借金を肩代わりしたとあるので、定吉の権利を買ったと見られます。肩代わりをして得た部屋頭の地位にどれほどの特典があったのか、道具商売のほうはどうしたのか、疑問が浮かびますが、なかなかわかりません。文久二年（一八六二）段階の部屋頭は安兵衛という人物に代わっており、家臣中井大右衛門は安兵衛からこの年の歳暮としてみかん二〇とごまめをもらっています。大名屋敷に中間を派遣する人宿と繋がっている部屋頭もおり、彼らは中間の監督役を任される一方で中間の給金の中抜きをしたりして利益を貪っていましたが、そういった部屋頭と旗本屋敷の部屋頭は少々違うのかもしれません。武家屋敷の中間は基本的に共同生活を送っており、一緒に煮炊きしたご飯を食べ、同じ部屋で寝ますが、その経費は屋敷側が出します。また、職務に必要な道具や衣服も屋敷側が準備します。中井大右衛門日記には、花色木綿法被《はっぴ》（一着あたり一八匁五分を三着）と茶色火事場法被（二着で三一匁）を注文したとの記事もあり、中間の様子に目配りをしていたことがわかります。

中間なら、すべての旗本家で雇い入れられていたかというと、そういうわけでもありませんでした。下男・下女までは何とか抱えられても、仕着せや給金の関係で中間は難しいという場合もあったのです。旗本彦坂家に生まれた右馬助が養子に入った北家は、れっきとした旗本ですが、何と家禄五〇俵三人扶持という家でした。ある日、御三卿の田安家から右馬助に対して呼び出しがあり、田安様・一橋様の鎗術のお相手を務めることを命じられます。右馬助が鎗術に優れていたことが功を奏したのです。そのことを諸家に吹聴して回ろうとしましたが、北家では供にする中間を抱えていませんでした。みっともないので、右馬助の実家彦坂家が中間二人を貸してやっています。このあと、右馬助は田安家の奥詰に就任することになるので、まさに、無役の小普請《こぶしん》から役付きへの出世の糸口を得た転機の日だったのです。実父の彦坂三太夫はその翌日、右馬助に「雑用金として使いなさい」と金一〇〇疋を援助しています。チャンスは逃すなという叱咤激励の気持ちが込められていたのでしょう。

足軽か「御門」か

足軽は中間・小者よりも身分は上位です。苗字を名乗れたり、袴を穿いたり、両刀を差せる場合もありました。中間・小者は苗字を名乗ることすらできません。足軽は、家によって身分上の位置づけも待遇も異なるので、一般化が難しいのですが、それを踏まえたうえで、旗本家の足軽がどのような存在だったのか示してみたいと思います。

旗本仙石家の場合、足軽の人数は、中間二〇人に対して僅か二人だけです。しかも江戸屋敷の足軽は江戸抱であり、知行所を通して採用された中間とは別ものだったことが判明します。その足軽には苗字を名乗らせていました。この江戸抱足軽がどのようなルートで採用されたのかはわかりませんが、足軽も人宿のような組織による斡旋を受けて武家屋敷に派遣されていたようです。なお、仙石家の信濃国知行所には、江戸屋敷の足軽とは別に足軽六人、足軽小頭二人が置かれていました。これらは百姓の中から志願者を募り、取り立てられ、十手・取縄等を持って領内の警察・司法関係に従事したとあるので、知行所の末端役人として機能していたのでしょう。この足軽は自宅（百姓家）から通勤していました。旗本の家臣に務めさせるような仕事ではないものの、中間・小者では従事できない職務を行わせるために足軽身分が採用されていたと考えられます。なお文久期には、普通の足軽とは別に抱足軽二一人（禄高五俵）も置かれています。抱足軽は、知行所の百姓から採用された農兵の鉄砲隊で、幕末固有の事情によるものです。

仙石家の江戸抱足軽は、屋敷の表門の番を担当していたと考えられます。表門の番人は、来訪者の応対もしなければなりません。そのため、足軽を召し抱えている場合は、それに務めさせました。旗本金森家で足軽は「御門《ごもん》」と呼ばれています。金森家の足軽には、国許（越前国）から連れて来た足軽のほかに江戸雇の足軽もいました。彼らは門番だけをしていればよいのではなく、様々な雑事を担当していたとみられ、例えば、年末に行われる餅つきの搗《つ》き手も務めています。

表門の番人として中間・小者を置くのはふさわしくなく、足軽のほうがよいのですが、経費などの理由で難しければ、中間として採用した者を「御門」として務めさせることもあったようです。足軽と中間の身分差は見た目で示されるのであり、その調整は如何様にもなります。旗本家においては、こうすべきだという原則・理想はあっても、組織が小さすぎる、経費の余裕がないなどの理由で省略せざるを得ない部分が出てきます。それをどうやりくりするか、そこに特徴が表れてくるのです。この点はたびたび述べていることですが、家臣団においては特に末端のほうにそのしわ寄せが出てくると言えるでしょう。

飼馬の管理担当者――別当

家禄一〇〇〇石程度より上層の旗本家なら、たいていは「別当」という使用人を召し抱えています。大多数の旗本は江戸城下馬前まで騎馬で登城することができ、いざ戦《いくさ》となったら騎馬で出陣する身分です。馬を飼うことを義務づけられていたわけではありませんが、体面もありますから、旗本なら馬は飼っておきたいものでした。

別当は、一般的には神社を管理する寺院（別当寺）やその寺院の僧侶のことを言いますが、旗本屋敷にいる別当は全く別物で、馬の飼育を担当した者を指しました。待遇としては足軽・中間・小者の武家奉公人と同じなのですが、それらとは別に召し抱えられました。馬の飼育に熟知していなければならないので誰でも務められる仕事ではなく、そのため人宿の中には、武家奉公人ではなく別当を中心に斡旋する人宿があったくらいです。旗本三嶋家の屋敷絵図を見ると、厩に隣接して別当の生活スペースが設けられています。池田内記家でも同様です。朝から晩まで、別当は馬と生活を共にしていたのでしょう。

三嶋家では、政養が養子入りした翌年に、それまで飼っていた馬を手放しています。理由を「省略」のためとしていることから、費用面での理由が大きかったことがわかります。馬を維持するには別当の給金に加えて飼料も必要ですし、馬に乗るためには馬具等も必要ですから、負担は少なくありませんでした。家計の再建に取りかかっていた時期でもあるので、恥を忍んで馬を手放したのかもしれません。のちに、家計面の懸念がなくなってくると、再び馬を飼っているので、一時的な措置だったのでしょう。なお、馬を手放した当時、政養の役職は無役の小普請だったので、登城する機会も少なく、馬がなくて困るシーンは少ないだろうという判断もあったと思われます。

三嶋家で雇い入れていた別当は、人宿から雇い入れた人物ではなく、政養の伝手《つて》で確保していた人物のようです。嘉永五年（一八五二）には別当の初五郎が暇を願い出たため、後任に源吉を雇い入れています。この源吉の請人に立ったのが政養の実家夏目家の別当仙蔵とあるので、別当同士のコミュニティが存在したことが窺い知れます。職人のように、親方的な存在に弟子入りして、馬の世話の仕方や健康状態の見極め方を習うのでしょう。翌嘉永六年（一八五三）に源吉に代わって召し抱えられた別当吉五郎は妻帯者であり、子供も産まれています。武家奉公人は一般的に独身者ですが、別当は特殊技能を持つので継続・安定的に仕事に従事できます。実際、三嶋家の家臣団で、最も勤続年数が長かったのはこの吉五郎でした。家禄二七〇〇石の旗本石河《いしこ》家における別当（史料に「御厩」とありますが、別当と同じものと解釈されます）の給金は金二両と給米四俵です。これを見る限り、給金の額面では中間とそれほどの違いはありません。しかし、この金額で妻子を養うのは難しいので、三嶋家では吉五郎に何かしらの扶助を行っていたのかもしれません。

旗本金森家で大名一柳《ひとつやなぎ》家から婿養子を迎える際には、御馬別当の採用条件が双方で確認されています。お気に入りの馬と一緒に別当を一柳家から連れて来ることになったためです。飼育担当者が変わることで馬の体調に影響が出ては困るため、別当も移籍しました。金森家ではこの別当に対して給金三両、扶持方は月あたり白米一斗五升を給付するとしています。別当に支払う給金はさほどでもありませんが、餌代等を月々金一両二分とみています。年間にすると一八両、馬を飼うにはそれほど大金が必要だったのです。大名家から連れて来られた馬だから高いのだろうと思われるかもしれませんが、旗本彦坂家でも一ヵ月分（三月）の飼馬の経費として、飼葉代金三分一朱、油代二〇〇文、沓代五〇〇文、薪代金一分一朱で合計金一両二朱と七〇〇文を見込んでいるので、年間ではやはり一五両近くになります。旗本家で用人・給人を二人は雇える金額です。人一人にかける費用よりも馬一匹にかける費用のほうが高かったというのが実態なのです。三嶋家で馬を手放したわけも理解できるでしょう。旗本・御家人の生活指南書とも言うべき内容を含む『経済随筆』には、馬飼料の予算を金一二両としなさい、餌は草に糠《ぬか》や豆を混ぜれば節約になる、別当を抱えるのが難しければ下男の一人に馬の係りをさせるのがよい、などと書いてありますが、それは最低レベルの飼育条件であり、現実的なアドバイスとは言えないでしょう。

馬それ自体の値段もかなり高額で、旗本金森家では馬代金として金二一両一分を支払っています。実は、その前にもっと安い馬を一一両二分で買ったのですが、よくなかったので、足し金を出して馬を交換したのです。一〇両程度の馬も売ってはいたのでしょうが、それなりの家格の旗本家で使えるような馬を得るには、二〇両程度の出費は覚悟しなければなりませんでした。馬は、商人から買うほか、知人を介して譲り受けるようなこともあったようです。旗本彦坂家では、日向伝之丞という旗本を通して馬の取引をしています。

経済的な事情から飼えなければ諦めざるを得ませんが、旗本にとってどうしても馬が必要なシーンはあります。また、馬を飼っていても、事情でその馬に乗れない日もあります。そうした場合は、ほかの旗本家から馬と別当を借りました。旗本の家同士は、何もかもがギブアンドテイクの関係で成り立っていたのです。彦坂家の月毛の馬は一一月のある日、餌をあまり食べなくなってしまいました。彦坂氏は「内冷」の症状だと判断し、休ませることにしています。しかし、登城で必要だったのでしょう、本家から栗毛の馬を借りましたが、よくなかったため、「日向（伝之丞）」に頼んで急遽別の家から月毛馬を借りています。馬は翌日に返却し、挨拶金と称した謝礼金五〇疋を渡しました。「日向」は馬の売買の仲介だけでなく、旗本から馬に関する相談を受け付けるような、馬のアドバイザーを兼ねている人物だったようです。

第四節　奥女中奉公の姿

奥女中と下女

旗本に仕えている男性の家臣団について、用人・給人層から武家奉公人層まで一通り見てきましたが、旗本屋敷にはそうした男性のみならず、働いている女性――奥女中と下女――が必ずいました。

旗本屋敷には、衣食住に関わる仕事を担う人材が不可欠です。奥方や娘がすべてをやるというわけにはいきません。しかし、旗本家で召し使われている奥女中は数人から十数人程度でした。江戸城の大奥や大名家の奥とは全く規模が違います。何百人も奥女中がいる江戸城大奥では、上臈《じょうろう》・年寄・中臈・

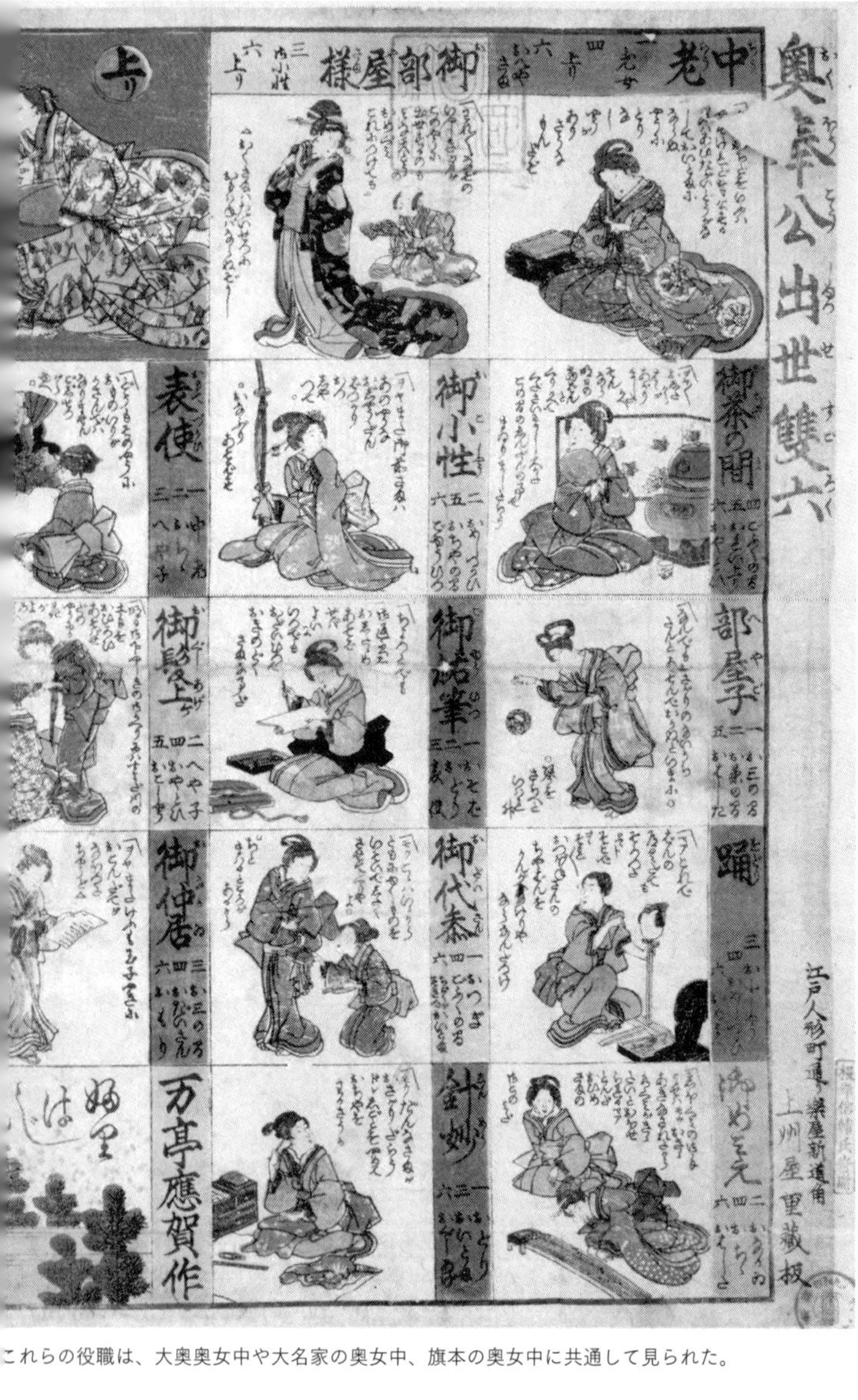

これらの役職は、大奥奥女中や大名家の奥女中、旗本の奥女中に共通して見られた。

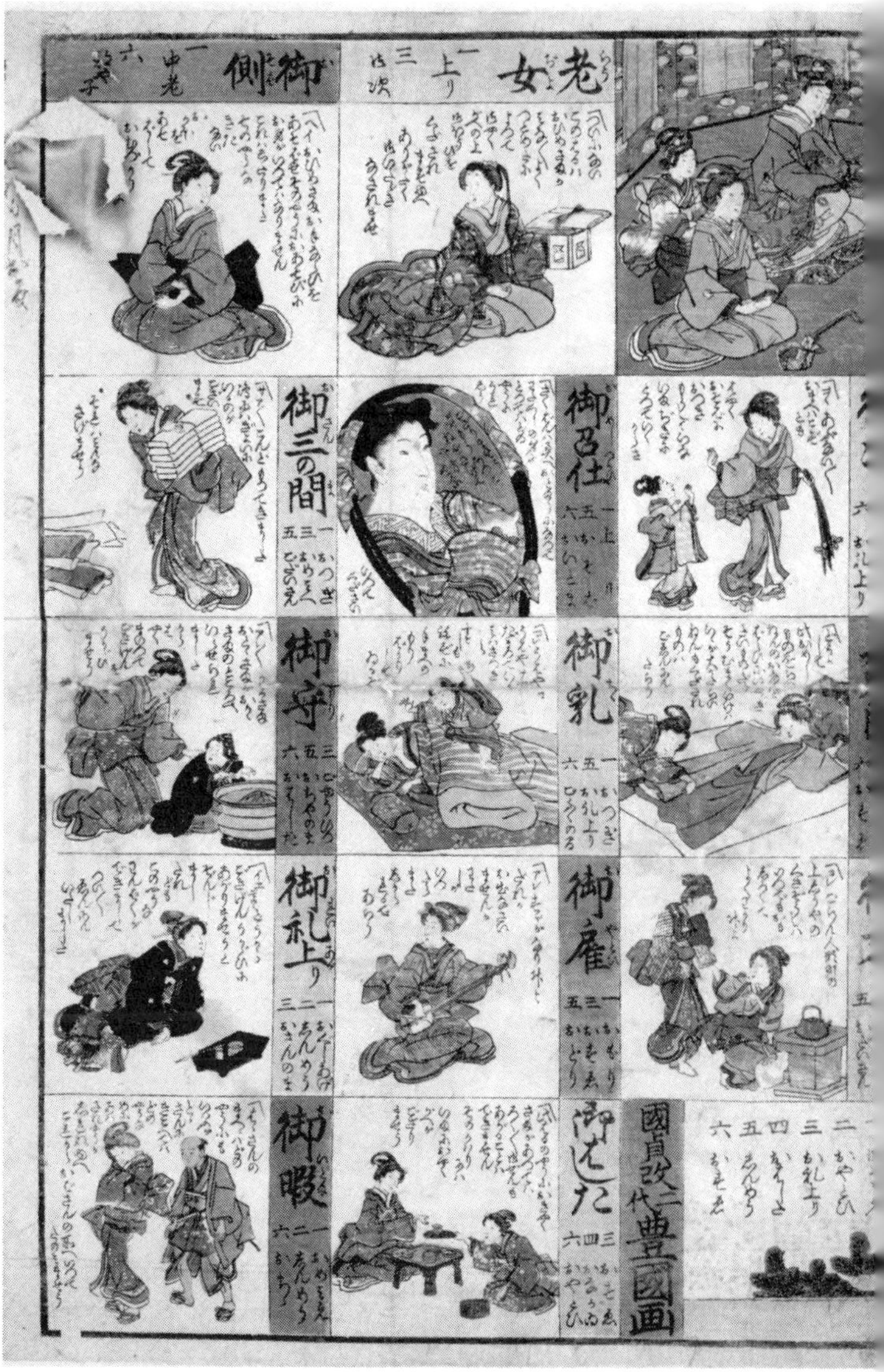

【図23】武家屋敷の奥女中の役職を題材とした双六（「奥奉公出世双六」、国立国会図書館所蔵）

表使《おもてづかい》・右筆・御次・三之間・中居・半下《はした》などの諸階梯・役職に分けられていましたが、旗本屋敷では、筆頭女中・ヒラの奥女中・茶の間女中・御末などと分けるのがせいぜいといったところでした（【図23】）。

奥女中は殿様や奥方、その他の家族の生活面のサポートを中心に担当します。しかし、竈《かまど》で飯を炊くなどの雑多な家事労働の担い手も必要なので、それを分担する女性も雇い入れました。そうした被雇用者は「下女《げじょ》」や「飯炊《めしたき》」と呼ばれます。なお、給金を抑制するために、家禄が低い旗本は奥女中を召し抱えず、下女だけを置いて、もろもろの仕事を担わせました。御家人ではまず下女だけです。そのため、仕事内容で奥女中と下女を区別することは困難です。ただ、武家の女性を下女に雇うということはなかったようです。奥女中は士分の家臣、下女は武家奉公人になぞらえる考え方があったことからも推察される通りです。

通り名で管理される奥女中

三嶋政養が養子入りした当時、奥女中には、ふで・琴（養母の品子付き）、ちか・すず（奥方の機付《はた》きヵ）、たき（茶の間女中）の五名がいました。政養にとってみれば、奥女中の人数を整理したい気持ちはやまやまだったと思われますが、品子付きの女中を減らすことは品子との関係上難しく、また、子供が産まれれば子供付きの女中も必要となるので、男性の家臣や奉公人と比べて奥女中の削減は難しかったと考えられます。

江戸城大奥の奥女中には、旗本の娘から江戸の町人や百姓の娘までもが奉公に上がりました。旗本家でも同様の構造が見られ、奥女中のトップは武家出身の女性、ほかは町人や百姓の娘からも雇い入れられています。雇用形態は武家奉公人と同じで、一年何両という給金額が決められ、一年更新で働きます。若い時に何年か勤め、嫁入りが決まれば暇を取ることが多かったようです。

奥女中は一般的に、実家で名乗っていた本名を勤め先で使いません。「うた」とか「つね」といったありふれた名前ですが、本名ではない名前を使わせます。また、奥女中数名の名前は固定されていて、欠員を補充する際には欠員の名前を名乗らせました。中間・小者の場合と同じです。旗本三嶋家では嘉永元年（一八四八）に奥側遣《おくそばつかい》の女中「千賀」に暇を下したあとに、「千賀」を召し抱えています。本名が異なる女性二人に「千賀」と名乗らせていたというわけです。武家の奥向には、奥女中にこうした通り名を継承させる慣行がありました。たとえ通り名の慣行がなくても、奥女中奉公時には本名とは異なる名を名乗ることが普通なので、旗本小笠原久左衛門は、雇い入れた奥女中に対して「名しまと附候」としています。奥女中の名は、旗本家側で与えるものだったのです。なお、江戸城大奥や大名家の奥向に仕える上級奥女中は「滝山」「歌橋」といった三字名（漢字二文字で表され、お○○のように呼べない名前）を名乗りましたが、旗本家では、三字名を名乗る奥女中はさすがに限られました。

旗本屋敷の奥女中の仕事

江戸城の大奥女中や大名屋敷の奥女中なら何十人、何百人と人数がいますから、奥女中集団の人事管理を行う上級の奥女中もいれば、仕立物・食事づくり・掃除を担当する奥女中もいるというように細かな役割分担が決められていました。しかし、旗本屋敷の奥女中ではそうはいきません。一人が何役もこなすことになります。

旗本屋敷の奥女中たちの仕事には、どのようなものがあったのでしょうか。

例えば、旗本金森家の奥女中のうち御次女中は御櫛勤《おぐしづとめ》をするとあります。これは、正室の髪を結うということです。男性の頭髪は男性が扱います。金森家の家臣中井大右衛門の記録には、風呂沸かしや掃除の担当に関する記載もあります。水風呂（お湯を湯舟に入れて入るお風呂）は月に六度焚くことになっており、最初は台所目付役（身分の低い男性役人）が焚き、その後、御末女中に引き継ぐとあります。風呂はもちろん、殿様・奥方らの入浴のために準備するものであり、殿様や家族がどの程度の頻度で入浴していたのかも判明します。なお、金森家は家格が高いほうですが、それでも五月から八月までの夏場は行水《ぎょうずい》にしました。雪隠《せっちん》（トイレ）掃除は御末女中の仕事で、月に六度、風呂を沸かす日に務めています。雪隠前には手を洗う手水鉢《ちょうずばち》が据えられていますが、その水替えもしました。また、毎月晦日は戸棚その他を念入りに手入れする日と決められていました。奥女中らにはそれぞれ担当する持ち場があり、例えば、茶之間にある皿・鉢類は御末女中が磨くことになっていました。この記録に、平日の食事を誰が作ったのかが記されていないのが残念ですが、金森家では台所女中が作ったのではないかと推測されます。もし、食事担当の女性がいなければすぐに困ってしまうわけで、旗本彦坂家では、飯炊の女中「はま」に暇を遣わした三日後に早くも代わりの飯炊「福」を雇い入れています。

奥女中の採用条件・採用方法

奥女中の採用時には、武家奉公人と同様に奉公人請状が作成され、勤務条件が確認されています。旗本金森家の場合、御次女中なら、着物（冬用として袷《あわせ》の裾模様物、夏用として絽《ろ》の帷子《かたびら》）を金森家側が用意し、一年の給金二両二分、そのほかに月あたり二〇〇文を支給する約束で雇用しています。御小姓（女中の役職名）も条件は同じで、給金だけが年二両になります。茶の間女中の場合は給金が年二両一分、御末は年二両（味噌代が月一〇〇文加えられます）で、着物を屋敷側が用意することはなく、自分の持ち合わせのものを着させます。一年の奉公契約を結びますが、重年《ちょうねん》といって、次年以降に契約更新を行うことも可能です。

一年単位の給金や付加給は奉公契約時に交わされる内容の通りですが、それ以外にも奥女中らには受け取れる得分がありました。金森家では、屋敷内で使用する灯明油を基準量より節約できれば、浮かした分が奥女中の役得となりました。ちょっとした報酬があり、それを小遣いとして使えることが、日々の仕事のやりがいになったのでしょう。

奥女中の採用を決めるのは奥方様です。金森家では候補者を「御ろふの間」（御爐の間、御茶間のこと）に通し、奥方は簾《みす》ごしで対面、御次女中が簾の外で候補者と応対しました。御次女中が仕事内容を説明し、前に勤めていた屋敷のことなどを尋ねました。会得している技術（裁縫・髪結・音曲《おんぎょく》などを指すのでしょう）があればその場で実演させて採用を決める場合もあります。奥方が気に入ったならば、「宿書《やどがき》（住所や親の名を記した書付）を差し出しなさい」と申し付けます。気に入らなければ、「跡から沙汰を致す」と伝えて帰します。金森家では、御次女中から御小姓までが御目見格、茶の間（女中）以下は御目見以下の格と区別されていました。先に述べた、着物を屋敷側から支給するかしないかは、御目見格以上か以下かの区別ということになります。奥女中にも男性の武士と同じく、出席できる儀礼に違いがあったり、奥方から頂戴物があるかどうかの違いもありました。

金森家では、奥女中の採用に、近隣の三田にある口入屋《くちいれや》（人宿）の万屋恵兵衛も使っていました。中間と違って奥女中を知行所から連れて来ることはできません。江戸で採用することになりますが、口入屋を利用すれば、必要な時にすぐ採用できるというメリットがあるためでしょう。なお、すべての奥女中が口入屋を通して採用されたのではなく、主に御目見以下の奥女中についてそうしたと思われます。奥方のサポート役は、口入屋を通して採用された町人の娘では務まらないためです。なお、旗本の奥方は婚姻時に、奥女中を実家から連れて来ることもありました。こうした奥女中が、奥方の新生活を支えると共に、奥女中衆の差配を担ったのではないかと考えられます。こうした奥方付きの奥女中の給金は、実家が負担する場合もありました。なお、文化期（一八〇一〜一八）に旗本江川家へ嫁してきた奥方の御付添女中は、十ヵ年務める予定でしたが、親族が病気という理由で早々に宿下がりをしています。奥方と共に伊豆韮山《にらやま》へ移らなければならなかったので、これは体よく逃げられたということでしょう（江川文庫「御附添女中一件」）。

次に、三嶋家の奥女中の事例を見ていきます。三嶋家で雇い入れていた奥女中の給金額や待遇に関する詳細はわかりません。一方で、その出自の情報は詳しく知ることができます（【表4】）。幕末期に三嶋家に召し使われていた奥女中の出自を分類すると、旗本の家臣の娘、藩士の娘、江戸町人の娘、江戸近郊村々の百姓の娘に分けられます。どのような経緯で採用されたのかは不明ですが、金森家のように口入屋を利用するのではなく、関係者による紹介によって雇い入れられています。

腰元うた（本名れん）は、上総久留里《くるり》藩主黒田家の家臣金井造酒右衛門の娘です。金井造酒右衛門は、『文政武鑑』によると江戸詰め用人を務めていたことが判明します。黒田家の江戸下屋敷は三嶋家の屋敷の目と鼻の先、本所南石原町です。武家屋敷同士の地縁的なネットワークの中で採用が決められたのではないでしょうか。腰元すずは、家禄一二〇〇石の旗本室賀《むろが》山城守の家臣伊東弘の娘です。この人事も、知人を介して決まったと考えられます。一方、腰元うたが浅草の蕎麦屋万蔵の娘であるというように、さほど富裕ではない町人の娘を採用してもいます。百姓からでは、腰元うた（本名りう）

【表4】旗本三嶋家で採用された奥女中の例

採用年月	奥女中としての名前	本名	出自
嘉永三年五月	腰元すず		室賀山城守（旗本一二〇〇石）家臣伊東弘娘
嘉永三年六月	腰元うた		浅草北馬道妙徳院地内蕎麦屋万蔵女
嘉永五年三月	腰元うた	れん	黒田豊前守（上総久留里藩主）家来金井造酒右衛門娘
嘉永五年三月	腰元とよ		八木茂左衛門（旗本夏目家の家臣）の娘
嘉永六年三月	腰元うた	りう	受地村（葛飾郡）植木屋庄兵衛娘
嘉永七年四月	腰元介つね	よし	下鎌田村（葛飾郡）百姓市右衛門娘

典拠：『旗本三嶋政養日記』

が葛飾郡受地《うけじ》（請地）村（現、東京都墨田区向島付近）の植木屋庄兵衛娘、腰元介つねは葛飾郡下鎌田《しもかまだ》村（現、東京都江戸川区）の百姓市右衛門の娘です。三嶋家の屋敷は本所《ほんじょ》なので、一〇キロほど離れた農村の百姓からも受け入れていることがわかります。何らかの理由で屋敷に出入する百姓が紹介するシステムだったのかもしれません。百姓・町人においては、暇を取る際に代わりの人を推薦するという慣行もありました。葛飾郡の村方出身の娘が奉公しているのは、そうした状況を反映しているのではないかと思われます。関係者の人的ネットワークを頼って直接雇用ができるのであればそのようにし、なかなか必要人数を集められない場合は、金森家のように奥女中を斡旋する人宿に依頼するということになったと考えられます。

武家奉公人のように、奥女中らは年季契約を結んで屋敷で働くわけですが、契約期間が過ぎて宿下がりになると、その後は一切関係が途絶えてしまうといったドライなものだったかというと、必ずしもそうではありませんでした。屋敷内では、男性家臣に交じっての共同作業もありますし、殿様や奥方様からしばしば頂戴物があったりすることなどから、自然と雇用関係を越えた交流が生まれたためと考えられます。

金森家の家臣中井大右衛門は、三月のある日、七年以上前に屋敷の茶の間女中だった「初音」の訪問を受けました。「初音」は石川村（武蔵国都筑《つづき》郡石川村ヵ。現、神奈川県横浜市青葉区あざみ野）の藤蔵という人物の妻になっており、五歳になる男の子もいました。その彼女が、「奥」へご挨拶に上がりたいけれども様子がわからないからと、大右衛門のところへ寄ったというのです。

実は「初音」が訪問した本当の理由は、別にありました。江戸麻布上野町《うえのまち》にある水菓子屋の相模屋某という人物が親類で、金森家の屋敷で御末女中の口が明いたなら、その家の姉妹（二〇歳と一二歳）を奉公させて欲しいと頼みに来たのです。このように、以前勤めていた奥女中の紹介により、次やその先の奥女中の口が決まっていくこともよくありました。奥女中とその奉公先の関係が、仕事を辞めたあとも緩やかに続いていたという点は、大口勇次郎『江戸城大奥をめざす村の娘』でも指摘されていますが、そういった様相は広く存在していたと言えます。

金森家の奥女中と男性家臣の「密通」一件

旗本屋敷では男性家臣も奥女中も、武家奉公人も皆が顔見知りで、一年中、同じ敷地内で生活しています。そのため、大名藩邸では起こり得ないようなことが旗本屋敷では起こってしまいます。奥女中と男性家臣の間に発生したある事件を紹介しましょう。

文久三年（一八六三）八月二五日、金森家の家臣中井大右衛門と岡崎伴右衛門は、殿様からある心配事を打ち明けられました。二三日の晩、奥方付きの老女「生田」が起きて雪隠に向かっていたところ、御次女中の「つた」の蒲団が「大きく膨れ上がっている」のを目撃してしまったというのです。男性との同衾《どうきん》です。「さては、奥方様が里方（土井家）にいた時から問題になっていたことね」（「つた」は奥女中としての素行に問題があるという意味ヵ）と合点した生田は、煙草を吸いながらこっそり見ていたところ、相手は仏間から「御ラウ《ろう》（御爐＝御茶間）」の間へ逃げていきました。これは初めてではなく、五月から始まり、六月にもたびたびあったようです。相手は「金平」に違いない、本当に心配だと、殿様は中井と岡崎に話したのでした。

奥女中が旗本屋敷の奥御殿で、夜中、堂々と逢引きしている（ほかの奥女中が側《そば》で寝ているのに）のもどうかと思われますが、その情報が殿様へと伝わり、悩みの種になっているというのも、いやはや驚きです。おそらく老女「生田」から奥方様に報告が上がり、奥方様から殿様に伝えられたのではないかと思われます。

中井と岡崎の二人は、放っておくわけにはいかない、と顔を見合わせ、密かに調査を始めます。すると九月八日の晩に「つた」と平右衛門が御広敷の土蔵に入って長々といたことを「キ印」から聞き込みました。「キ印」は、「つた」と平右衛門が「御ろう」の所などで逢っているのも目撃し、気まずい思いをしたようです。それを聞いた重役たちは当惑するよりほかありませんでした。平右衛門とは伊達平右衛門で、金森家の側用人、士分の家臣です。当初、相手と目されていた「金平」（不明。情報提供者の「キ印」のことか）ならまだしも、平右衛門だったから大変です。「つた」は奥方様に土井家から付けられた奥女中とみられ、奥方様が金森屋敷に移ったのは四月でしたから、早々に二人の仲は始まっていたのです。

事態は約一ヵ月後に動きます。「つた」に対して詰問がなされ、本人は詫びましたが、それでも平右衛門との関係は止みませんでした。同じ部屋で寝ていた「ことじ」や「おこう」からその報告があったのです。奥方様から里方の土井家へその次第が伝えられたので、もはや捨て置くことはできず、「つた」に暇を申し渡すことになりました。一方、もう一人の当事者である伊達平右衛門へは、「つた」退去ののちに差し控えが命じられ、改めて側用人兼奥掛り・表詰御使者・本供など一切の役職を免じられましたが、身分は保たれ、給人席に降格になっただけでした。平右衛門は奥掛り、つまり奥向担当だったからこそ、奥女中たちの生活空間へ自由に出入りでき、また夜間の当直もあったので、その立場を利用して「つた」と密通するに至ったわけです。

この事件が起きたのは文久三年なので、その前の段階で、本章第二節で紹介した万延元年（一八六〇）「家政方諸規定書」の旗本家法は成立しています。規定書には「一、諸士以上之面々御奥向女中と不儀致候もの共有之節は……」で始まる条項もあります。平右衛門と「つた」の事件前に、すでに同様の事件があったとしか考えられません。条項によると、男性側は役職御免と「一席御取上」＝格式の降格とあるので、伊達平右衛門に対する処罰は、まさに規定通りだったと言えます。相手の女性に対しては暇を遣わすとあり、これも「つた」に対する処分と合致しています。家法として定められた通りに適用されている点は納得できますが、なぜ、そうしたケースを想定してこの条項が入れられたのか、その背景を考える必要があるのではないでしょうか。

旗本屋敷は、言い過ぎかもしれませんが、当時にあっては男女和気藹藹《あいあい》と勤めることができた職場です。身分の序列はありますが、それは表向きにすぎません。金森家の男性家臣は、譜代の家柄の者であっても本当の出自は様々であり、奥女中のほうも、武士の娘もいれば百姓・町人の娘もいるという具合に様々でした。互いに、相応の基礎教養は持っており、それを通じて意気投合することもあったでしょう。また、江戸城大奥などと違って、表と奥の隔ては厳しくありません。武家における自由恋愛は制限されていたはずですが、旗本屋敷には、その点において魅惑の罠が潜んでいたのではないでしょうか。

この密通事件が起きたすぐあとに（文久三年九月以降）、金森家の奥向は一変することになります。幕府の文久改革によって参勤交代制度が緩和されたのを受けて、奥方様が越前の白崎陣屋へ引っ越すために出発したのです。八代近典《ちかのり》の正室慶寿院も江戸屋敷にいて奥を取り仕切っていたのですが、彼女も越前国へ下っていました。女性主人が不在の江戸屋敷に初めてなったのです。奥方様の下向後、残る奥女中には暇が出されました。金森家の江戸屋敷の奥向のうち、女性たちの組織（江戸城の大奥に当たる部分）は消滅したのです。

この時、奥方に同行して越前国へ下った奥女中は、老女「生田」と御側女中「さと」、御次「こう」の三名でした。奥方付きの「つる」と御小姓「ことじ」、御末「明石」は暇になっています。越前国へ下っても、老女「生田」や御次「こう」のように、奥方の実家から付けられた奥女中の給金は、実家が負担し続けています。「寅御物成請払御勘定帳」（『旗本金森左京家関係文書』）によると、婚礼から三年後の慶応二年（一八六六）段階でも、実家の土井家から給金二一両二分と銭一三五文が支払われていました。

前後の史料から、老女「生田」をめぐる若干の情報が判明します。「生田」の父は、麻布三軒家《さんげんや》組屋敷に住まいする絵師狩野山圓八郎でした。「狩野」ではあるものの、幕府の御用絵師ではなかったようです。用事があって中井大右衛門がその実家を訪ねると、六畳の座敷、四畳の次の間、四間に二間の広さの勝手板之間が付いているだけの狭い住居に親子五人が暮らしていました。絵師としての収入だけでは暮らしていけないために、娘の「生田」は奥女中奉公に出たのでしょう。また「こう」は、芝入横丁伊勢屋勘介方の縁者とあり、町人の娘のようです。

「生田」も「こう」も江戸生まれ江戸育ちの、いわば江戸っ娘です。嫁入りまでの暫時、武家屋敷で働くつもりだったかもしれない彼女らは、幕府の参勤交代制度の変更によって女主人と共に越前国へ下ることになりました。彼女たちには勤めを辞めたい気持ちもあったでしょうが、「私たちより心細く思っているであろう奥方様を見捨てることはできない」と、意を決して下ったに違いありません。奥方と奥女中の関係は、男性の主従関係と変わりありません。着後、奥方は、江戸と越前国とでは生活があまりに違うことに衝撃を受けたはずです。老女「生田」から江戸の中井大右衛門へ送られた手紙には、大右衛門が近く越前国へ下る際に「かすていら」と「きん玉糖」、「花色（青系統の伝統色）のつき糸」を買って、持ってきて欲しい、と書いてありました。奥方様へのせめてもの慰めにしたかったに違いありません。

第五節　旗本屋敷に出入する人々

旗本が召し抱える家臣や奉公人の構成は、大名家における構成をモデルとしています。大名家では、藩の行政や番役を担う藩士のほかに、医師や学者、絵師、能役者などを召し抱えていました。藩主の私生活に関わる御用を務めさせるためです。正式な藩士としての待遇で迎える場合もあれば、准藩士として扶持を与えるのみの場合に分かれました。よって旗本家でも同様に、家政や領地支配を担う士分の家臣（家老・用人・給人・中小姓など）だけでなく、特有の職分を務める存在を召し抱えることがありました。しかし、それには給分が必要です。必須の用人や給人を抱えるだけでも財政面での困難があったのに、それ以外もとなるとハードルは高いはずですが、学者や芸の者を召し抱えているということは一種のステータスでもあったので、兼ね合いをどう付けるか、旗本家では悩んだのです。家計面で少し無理をしてでも馬を飼うかどうか、という悩みと共通していたと言えます。

学者

江戸は学問の中心地でもあるため、諸分野の学者が集まってきていました。幕府や藩に召し抱えられている学者もいれば、市井で私塾を開いて生活している学者もいます。幕府お抱えの学者は林大学頭家を筆頭とし、昌平坂学問所付きの学者が旗本の待遇で召し抱えられていました。こうした学者は、務めるべき職分が学問であるだけで、領地または蔵米を与えられるのも、拝領屋敷を与えられるのも、一般の旗本と同じです。大名に召し抱えられている学者も同じです。

しかし、違いもあります。学者に対しては、武士の家における家督の原則が適用されず、登用されても、評価が低ければ解職されたり、世襲を認められない可能性があったのです。一方、学者として著名ならば町人・百姓身分から幕府・大名家のお抱え学者に身分を越えて登用されることもありました。身分制度の原則から外れた存在だったとも言えます。例えば、六代将軍家宣《いえのぶ》の侍講《じこう》だった新井白石は当初、将軍の御側に仕えるプライベートの師という位置づけで、旗本ではありませんでした。林家（大学頭家）とは立ち位置が全く異なります。のち、八代将軍吉宗期になって、新井家は旗本として家を立てることが許されますが、白石の子孫は学問に関わる役職に就任していません。また、幕末期の大老井伊直弼にとって「埋木舎《うもれぎのや》」時代からの国学の師であり、様々な政治工作にも関与した長野主馬義言《しゅめよしとき》は、出自も定かでないような人物ですが、藩主となった直弼に召し抱えられて彦根藩士の身分を得ています。このように学者は、師事関係に伴って身分や家の性格を変える存在でした。

旗本家にも、家臣団の一角に置かれた学者がいました。しかし、家格や財政規模による制約はあり、印象としては家禄一〇〇〇石前後が、お抱えの学者を持つことができる・できないの境界ラインになっていたのではないかと考えられます。なお、旗本家の学者は、幕府や藩の学校に属する学者のように、家臣団やその子弟に対する学問教授や領民に対する教諭などまで広く行うような存在ではなく、学者として私塾を持ち、塾生を抱えているほかに、旗本家に「形式上」召し抱えられてその家の学問面での相談に乗るというスタイルだったとみられます。

例えば、家禄七〇〇石の旗本小笠原家では、岡田孝之丞という儒学者がそうした存在です。月に一、二度くらい屋敷にやって来て、男子に対して稽古をつけています。つまり旗本は、学者に対してパトロン的な接し方だったと言えます。そのため、用人・給人に与えられる給金よりも金額は抑えられています。旗本三嶋家で、布施政右衛門という人物（学者またはそれに准ずる存在と考えられます）に与えていた扶持は一人扶持です（金換算で年二両程度）。こうした関係は、後述する旗本と医師の関係にも見られました。

旗本三嶋政養と儒者・国学者榊原芳野《さかきばらよしの》（鬲蔵《れきぞう》）の関係も、小笠原家における儒者岡田との関係と共通するものだったと言えるでしょう。三嶋家の屋敷のある本所石原町では榊原芳野が以前から塾を開いており、政養は息子の銈之丞（政明《まさあき》）をこの榊原芳野に入塾させています。『十八史略』『荘子』の輪読をしたなどの記事も見えます。その後、政養は屋敷内にある長屋に榊原芳野を住まわせるようになりました。賃貸しをしたのか無償で住まわせたのかはわかりませんが、それによって榊原芳野は、塾と私生活の場を分けることができ、塾の規模を拡大することもできたはずです。政養と榊原芳野の交流は明治維新後も続いていたことが、根岸に居を構えていた芳野を政養が訪問したとの日記の記事からもわかります。ちなみに、この榊原芳野の蔵書は現在、国立国会図書館の和書の大コレクションとして伝わっているのだそうで、文学や歴史を学ぶ方は少なからぬ恩恵を受けているはずです。

もう一人の学者、松原玄谷《げんこく》との関係も見ておきましょう。玄谷は、三嶋家の知行所の一つである武蔵国賀美《かみ》郡四軒在家《しけんざいけ》村（現、埼玉県児玉郡神川町）に住む、在村の学者です。政養にとっては領地の百姓でもあるのですが、政養に対して堂々と意見をぶつけてきたりもするのです。明治維新時には出府して、「私は岩倉三位（岩倉具視）に伝手《つて》があるから安心して朝臣になりなさい」（実際、玄谷の門弟で勤王家の塩川廣平は岩倉具視の手の者として活動していました）と説得してきましたが、政養は断っています。本当の身分は百姓や町人であっても、学者には学者「身分」（人別把握上の身分ではなく、社会的身分としての学者）の者として接するのが当時の礼儀でした。政養は無下《むげ》に扱うことができず、困惑したであろうことは想像に難くありません。

医師

旗本家では、学者と同様に特定の医師に対しても定額の扶持を与えて、旗本の家臣に准ずる存在としていました。三嶋家では、政養の養子入り以前の時期に柳見仙《やなぎけんせん》という医師に二人扶持を与え、「扶持人」として処遇していました。しかし嘉永元年（一八四八）、柳見仙に対する扶持給与を「改革」を理由に停止しています。柳見仙は、先代の当主政堅《まさかた》との個人的な関係が強かったために「扶持人」にしたようですが、用人・給人の人数を切り詰めなければならない時に、とても二人扶持を支出することはできません。それで停止はしましたが、その後も病人を診てもらうために医師として呼ぶことはしています。長年にわたる関係を断つということは簡単にはできないからでしょう。なお、三嶋家の家族が病気になった時に、どのような医療を受けていたのかについては第六章で述べます。

旗本でも上層の家では、医師を家臣団の一員として置いていました。家禄五〇〇〇石の旗本松平（久松）家に召し抱えられていた医師の守田文友は、年間金一〇両三人扶持を得ています（188・189頁の【表3】の35）。徳川家には旗本身分の御医師、大名家には藩士身分の御医師がいるのと同じです。

出入の町人と旗本・旗本家臣の交流

江戸城では、日々消費される食品や諸資材、将軍や将軍家族が着用する衣類、御殿で使用される調度品など各品目について御用達商人が決められており、彼らに随時発注していました。品物を納入する特定の商人がいるのは旗本家でも同様ですが、御用達商人のようなたいそうな呼ばれ方ではなく、「出入町人」などとされていました。幕府や大名家と違って取引先の商人の範囲は限定されていたので、格式ばった関係になろうはずがなく、親密な関係も生まれました。旗本三嶋家にとって、本所吉田町居住の大工柏屋長蔵や、鉄砲洲居住の丸屋源兵衛は、単なる出入町人の域を越えて、三嶋家を陰に陽に支えてくれるパートナーでした。実際、明治維新の混乱時に手を差し伸べてくれたのも彼らです。その恩顧があるからでしょう、三嶋家では静岡移住後も、この大工長蔵や丸屋源兵衛との交流を続けています。旗本屋敷で開催された初午祭《はつうまさい》（本書第五章を参照）で、屋敷の武士と出入の町人が交わって楽しめるのは、日頃の関係があったからです。

旗本三嶋家の出入町人には、屋敷の維持管理を担当する職人として、大工の柏屋長蔵のほか鳶《とび》・左官《さかん》などもいました。物品購入関係では、鉄砲洲の丸屋源兵衛が三嶋家の賄い商人として諸般を取り仕切っていました。丸屋は三嶋家の年貢米売却なども引き受けており、最大の取引相手です。また、大黒屋太助は廻船業者であり、知行所から年貢米等を運ばせる際に委託する関係となっています。

旗本金森家でも出入町人は誰と誰と明確に決まっており、幕末期の段階で二六人でした。正月四日から一〇日頃までは出入町人の年頭挨拶の期間となっており、次々とやって来ています。また、交代寄合の金森家ならではでしょうが、参勤交代で国許へ戻っていた殿様が出府し、江戸屋敷に入る時には出入町人が揃って出迎えています。大工五郎吉、左官宇之助、瓦師甚助、人宿の越前屋要蔵、越後屋佐七（商売不明）、大黒屋茂七（商売不明）、石屋久次郎、伊勢屋伝右衛門、というように屋敷建物の日常的メンテナンスに従事しているメンバーが出入町人の中核でした。

出入町人は旗本家の冠婚葬祭にも関与しました。天保一五年（一八四四）の金森近典の葬送時には、御霊前へ野菜・酒・醬油を「出入町人廿六人」として献上しています。また、初七日法要の日の夜、出入町人に夜食が下されているので、手伝いとして参加していたとみられます。

もちろん、この二六人の出入町人だけに屋敷で必要なすべての品物を用意させたわけではありません。場合によっては、何軒かの業者から見積もりを取って請け負わせることもしています。出入の左官がいるのに、壁塗りを頼む左官を入札で決めることもありました。どうやら、大きな普請の場合は業者を比較して決めることがあっても、日常的に頼む小仕事は出入町人にやらせるという風だったようです。親子で家業が受け継がれるなら出入町人としても世襲させました。そのため関係は親しく、金森家の記録を手繰ると、出入の大工が亡くなった際には遺族に香奠を渡してやったり、逆に季節の筍《たけのこ》をもらったりするなど、日頃から様々なやりとりをしていることもわかります。

また、出入町人には入りませんが、屋敷の下肥（糞尿）を汲み取ってもらっている特定の百姓もいました。金森家の家臣中井大右衛門の日記には「尾山村国五郎そうじ」という記載があります。下肥とは書いてありませんが下肥汲みの者でしょう。尾山村は、武蔵国荏原《えばら》郡世田谷領小山《おやま》村（尾山村とも記されます。現、東京都世田谷区尾山台ほか）とみられます。三田の屋敷から尾山村（小山村）まで一〇キロ近くも離れていますが、三田から目黒不動方面へと続く道（現、目黒通り）を行けば一本道です。下肥は、百姓側がお金を払って引き取っていたとも言われますが、国五郎はこの時、干大根一〇〇本を持参しているので、金森家では農産物との交換が条件だったのかもしれません。

旗本屋敷における、こうした出入町人との間で育まれた関係は、決して権威的なものではありませんでした。三嶋政養とその家族は危機の際、こうした出入町人らに助けられていますが、上からの目線ではなく、仕事の依頼を通じて人間的な親交が深められていたからこそ、手が差し伸べられたに違いありません。

第五章　旗本屋敷の年中行事と暮らし

第一節　旗本屋敷の年中行事

徳川将軍家・大名家・旗本家の年中行事

江戸時代においては、身分によって家で執り行われる年中行事に違いがありました。農事暦を軸に一年が回っている百姓と武士では、一年の過ごし方が異なっていることは容易に推測できるでしょう。それでは、武士なら共通しているのでしょうか。必ずしもそうとは言えませんが、江戸の武家社会で行われる年中行事は、次第に共通性を帯びていったと言えます。それに影響を及ぼしたのが江戸城で行われる徳川将軍家の年中行事です。そもそも年中行事は家に属する事柄なので、幕府が大名・旗本に指図するようなものではありませんが、城中で行われる徳川家の年中行事に出席者として触れた大名・旗本は、各々の家の年中行事にその様式を取り入れていきました。江戸時代前期に「家」を確立していった徳川譜代筋の大名・旗本はなおさら、年中行事において徳川将軍家の動向に大きく影響を受けることになったのです。

徳川家では、京都の朝廷・公家社会の年中行事や百姓の農事暦に基づく年中行事から影響を受けつつも、武家の年中行事としての体系を形成していきます。年始・五節供《ごせっく》に、正月の具足餅《ぐそくもち》の祝儀、六月の嘉祥《かしょう》、八月朔日の八朔《はっさく》、一〇月の玄猪《げんちょ》などの武家独自の行事等が加わった形です。ほかに、徳川家の祖先祭祀（寛永寺と増上寺への参詣、紅葉山参詣）や将軍の誕生日祝いなどが組み込まれて、江戸城の年中行事は構成されていました。

徳川家と大名家・旗本家の年中行事は、取捨選択はあるものの、大枠は共通しています。そうなると困るのが年中行事への出席です。大名・旗本にとって江戸城で行われる徳川家の行事へ参加することは最優先です。そうなると、登城前後の空き時間に自分の家の行事を行うしかありません。例えば、譜代藩である越後高田藩の榊原《さかきばら》家では、藩主は正月元日の午前中に江戸城へ登城して将軍への年始御礼を済ませ、午後に、藩邸で藩士を引見して年頭御礼を行っています。五節供は、登城前か登城後に藩士の御礼を受けました。なお、榊原家では徳川将軍家と同様に具足祝い・八朔・玄猪の祝いは行うものの、嘉祥は行わないなどの違いがあったようです（松尾美惠子・藤實久美子編『大名の江戸暮らし事典』）。前者は徳川家の歴史と関係した行事であるのに対し、後者は宮中行事に端を発しているためと考えられます。

では、旗本家の年中行事はどうだったのでしょうか。旧幕時代に幕府に仕えた市岡正一が明治二二年（一八八九）に著した『徳川盛世録』には、江戸の武家屋敷（旗本屋敷で行われた行事を想定していると考えられます）で行われていた年中行事の概要が示されています。上巳《じょうし》の節供の雛飾りのさま、重陽《ちょうよう》の節供における菊鑑賞のさまを描いた挿絵などもあり、大いに参考になるでしょう。しかし、ここまでの四章で旗本家の内部構造を解剖してきて、見えてきた点を踏まえると、行事の参加者や担い手が誰だったのかが気になるはずです。そこで、引き続き具体的事例を探りつつ、旗本家の年中行事の様相を示していきます。

旗本稲生家と水野家の年中行事

【表5】は、「稲生《いのう》家年中行事」（『新編埼玉県史　資料編17　近世8領主』所収）をもとに、家禄一五〇〇石の旗本稲生家の年中行事をまとめたものです。稲生家は三河以来の譜代の家で、歴代からは日光奉行や先手頭《さきてがしら》を務めた人物も出ています。この稲生家で行われていた行事をベースに、旗本水野家（家禄六〇〇〇石）の事例を加えて、旗本家で行われていた年中行事の概要を把握してみましょう（水野家の事例は「水野家勤仕并知行等諸用覚書」、『新編埼玉県史　資料編17　近世8領主』所収）。

年中行事は、正月元日の旗本家内の年始礼から始まります。家来の人数がごく少なくても、身分によって御礼を行う座席（主人との距離が異なります）の区別がなされました。続いて主人は、親類や役職上の関係者の屋敷へ年賀を伝えるために訪問するのが慣例で、正月五日頃まで数日をかけて行われました（【図24】）。多くの客が行き交う時期なので、大名屋敷や旗本屋敷ではその間、表門を開放して請待《しょうたい》していました。高家《こうけ》や寄合、そして主たる幕府役職に就いている旗本の場合、江戸城で将軍

【表５】旗本稲生家の年中行事

日にち	行事	場所
正月元日	門松（62本）／餝（90、～14日）／しめ（長さ６尺を６本）	
	表門を開く。玄関戸は外す／「御玄関張り」（～15日）	
	用人・給人の御礼（奥）／中小姓の御礼（中ノ御座敷）	奥/中ノ御座敷
	神棚・稲荷・年神・地之神・雪隠・疱瘡神へ灯明（門番が上げる）	
	奥の地之神・小座敷・納戸・御部屋へ灯明（年男が上げる）／稲荷様・御神棚に御神酒	
正月３日	御謡初（用人から中小姓まで出席）	中ノ御座敷
	御弾始御祝	奥
正月７日	七種囃子	
正月11日	具足御祝（用人から中小姓まで出席）	中ノ御座敷
	知行所年頭御礼〈知行所名主共の御礼〉	中ノ御座敷
	御鏡開（用人のみ）	奥
	御用人妻共の年始御礼	奥
正月14日	削懸を所々に上げる／御門・口々へ「鬼打木」／地之神様ほかへ御灯明を上げる	
正月15日	稲荷様・御神棚へ御神酒を上げる	
節分	大豆を煎る（４升、台所）／柊木・赤いわし（各110本）。門番・年男に柊木・赤いわしを門・玄関・長屋門・奥の口々へ上げさせる	奥・表
正月26日	廿六夜待。用人・給人は奥で、中小姓は表で盛蕎麦・酒肴等頂戴。中間へは夜食（飯・豆腐汁）を下される	奥・表
２月朔日	具足開きの際に出した具足をしまう	
初午（２月）	稲荷祭礼／前々日に幟・屋台等を建てる／宵宮（初午前日）、灯明等を準備する	
２月15日	雛段取り建て（当番が担当）	
３月朔日	御餅舂き（餅米３斗）	
３月３日	御礼〈弥生の節句〉／家来は麻裃にて惣出（七時以降は平服）。用人・給人は奥へ出て御礼／夕刻、用人・給人は奥、中小姓は表で酒肴等を頂戴／用人妻どもが奥へ出る（用人・給人・用人の妻）	奥・表
４月８日	卯ノ花を所々へ挿す（当番）	
５月朔日	（１日または２日に）柏餅を作る（台所にて蒸籠で蒸す）	御台所
５月４日	所々門口へ菖蒲を挿す	
５月５日	御礼〈端午の節句〉、家来は麻裃にて惣出（七時以降は平服）。用人・給人は奥にて御礼を申し上げる／百草取／赤飯を用人以下に下される。／夕刻、用人・給人は奥、中小姓は表で酒肴等を頂戴／用人妻どもが奥へ出る（用人・給人・用人の妻）。	奥・表
７月26日	廿六夜待	
８月15日	御月様へ団子を上げる（米１升、15にまるめ、三宝へ団子・柿・芋・枝豆を載せ、神酒を上げる）	中座敷
９月13日	御月様へ団子を上げる。十五夜と同じ（団子13・柿・栗・芋・枝豆）	
12月13日	煤竹（煤払い、年男が羽織袴にて務める）	
12月大晦日	御供えを上げる（年神・稲荷・荒神・井戸神・御蔵・御鎧弓・疱瘡神・神棚）	

典拠：『新編埼玉県史　資料編17　近世８領主』所収「稲生家年中行事」

【図24】正月の旗本屋敷の光景（楊洲周延「江戸風俗十二ヶ月之内 正月万歳説之図」、国立国会図書館所蔵）

旗本屋敷の正月風景を描いているのであろうことは式台玄関の形式等からわかる。中間を供に連れた年始礼の客（麻裃姿）がまさに訪問している瞬間。この家の主人も年始礼にまわっていて留守なので、家臣が応対している。右手前で幼児を抱いているのがおそらくこの家の奥方。子供が男女６人もいる。奥で子をおんぶしている女性は世話役の奥女中だろう。

に御目見して年始礼を行ったのち、老中や若年寄の屋敷へ年始の賀儀として出頭し、その後、同席・同僚・親戚・知友の屋敷へ年始回りを行うのが通例なので、非常に大変です。長崎奉行に就任していた旗本遠山景晋《かげみち》は、文化一一年（一八一四）正月に年始回りとして七八軒を訪問しています。

御謡初《おうたいぞめ》は、江戸城でも旗本稲生家でも正月三日に行われる行事で、高砂《たかさご》や老松《おいまつ》などの寿《ことほ》ぎの謡曲を謡わせ、家臣らは宴席を囲みました。江戸城では、幕府御抱えの能役者が舞も務めましたが、稲生家では謡のみになっています。

御弾初《おひきぞめ》は正月に初めて琴・三味線・胡弓・琵琶などの弦楽器を弾奏する儀礼で、江戸城大奥では、正月四日に奥女中が三味線を弾くのを御弾初と言いました。稲生家の場合、正室や娘が楽器を弾いたのかもしれませんが、不明です。

七種囃子《ななくさばやし》は、江戸住の喜田川守貞《きたがわもりさだ》が江戸時代後期に記した『守貞謾稿《もりさだまんこう》』によると、「俎板《まないた》になづなを置き、その傍らに薪・包丁・火箸・すりこぎ・杓子・銅杓子・菜箸など七具を添え、歳徳神《としとくじん》の方に向き、包丁をとって俎板を打ち、囃しながら『唐土《もろこし》の鳥が、日本の土地へ、渡らぬさきに、なづな七種、はやしてほとゝ』と唱える。残り六具を順番に取り、この語を繰り返し唱え、囃す」とあります。『守貞謾稿』では町人宅の様子が紹介されているのでしょうが、旗本屋敷でも同様に行われていたことが、のちほど示す金森家の事例からもわかるかと思います。

具足祝い（具足開き）では、座敷に飾った具足に餅を供えました。江戸城の具足祝いでは、徳川家康が着用した具足（シダを象《かたど》った金の立物《たてもの》の冑《かぶと》、黒塗二枚胴の具足、陣刀）を黒書院の床之間に飾って祝いますが、同様に旗本屋敷でも先祖ゆかりの具足を飾ったとみられます。具足祝いでは、具足に供えた鏡餅と酒を下されるので、武家の「鏡開き」としての性格を兼ねました。そして小正月には「削り掛け」を飾ります。「削り掛け」は、全国各地で広く行われていた「削り花」の行事にあたると考えられ、豊作を祈願する行事です。小正月の一四日に製作することが多く、家の正月棚や庭などに挿しました。『守貞謾稿』によると、江戸では武家も町人も飾るが、京坂の町人は飾らないとあります。

また、鬼打木《おにうちぎ》＝「みかまぎ」は、江戸では武家のみの飾りものでした（【図25】）。

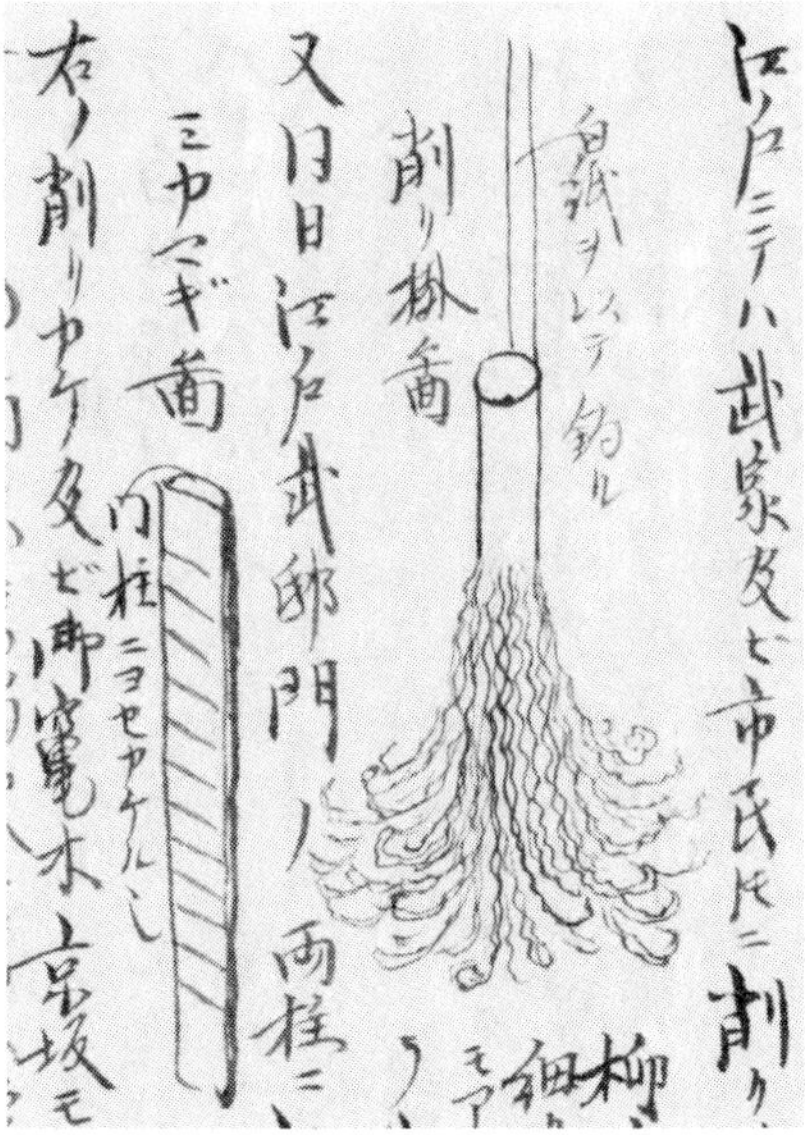

【図25】 みかまぎ・削り掛け（『守貞謾稿』巻二十六、国立国会図書館所蔵）

続いて二十六夜待《にじゅうろくやまち》があります、二十六夜待は、主に正月二六日と七月二六日の夜、月が出るのを待って拝んだ行事で、月光の中に弥陀・観音・勢至《せいし》の三尊が現れると言い伝えられました。七月の二十六夜待のほうは、品川あたりの海辺に老若男女が繰り出して夕涼みを楽しむ行事に変化していきます。月待には「十九夜」、「二十三夜」などもあり、農村では男女が分かれて参加する講が営まれ、飲食を楽しんだのですが、武家屋敷では二十六夜待のみが行われています。

初午《はつうま》は、旗本屋敷内にある稲荷社の祭礼で、これは特に重要なので別項で記します。

三月三日の上巳は、いわゆる雛の節供で、二月二五日頃より雛人形を飾り、桃花・白酒・菓子などを供えました。

卯月（四月）八日には山之神の祭りが行われる地域が多く、西日本では、山からツツジなどの咲いている花を採ってきて、竹竿に結び付けて庭先に高く揚げたりし（天道花・高花・八日花）、関東地方では、藤やウツギなどを軒端や出入口に挿したとされます。しかし『守貞謾稿』によると、「近世江戸、今日、卯の花を売れども、門戸に挟むを見ず、専ら仏前に供すのみ」とあります。稲生家では卯の花を各所に挿しており、その名残があったようです。なお、この日に旗本水野家では「藤葉餅」を作っており、家によってちょっとした違いがあることがわかります。

そして端午《たんご》の節供では、家の男子が七歳になるまで幟《のぼり》・兜（冑）・人形などを飾りました。武家で立てられる幟は、その家の家紋を染め抜いたものであり、玄関前には外幟、座敷には内幟を飾ります。当然、鯉のぼりだとか鐘馗《しょうき》を描いた幟は町人・百姓のみが用いるものでした。また、端午の節供は衣替えの日でもあり、この日を境に単《ひとえ》仕立て・麻の染帷子《そめかたびら》に着替えました。端午の節供には行事食として古来、粽《ちまき》を作るものでしたが、江戸を中心に、餡を入れた上新粉《じょうしんこ》の餅を柏の葉で包んだ柏餅が用いられるようになっていったとされています。ちなみに、稲生家では柏餅、水野家では粽を作っているという相違があります。稲生家と水野家のどちらも、三河国を本国とする徳川譜代の旗本であり、家の来歴による違いとは言えません。

十五夜（八月）には、縁側に台を設置して、白木《しらき》の三方に里芋・団子・枝豆・栗・おはぎなどを盛り、すすきの穂など秋の七草を飾りました。

師走から正月にかけての諸行事では、「年男」が主役を務めます。旗本屋敷では、家臣がその任にあたることが多かったようです。

水野家の記録にだけ見られる行事もあります。六月朔日の「むけ節供」は、むけ節供の歯固めと呼ばれるもので、正月に搗《つ》いた餅を凍《こご》み餅や干し餅にして保存し、この日に食べました。固い物を噛み、災厄を祓って健康と長寿を願うものです。また、八朔には赤飯を炊いています。江戸城で行われる八朔の儀礼では大名・旗本は総登城し、三〇〇〇石以上の者は太刀目録や馬代《ばだい》を献上するなど、五節供に並ぶ重要な行事でした。しかし稲生家では、八朔の祝儀は特に行っていません。一一月二三日の大《だい》師粥《しがゆ》も水野家にのみ見られます。大師粥とは、この日の夜に大師様が身なりを変えてこっそり訪れてくると言い伝えられており、小豆粥を作って接待するというものです。

このように一年の流れを眺めてみると、江戸城で行われる徳川将軍家の年中行事と大枠は共通している一方で、それらには見られない行事も取り入れられて、旗本家各々の年中行事の体系が形成されていたことが確認できました。

「稲生家年中行事」も水野家「諸用覚書」も、旗本屋敷で毎年、年中行事を滞りなく実施するための覚書として作成された史料です。そのため、準備段階で行うべきことやお供え物の具体的内容などが記され、さらにそれらの行事を旗本屋敷のどの部屋で行うのかなども示されています。江戸城であれば、本丸御殿の大広間で行うのか白書院・黒書院で行うのか、といった儀礼の場に関する情報です。稲生家の場合、「中ノ御座敷」は表に属するものの（幕府の上使を迎えたりする）表書院ではない部屋、「奥」は奥客間にあたると考えられます。当然ながら、儀礼の内容による部屋の使い分けがされています。

また、江戸城の年頭御礼や五節供では、将軍に対して、大名・旗本のほかに主だった寺社の宗教者や一部の由緒町人が拝礼しましたが、それと同様に旗本家では、家臣のほか知行所の百姓らも御礼をします。注目すべきことに、稲生家の事例ではその御礼者の中に「用人の妻」が入ってきます。ただし、用人の妻の御礼があるのは年始（正月一一日）と弥生の節供、端午の節供に限られ、これらの御礼はいずれも奥客間で行われています。さすがに表の儀礼空間に女性が出席することはできなかったのでしょうが、奥客間においては、男性家臣である夫と同様に御礼をしたのです。家臣の妻が殿様に挨拶を行うなど、江戸城では考えられないことです（徳川家と縁戚関係にある大名の正室が、徳川将軍家に挨拶の女性使者を遣すことはありました）。旗本では、夫妻本人が揃って親戚の屋敷を訪問し、挨拶を交わすこともあります。ただ、それは親戚関係の間柄だからこそで、君臣関係では別のはずです。

なお、この旗本用人の妻は日頃から何かにつけ、旗本屋敷のことを手伝っていたと考えられます。奥女中だけでは手が足りない時に呼ばれるというシーンもあったでしょう。そうした労をねぎらうために、用人の妻に対する非公式の面会が以前から行われていたのかもしれません。それが次第に儀礼的な面会に格上げされるようになったのではないでしょうか。なお、こうした時、用人の妻は殿様だけに御礼を申し上げるのではなく、奥方や隠居など殿様の家族に対しても御礼を行っているはずです。つまり、奥における関係と見るべきです。旗本家で行われる儀礼は、徳川将軍家や大名家と比べると、より現実的な人間関係を反映するものだったと言えるでしょう。

また、稲生家と水野家の事例からは、主従関係を確認する儀礼的な行事だけでなく、家や家族の安全や健康を願う祭祀的な行事も多いことがわかったはずです。実は江戸城でも同じなのですが、江戸城では大奥でそうした祭祀的な行事が行われているために、大奥詰めの男性役人以外は関与できず、表の儀礼とも区別されています。それに対して旗本屋敷では、人数面の事情等から、男性家臣と「奥」の女性たち（奥方、奥女中）が協力して祭祀的な行事を行わなくてはならず、そのため、こうしたタイプの史料に「表」の行事と「奥」の行事が合わせて書き上げられたのです。さらに旗本屋敷では、初午・月待など、庶民層と共有する年中行事が見られることも特徴の一つになっています。

旗本家の年中行事のおおよそがつかめたと思います。ここまで挙げてきたことを踏まえて、旗本金森家の同種史料を読み解くと、さらに実態的な姿が見えてきます。

旗本屋敷に出現した祝祭空間――初午祭

第一章で屋敷絵図を通して見た通り、旗本屋敷に祀られていた稲荷社は、屋敷神としてイメージされるような小社ではなく、相当に立派なものでした。池田内記家の稲荷社は面積が三坪七合五勺ありますし、三嶋家の稲荷社も間口が一間半ほどあることから、その規模のほどが窺い知れます。金森家の殿様はその稲荷様に毎月三回（朔日・一五日・二八日）参詣し、賽銭を納めています。屋敷内の各所に神々が祀られていましたが、稲荷社はその中でも中核的な祀りの場所だったのです。

初午とはそもそも、二月の初午の日に稲荷社に参詣して、農業神である稲荷様に豊作を祈る風習です。農業と関わりが深い、百姓や町人など庶民層が主に祝った祭礼でしたが、江戸時代の旗本屋敷においては独自の展開を遂げることになります。屋敷内のここかしこにある神棚にお供え物をあげて祈るようなことと初午祭では全く次元が異なり、屋敷内が祝祭の空間に変貌したのです。西沢淳男氏が旗本屋敷の初午祭に注目されていますが（西沢淳男「旗本屋敷・役所における初午祭について」）、筆者も、初午祭こそ旗本屋敷という空間の特質を反映するイベントだったと考えています。

旗本屋敷の角にある稲荷社の周囲は、初午祭の際には一変します。奉納の発句《ほっく》（五・七・五の句）を書いた大灯籠を飾ったり、ことわざなどを語呂合わせでもじった地口《じぐち》（駄洒落のようなもの）にユーモラスな絵を添えて箱行灯に描いた「地口行灯」を何十本も立てたり、家によっては踊り屋台を小屋掛けしたりなどまでしました（【図26】）。ご馳走が準備され、旗本屋敷の居住者たち——殿様、殿様の家族、部屋住や「厄介」、家臣、家臣の家族、奥女中、武家奉公人のうち誰か——が、大太鼓や小太鼓を鳴らし、笛を吹き、面をかぶって踊ったりしたのです。旗本三嶋家の屋敷図（58・59頁【図8】）には、「祭ノ時此辺へ囃子ノ野台《やたい》ヲ建テル」「祭ノ時此辺へ掛ケ茶屋ヲ設ク」「祭ノ時両側ニ地口ヲ建テル」「祭ノ時マタギヲ建テル」「祭ノ時御手洗ノハチマヘヲ設ク」などと書き込まれていますが、すべて初午祭に関する注記です。御医師桂川《かつらがわ》家の娘みねも、初午の日には社の前に小屋掛けをして、

【図26】旗本屋敷の初午祭（楊洲周延「江戸風俗十二ヶ月之内　二月初午稲荷祭之図」、国立国会図書館所蔵）

カラー図版をカバーに掲載。この図が旗本屋敷の初午祭を描いたものであると考える根拠や解説等は356・357頁を参照。

大小の太鼓を鳴らし、笛を吹いて踊るものだったと証言しています。

旗本の子女であっても、江戸市中で行われる祭礼の見物に行くことはできます。しかし、祭りに参加することはありません。一方、初午祭は、屋敷内という閉じられた空間で行われたので、誰憚ることなく楽しめたはずです。正直なところ、旗本家の殿様や家族が初午祭にどこまで参加していたのかを示すことは難しいのですが、多少のたがを外すことは大目に見られたことでしょう。祭りには出入町人も招かれました。彼らは町人が執り行っている市中の初午祭も知っているので、祭りの指南役になると共に、盛り上げ役にもなったのではないでしょうか。さらには出入町人に限定せず、初午祭を広く民衆に公開する屋敷までもあったとされます。

なお、初午に至るまでの正月の諸行事は、どちらかと言えば先例に添って間違いなく務めなければならないという緊張感のもとで執り行われたはずです。それらと初午祭は大きく違います。屋敷の関係者が皆で盛り上がり、身分を越えて楽しむ行事でした。若月紫蘭『東京年中行事　上』（明治四四年〔一九一一〕）によると、巳の日の晩から午の日の夜遅くまで武家屋敷では「底が抜けるような騒ぎが続いたのだそうです。

一方で、初午祭自体は執り行うものの、鳴り物をしない屋敷もありました。旗本金森家がそうです。金森家では、火防のおまじないとしてこの日一日、皆が茶断ちをし、その代わりに赤飯や米糀の甘酒を仕込んでおいて楽しんだとあります。『東京年中行事　上』によると、そういう家は「聾《つんぼ》稲荷」と呼ばれて奉公人に奉公を敬遠されがちだったとあります。それほど、旗本屋敷での生活において初午祭の占める比重は大きかったのです。

「奥掛年中行司」に見える旗本金森家の正月

安政二年（一八五五）に家臣中井小源太（中井大右衛門の子息と推測されます。202頁の【図19】には側用人として名前が載っています）が記した「奥掛年中行司《(ママ)》」は、旗本金森家の江戸屋敷で行われていた年中行事について示された史料です。稲生家や水野家に残された年中行事の覚書と同類ですが、準備の仕方や細部が詳細に判明する点が魅力的です。すでに稲生家や水野家の事例を通して旗本家の年中行事の大枠をつかんであるので、「奥掛年中行司」からは、「旗本家らしさ」が窺われるような興味深い事例を拾ってみたいと思います（以下については、54・55頁の御殿向絵図【図7】を併せて参照してください）。

「奥掛年中行司」の記載は、正月の規式から始まります。年中行事の中で最も重要な正月の諸儀礼については、飾り物や御祝膳の内容が図入りで書き込まれました。表書院では、家臣が殿様へ年頭の祝儀を申し上げ、御手熨斗《おてのし》を頂戴します。奥方様は御茶座敷にて御目見をし、奥女中衆が年頭の祝儀を申し上げました。殿様の年頭礼の場が表書院であることは妥当ですが、奥方様に対する年頭礼の場が御茶座敷＝茶之間である点は注目されます。第一章で触れたように、茶之間は歓談の場としても奥女中の日常的な作業の場としても使われる部屋ですが、さらに家内部の儀礼にも使うマルチ機能を持つ空間だったことがわかります。そして元日の昼後には、家臣らに酒や料理が下されました。面白いのは正月に、屋敷で飼っている馬に餅が与えられている点です。元日に一三切れ、二日に一五切れ、三日に一七切れとあります。鍋に具も露《つゆ》も入れて与えるとあるので、お雑煮のようなものでしょう。形式主義が進むとこのようなことまですべきと考えるようになるのだということがわかる一事例ですが、馬は果たして喜んだのでしょうか。

正月二日には、御買初《かいぞめ》（買物初）と御掃初《はきぞめ》、御櫛初《くしぞめ》、御弓・御馬初、御縫初《ぬいぞめ》、土蔵開きを行っています。御櫛初は髪結の事始めで、御居間次之間で恵方《えほう》を向いて行うとあります。いずれも奥での行事です。奥座敷の土蔵開きでは、「けずりかけ」を作って恵方に置き、御神酒を銚子にて掛けるといったことを行っています。削り掛けをあげるのは稲生家でもしていますが、日にちが異なっています。

江戸城で三日の晩、金森家の当主も出席したであろう御謡初《うたいぞめ》が行われるのを受けて、四日には、金森屋敷でも夕刻から謡初が催されました。家臣一同が表向の御三之間に平服にて出仕し、高砂《たかさご》など三曲を謡います。料理や酒が出されて、盃を酌み交わしました。

六日の夕刻には福茶と御蕎麦を殿様へ差し上げ、七つ時（夜八時頃）からは年男による七種の御囃子が、謡初と同じ御三之間で行われました。七種の粥に入れる菜葉を刻みながらまじない歌を歌うのは、表向の畳座敷において行うのであり、決して台所でするのではありません（【図27】）。金森家では、葉を刻む役を年男の家臣が務めました。七日の朝に再度、御徒士目付が御囃子を務め、茶の間（奥女中の役名）へ渡します。こうして朝食には、菜と餅の入った御粥が殿様に呈されました。

金森家の具足開きは一三日です。江戸城＝徳川将軍家の具足開きは一一日でしたが、稲生家の具足

【図27】七種囃子（市岡正一『徳川盛世録』）
旗本の主人だけでなく、奥方・子供にも七種粥が供されている（左図）。

開きは一一日、水野家では一二日、金森家では一三日に催されています。前日に御三之間にて、熨斗目裃《かみしも》姿の年男が、恵方に向かって具足餅に斧を入れるとありますから、武家らしく豪快です。一三日には殿様に餅の入った汁粉などが供され、家臣に対しても酒と肴が下されました。この下賜時の表書院における座席図があります。表書院の座席は家臣の格によって区別され、どの畳まで出て頂戴するのかなども定められていました。なお、この具足開きの規式に出席できるのは御坊主までで、足軽以下は対象ではありませんでした。足軽以下は武家奉公人身分だからにほかなりません。金森家の場合、翌一四日には奥方様の「鏡開」も行われています。同じく肴などの下され物がありますが、「ゆるりと」との言葉と共に受けるのは奥女中らです。一五日から一七日にかけて、小正月の御供えをしたり鏡餅の残りが女中らに下されたりして一連の行事が終わります。

金森家の上巳の節供と端午の節供

上巳の節供と端午の節供にも、旗本家らしい特徴が見られました。

金森家では二月二八日頃に御雛様を飾っています。稲生家では二月一五日に雛段を設置しているので、やはり日にちの違いがありますが、雛祭りに関して厳しいしきたりのようなものはないようです。いり米・青豆・黒豆・あられ・白砂糖などが日々あげられ、庭で女中たちが餅草（ヨモギ）を摘んで菱餅を作りました。江戸時代の菱餅は、上下の白の層の間に緑の層が挟まる二色仕立てなので、これで準備万端です。

雛祭りは女子の御祝いのように思われがちですが、五節供の一つであり、江戸城で行われる祝儀に出席するため大名や旗本は総登城しましたし、旗本屋敷では、殿様と家臣一同が揃って御祝いの儀礼を行いました。金森家ではまず、殿様が表書院にお出ましになって、家臣から礼を受けます。表の御礼が済むと、奥方様による奥の祝儀に移ります。そこに男性の家臣たちが改めて出席し、奥方様からの仰せを受けて御雛様を拝見するのです。ちなみに江戸城大奥では、大奥の対面所という部屋に飾られた御雛様を、大奥の監督に携わる男性役人である御留守居や広敷番頭・広敷用人が拝見することになっていました。江戸城では一部の限られた男性役人のみということになりますが、旗本屋敷では皆で拝見します。御雛様を家臣一同が拝見することにどのような意味が持たされているのかは確としませんが、具足祝いの時に、主家の先祖が着用した具足を見て先祖の功績に思いを馳せるのとは違って、主従制的な意味合いはないのではないかと推測されます。金森家の家臣にとってはシンプルに、素敵な品を見せてもらえてありがたいという気持ちだったかもしれません。本章や次章では続いて、金森家主従の屋敷内での暮らしぶりについて触れていきますが、筆者がこのような平凡な解釈をするのは、日常的な空気感が、身分や格式を重んじたピリピリしたものには見えないからです。

御雛様拝見の際には、大小姓《おおこしょう》まで白酒と肴が下されます。奥方様と男性役人の対面が済むと、女中衆へも奥方様から下され物がありました。そのあとにはまさに、女性たちのための時間が待っていました。その日の夜の火の元の確認は奥方様が気をつけることになっていました。これはつまり、あとの始末は奥方がやっておくので奥女中衆はゆるりと楽しんでよろしい、という含意です。奥女中衆には束の間ながらくつろぎの時間を与え、その分の仕事は奥方様がフォローする、そのようなことがあり得るのは、旗本屋敷だからにほかなりません。そうした楽しい時間はあっという間に終わってしまいます。翌日、御雛様に御蕎麦を差し上げ、昼後には雛人形を仕舞い、金森家の雛の節供は終わりました。

では、端午の節供はどうでしょうか。金森家では柏餅でなく千巻（粽）を作ります。前々日の三日に、台所目付や奥掛りの男性家臣、女中衆が男女一緒に巻きました。粽は一般的にチガヤや笹の葉で巻きますが、「すすきの葉、掃除より納める」の一文があるので、葉が細くて扱いにくいすすきを使うことになっていたようです。「掃除」（金森家出入りの下肥汲みの百姓と思われます。第四章に出てきた「尾山村」の者ヵ）が納めているのがわかる点も興味深いと言えるでしょう。江戸市中で手に入りにくい草木などは、このような伝手を頼って入手したのです。粽は五日の当日に床の間に飾られたあと、茶の間（奥女中の役名）に渡され、茹でてきなこを付けて殿様や家族に差し上げられました。残った分は家臣、女中に至るまで少しずつ下されました。本史料が記された安政二年（一八五五）時点では、七歳に満たない若殿様がいなかったために幟は立てられませんでしたが、該当者がいるなら四月二八日から立てる決まりでした。また、幟を立てる場合は御祝いとして家臣に柏餅を下されるとあり、金森家では粽と柏餅が使い分けられていたことも発見できます。

金森家の玄猪

玄猪《げんちょ》は元来、一〇月の初亥《はつい》の日に、その年に収穫された穀物で搗いた餅を食べて収穫を祝った祭りです。これが江戸城では、将軍から家臣（ただし、譜代大名や旗本など徳川家の譜代家臣に限定されます）に対して餅を下される行事として行われました。それは旗本家にもコピーされ、殿様から家臣へ餅を手ずから与える行事となります。旗本金森家では、初亥の日の夕刻に、殿様から家臣へ白と赤の「かちん」が与えられました。さらに奥では、奥方様から女中一同へ同様に「かちん」が与えられています。この「かちん」餅は、端午の節供の時の粽と違って、奥掛り・台所目付・御坊主の男性陣だけで拵えています。武家儀礼としての性格が強い場合には、男性が始終を取り仕切ることになっているのかもしれません。

師走の金森家——煤払いと年越し

一二月一三日の煤払いは、年男が熨斗目麻裃姿の正装で、恵方へ向かい、武運長久を願って行うものでした。この煤払いには女中衆による胴上げが付き物です。江戸城大奥でも煤掃(煤払いと同じ)の際には老中や御留守居が年男を務め、大奥女中が彼らを胴上げしたとされます(【図28】)。金森家では、まず女中一同がめでたい歌を歌いながら年男を胴上げし、その後、「表奥共入交り」とありますから男性家臣と奥女中が一緒に、思い思いの歌を歌って胴上げしました。想像するだけで楽しそうです。この日は、表詰めの男性家臣が奥のどこへ入ってもよいことになっており、一緒に掃除をしてにぎやかに過ごしました。男女合同の大掃除です。旗本屋敷にはこうした機会があることから、男性家臣と奥女中の間の気兼ねのない交流が生まれてくるのです。第四章で紹介したような男性家臣と奥女中の密通事件が発生してしまうのは、まさにそれゆえです。

一二月二五日には歳の市で買い物をしました。歳の市というと浅草寺のそれが有名ですが、三田魚《ぎょ》籃《らん》下に屋敷があった金森家では、芝愛宕《あたご》社の歳の市でその用を足していました。買い物をするのは御徒士目付です。必要な品は、日常的には屋敷に出入する商人から買うわけですが、年越し用品についてはそうはいきません。そこで、やや身分の低い男性家臣が出向いて購入したのです。奥掛りの家臣が茶の間女中から前日に必要な品物を聞き取って、御徒士目付に申し付けました。

【図28】江戸城大奥での煤掃の胴上げ（楊洲周延「千代田之大奥　御煤掃」、国立国会図書館所蔵）

年の瀬に行う餅つきは、家臣総出の大仕事でした。二〇日頃、餅取り粉を茶の間女中や御末《おすえ》女中に石臼で挽かせ、二二日には米を洗います。二三日の朝が餅つき当日です。責任者は奥掛りの男性家臣ですが、ほかに搗き手なのでしょうか、御門（足軽ヵ）や中間《ちゅうげん》（「大部屋大勢」）が出て行ったとあります。殿様にはできたてほやほやの餅が、からみ餅や汁粉餅にして差し上げられました。この日、金森家で搗いた餅の量はかなりの量です。具足餅にする分をはじめ、屋敷内に祀られている神棚にそれぞれお供えする餅や、菩提寺に届ける餅もありました。なお、金森家で正月に餅を供えた屋敷内の小社・神棚は、大神宮様・稲荷様・年神様・弁財天様・荒神様・荒神千体様・大黒天様・恵美須様・天神様・ほう疫神様・霊神様と、十一ヵ所にも及びました。

このようにして旗本金森家の一年は過ぎていったのです。

金森家で見られた事象から考えるに、旗本屋敷では、儀礼的なものとして執り行われていた年中行事が、次第に楽しみとしての年中行事に変貌していったと言えるでしょう。旗本家には、格式や体面の理由から執行しなければならない行事はもちろんあります。また、家の過去・現在・未来を再確認するために先祖祭祀も不可欠です。神仏への祈りを主な目的とする行事もあるでしょう。こうした本来の目的を踏まえつつも、屋敷に一緒に住まう者、主従が共に楽しむ機会としてアレンジが進んでいったのです。初午祭は、まさにその代表例です。そもそも神仏への祈りにおいては共飲共食が付き物ですから、それは容易に楽しみの機会へと変わりました。八月一五日の月見の日、金森家では、床の間には花入れに挿したすすきや秋の七草を飾り、団子や秋の果物をお供えして、殿様やその家族は儀式的な食事を召し上がりました。そこまではごく普通です。ところがそれが終わると、料理が家臣たちに与えられ、家臣たちは大騒ぎして大酒を楽しんでよいことになっていたのです。商人の世界では一〇月の恵美須講が無礼講の機会となっていました。それと同じような、日頃鬱積しつつある悩みや不満を発散する機会が武家屋敷内でも与えられていたと言えます。金森家では初午祭で鳴り物をしなかったので、その代わりの機会としたのかもしれません。旗本屋敷では、殿様、奥方様、男性家臣、奥女中や武家奉公人までもがそうした機会の参加者となり、身分の上下などどこ吹く風であるかのように過ごしている事実を発見できるのです。

第二節　旗本の日常生活

日常生活における心得——旗本・御家人の生活指南書『経済随筆』

前節では、年中行事に即して旗本屋敷内の生活風俗について紹介してきました。しかし、年中行事はやはり「ハレ」の時間です。「ケ」の時間のほうが日常生活の大部分を占めていました。

『経済随筆』は旗本（一五〇俵取）橋本喜八郎敬簡《ゆきやす》が文化～天保期（一八〇四～四四）頃に記した書き物で、旗本・御家人の日常生活に関する諸心得や家計モデルが示されています。出版はされておらず、関係者に写本の形で伝わったようですが、なかなか微細な点まで指摘しており、当時の評判は高かったのではないでしょうか。筆者の橋本喜八郎自身が旗本なので、身近で体験した事柄なども踏まえて記されているのではないかとの印象を受けます。同書は、「第一　経済之要道」から「第十八初物之事」までの一八章構成になっており、旗本が生活していくうえで考えておくべきことが事細かに述べられています。『経済随筆』について表面をなぞっただけでは、ありふれた内容に見えてしまうかもしれません。しかし、三嶋家や金森家などの具体的状況について知ったうえでこの文章を読むと、なるほどと深く頷けるはずです。

冒頭の「第一　経済之要道」では、下情に達し、下を憐れむことを深く心掛けるべし、とまず説きます。「衣類より履物まで心に掛け、心に留めて折々恵み遣わすべし、独身のものは主人の分限に応じ魚肉酒菓子等恵み、下情を尽くすべし、必ず軽き者とてあしき物を与うべからず、己のたべ《（食）》可《べ》き品を分け遣すべし」。この文章、単なる理想論ではないかと受け止められるかもしれませんが、三嶋家や金森家では実際に行われていたことです。安政江戸地震（安政二年〔一八五五〕）が襲った時、三嶋政養《まさきよ》は、家臣や奥女中たちと食べ物を分かち合いました。金森家でも殿様や奥方様から折々に食べ物が分け与えられています。喜八郎が言うようなことを実践している家は、屋敷の中の状態が比較的良好であるというのも事実です。喜八郎は、儒学思想に基づいた君臣論から言っているのではなく、このようにするほうがトータルではメリットが大きいということを身近の事例から悟り、示しているのだと思われます。

「第二　音信贈物之事」「第三　賀筵《がえん》之事」「第四　凶礼之事」は、旗本同士の交際や冠婚葬祭について触れた部分で、節度を踏まえて行うのが良く、吝嗇《りんしょく》（いわゆるケチなこと）は宜しくないと述べています。凶礼には菩提寺との関係も含まれ、常識的な付き合いをすべきだとしています。

一方、「第五　信心之事」は、同じく宗教者に関することですが、指摘する点が全く異なります。祟りなどがあると告げに来て言い寄る者がいるから付け込まれないよう注意せよ、と念を押しているのです。武士なのだから、先祖が合戦で敵の首を取ったのは武功であり、誇ってよいことなのに、討ち死にした武者が祟って家に不幸をもたらしているのだと言われると、旗本やその家族は悩み、その苦しい気持ちから逃れるために祈禱にお金を使ったりしていました。江戸時代後期の浮世を生きている旗本にとって、戦国期はもはや想像できない世界なのでしょう。喜八郎は、病気で悩んでいるとしても、護摩・加持・祈禱・占いなどにお金を使わないようにと述べます。呪詛《じゅそ》を行う者や人相見《にんそうみ》のような胡散臭い者にはもちろん、僧侶・神主・山伏のような身元がしっかりした者に対してもです。旗本家で呪詛を行う者や人相見等を呼ぶようなことはないだろうと思われるかもしれませんが、実際には、医者ではなくそのような人物に縋《すが》ってしまうことがありました。のちほど金森家の事例を示します。

「第六　非常心得之事」は、火事のような非常事態に対して日常的にどのような備えをしておくべきかを論じたものです。非常包み（大風呂敷に、火事装束・着替え・懐中物・足袋・草履・馬上提灯・火道具・乾食物を入れる）を各自で作っておくことや、背負い葛籠《つづら》に、職務上の書き物や家に伝わる大切な書物、衣服と裃一通り、大切な家財、屋敷絵図、紙・硯を入れておくこと、火災の際には、非常包みを手に持ち、背負い葛籠を背負い、大小の刀を差して行動することなどが示されています。現存する旗本家文書の構成（どのような文書が残りやすいか）を考えると、これは実践されていたのだろうと思われます。

火事や自然災害ではなく、盗賊からの備えを示しているのが、「七　盗賊備之事」です。「小身の家では盗賊に立ち向かう使用人はいないはずなので、朝晩の戸締まりは主人が油断なく確認すること。締りが悪くて賊が入るのは主人の恥である」という一文は、下層旗本や御家人に当てはまります。士分の家臣が一人もなく、召し抱えているのが下男・下女だけでは立ち向かえるはずもありません。「金持ちの家は警備が行き届いているので盗賊は入りにくいが、小身の家には、以前に雇っていた、家中の様子をよく知っている族《やから》（人宿《ひとやど》などを通じて雇い入れられた中間・下男などのことを指しています）がよく入る」との指摘は、まさにその通りだったようです。「使用人すべてが善人ではないと頭に置いておくことが大事である」は、事実かもしれませんが残念な指摘でしょう。「盗賊が入った時に備えて、手元に手裏剣や目つぶし様のもの（玉子へ穴を開けて松脂《まつやに》の粉を詰めたものや、灰を半紙などに包んで玉子大に結んだものなどとあります）を用意すべし」は、実践している家が果たしてあったのでしょうか。あっても、命中させられたかどうか。「常に隣家と、盗賊・火事の際の相互助け合いを打ち合わせしておくこと」、これについては、実際に協定が結ばれていたようです。隣接する屋敷の境界の一部だけは生垣にしておいて、いざという時にはそこを避難経路として利用するなどのやり方もありました。

日常生活については「第十　手元金之事」「第十二　衣服之事」「第十三　炭之事」などで触れられ

ています。文芸の素養をつけるための費用を惜しんではならない（詩歌・連俳・碁・将棋・双六・楊弓《ようきゅう》・乱舞〔能の仕舞のこと〕・香・花・茶・鞠・楽・書画・遊猟・遊山・糸竹《しちく》〔三味線や笛〕）、ペット（和漢の小鳥・金魚）を飼ったり、園芸や家庭菜園を行うもよしとしています。自ら栽培した花や野菜を音信《いんしん》に贈るなら倹約にもなると勧めています。実際、旗本家では日常的に物を贈り合うのは頻繁、いや過剰気味で、もらっても消費しきれないためか、それとも自分で新たに品物を購入する費用を惜しんでか、戴き物をそのまま外の家に回すことまでありました（『代官竹垣直清日記』）。贈答品をめぐる問題は、当時の旗本にとって悩みの種の一つだったのです。来客があった時のため、準備を怠らないようにすべきことも強調されています。塩鳥・塩魚・からすみ・玉子・海苔・干フグ・干白魚など、酒の肴になるものを常備しておきなさいというのです。やはり、旗本としての体面を考えての注意です。また、衣服については意外なことに「旗本が木綿の着物を着るのを倹約と思うのはよくない」と書いています。着物は身分を示す指標にもなるので、旗本当人が木綿を着たら、家臣は何を着たらよいのかわからなくなるとの意見です。そのような考え方があるゆえか、旗本層では紬《つむぎ》を含めた絹の着物を着るのがスタンダードでした。

『経済随筆』を一覧すると、江戸時代後期の旗本が抱えていた困りごとがよくわかります。そして、喜八郎が示した理想も納得できます。しかし、経済的な理由によってその理想が実現できない旗本家が多かったのも事実なのです。

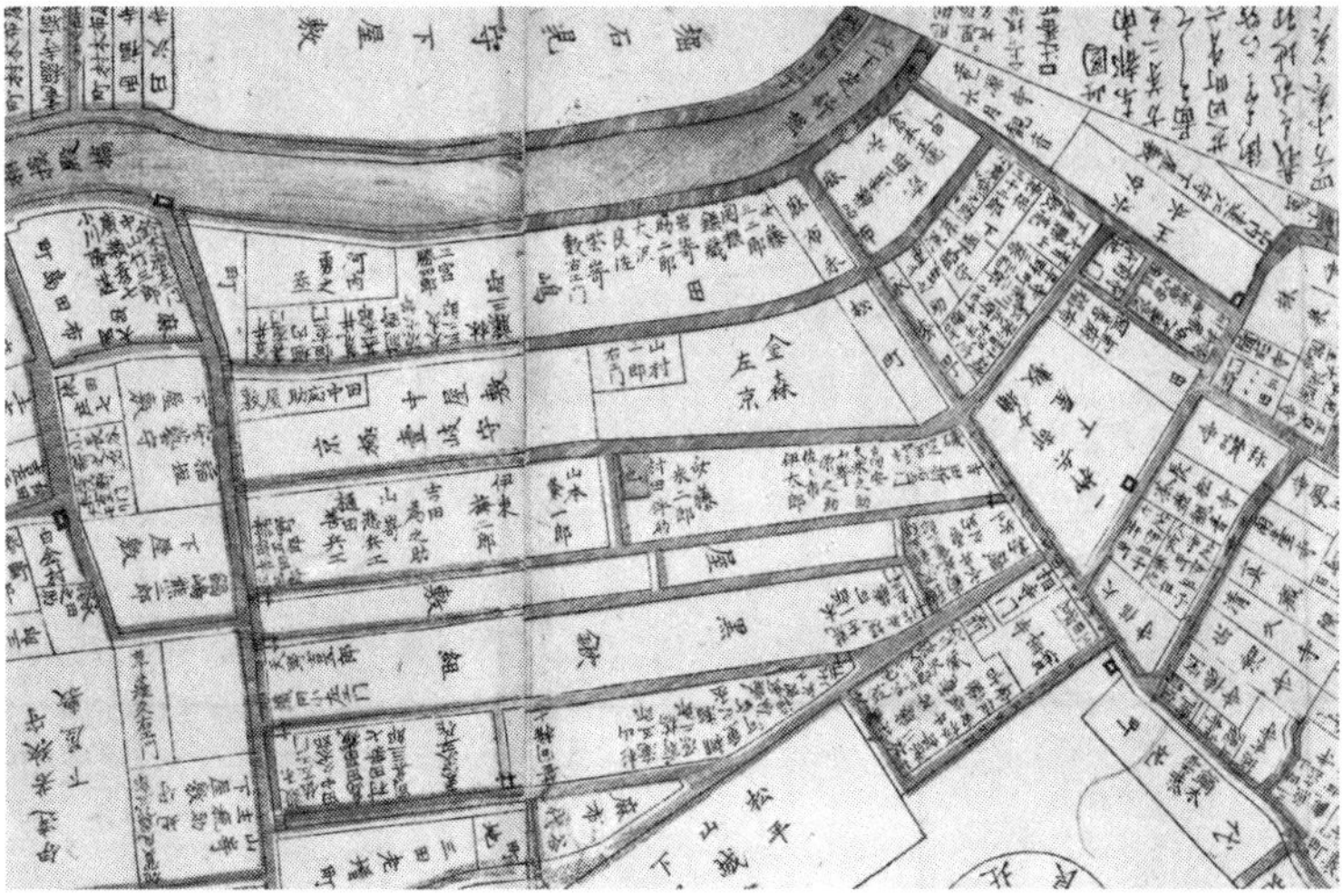

【図29】旗本金森家屋敷の場所（「芝高輪三田白金辺絵図」［江戸切絵図］近吾堂版）
西は京極壱岐守家の中屋敷と旗本山村家の屋敷に接している。

旗本屋敷の盗難事件

幕末期には江戸の治安状況が悪化したからでしょうか、三田魚籃下にあった金森家の屋敷周辺では盗難事件が相次いで発生していました。文久四年（一八六四）の正月には隣の山田家（旗本か御家人と考えられるが不明）で炭の盗難事件が起こり、金森家にも照会が来ています。蔵に入れておいた炭が盗み取られたというのです。金森屋敷の西側は京極《きょうごく》壱岐守（讃岐多度津《たどつ》藩一万石）の中屋敷と接し、また一部は旗本山村家（三〇〇俵高）の屋敷にも接していました（【図29】）。山村家は、この拝領屋敷を山田家に貸地していたのではないかと考えられます。この三家の屋敷境になっている場所から侵入された痕跡が発見されました。蔵は往来に接していないので、京極家か金森家の関係者の犯行の可能性もあるということで山田家側から内々の連絡があったのです。金森家で調べたところ、金森屋敷の庭木戸のほうにもこぼれ炭が落ちており、屋敷内稲荷社の外側の垣根が大破している箇所から外部へ持ち出された痕跡が見つかりました。盗人が金森家の敷地内を通ったことは間違いないわけです。金森家の関係者による犯行の可能性と、外部からの侵入者による犯行の可能性があることが判明したわけですが、前者の懸念もあることから、用人である稲垣勇と中井大右衛門は徒士目付へ内々、部屋の者（＝中間）に気をつけるよう申し付けています。雇中間が怪しいと考えていたのでしょう。炭蔵は戸締まりが甘いにしても、夜中、屋敷内の状況を知らない者が侵入し、短時間で盗みを働くのは困難だからです。

さらに事件は続きます。今度は、盗賊が金森家の家臣伊達氏の長屋に侵入しました。二月一三日または一四日の夜九時頃、玄関の戸を外して盗みに入ろうとした賊を犬だと思った伊達は、「畜生！」と声をかけたので、賊は逃げ去りました。こうして伊達氏は難を逃れたものの近隣で被害は発生し、金森屋敷の南側にある黒鍬《くろくわ》の御家人組屋敷のうち、後家のみが暮らす家ばかり三軒が盗賊に襲われてしまいました。そして数日後、当の中井大右衛門も被害に遭います。二月一七日の夜二時頃、盗賊は玄関の戸を外して侵入し、羅紗《らしゃ》の火事羽織、裃、裃の肩衣一つ、袴一つの計四点の衣類を、簞笥の中から盗み取られました。朝、伊達氏が見回りに出たところ、庭の楡《にれ》の木の向こうに火事装束の畳紙《たとうがみ》と、裃の肩衣二つ、袴一つが捨ててあるのを発見し、垣根から人が出た痕跡も見つけています。裃には家紋が付いているので、金に換えにくいと思って捨ててしまったのかもしれません。犯人がこのあたりの屋敷の情報を知っている人物であることは明らかです。「もしや盗人は（柴崎）長蔵ではないか、との噂が流れている。長蔵は身持ちがよくないために家から追い出され、河内様の所にいたが、やはり河内様の物を持ち出して追い出され、最近は『山の斎藤』の二男と二人でぶらぶらしているらしい。長蔵が犯人でなければよいのだが……」と大右衛門は悩みます。長蔵の親と大右衛門は顔見知りだったからです。人に疑われるようになっては、親の心中は気の毒なことだとも書いています。その長蔵、二月二七日に家臣岡田四三二の隠宅（隠居家族が住む家ヵ）で乱暴を働くという事件を起こしましたが、盗難事件の犯人ではありませんでした。

そのうちに盗まれた品物は見つかるだろうと本人は考えていましたが、盗品の行方は杳《よう》として知れません。そのため、一ヵ月近く経ってから江戸町奉行所に盗難届を出しています。事態は四月に動きました。盗品が見つかったのです。三河屋伊助方で売られていると、「布惣」（布屋惣兵衛とか惣右衛門などという名の人物ヵ）が知らせてきました。大右衛門が早速出向いて伊助を問いただすと、伊助は、仲間の道具屋佐兵衛から買い取って欲しいと頼まれただけだと答えました。大右衛門が、その段を奉行所に届けるつもりである旨を伝えると、同じ道具市にいた仲間の道具屋平吉が逃げ出しました。何か事情があるなと踏んだ大右衛門は、暫時、道具屋仲間に調査を任せることにして、奉行所に届け出るのは見合わせます。なお、「公事方御定書」の刑法規定では、盗品と知りながら物を売買すると敲《たたき》刑などの罪科に処されます。しかし、盗品と知らなかった場合、盗まれた品物を元の持ち主に返却すれば（買取代金は損金とします）、罪に問われることはありません。道具屋仲間に、この規定を踏まえての解決を図らせたのでしょう。結局、盗人が誰だったのかはわかりませんでした。平吉には心当たりがあったのでしょうが、それは明らかにされませんでした。

四月一三日、金森家の家臣岡田四三二から町奉行所に次のような願書が提出されます。「麻布坂下町の古道具屋佐兵衛方にて盗まれた品物を見つけたので、佐兵衛の身柄と品物を家主に預けておいた。その後、佐兵衛が品物を持って自ら奉行所へ訴え出てきたとのことなので、品物を御渡し下されたい」という趣旨です。佐兵衛は、盗品であることを知らなかったと町奉行所に述べたのでしょう。こうして大右衛門は、盗まれた品物を取り戻すことができました。盗品が店頭で販売されていることを見つけ出してもらうことができたという、旗本の家臣と町人の間の不思議なネットワークの存在を指摘できると共に、できるだけ奉行所の詮議にかかるような事件化をせず、商人仲間に内々で問題を解決させることが一般的だったこともわかります。大右衛門は道具屋に貸しを作ったことになります。そうした関係が以前にもあったからこそ、盗難品の捜索ができたのかもしれません。

第三節　旗本の家計構造

旗本家の借財をめぐって

江戸時代後期の旗本が経済的に困窮の度を深めていたことは、しばしば語られるところです。江戸での生活を維持するのに必要な費用が増していく一方で、知行所から得られる収入が増加しないためです。蔵米取の旗本にとっても、米価が低い傾向が続きますから、換金して諸物品を購入しようにも足りません。そのため旗本は、様々な相手から金を借り集めて生活していました。

家禄一〇〇〇石程度の旗本家において、借金が一〇〇〇両以上にも及んでいるというのは珍しくないことでした。家禄一〇〇〇石の藤沢家では嘉永期（一八四八～五四）に、諸方からの借用金を合わせて一七七五両の滞りがあり、一五〇〇石の牧野家では嘉永期に公金貸付のみで累計一五〇〇両以上を借り、未返済残高が一〇〇〇両を超える状況でした。大坂目付の職務のために借金が増大したようです（野本禎司『近世旗本領主支配と家臣団』）。公金貸付とは幕府の関係機関による融資で、幕府勘定所の外郭機関である馬喰町貸付役所や日光奉行所役所などによる貸付金が代表格です。ほかに、幕府の許可を受けて全国各地の大寺社が行う金融（寺社名目金）もありました。牧野家では紀州熊野山の貸し付けも受けています。借りた金はもちろん返済しなければなりません。そうした場合、知行所村々に御用金を賦課して凌ぐのが常套手段ですが、それによって旗本と知行所の関係がギクシャクしてしまうことは避けられませんでした。

何らかの事情があって五〇両、一〇〇両という大口のお金を借りるには、公金貸付や寺社名目金に頼らざるを得ません。一方、日常的な金欠を凌ぐために少額を借りるという場合は、知行所の有力百姓に頼って借りるほか、江戸の知り合いの商人から借りる、家臣の伝手を頼って借り出すということが行われていたようです。

【表6】は、旗本保々《ほぼ》家（家禄八〇〇石、実高一一八八石）の安政七年（一八六〇）段階における借財状況をまとめたものです。旗本保々家の知行所四ヵ村の一つである上野国勢多《せた》郡津久田《つくだ》村（現、群馬

【表6】旗本保々家の借財先

貸人住所	名前	金額
神田お玉ヶ池　早染店向	中根文頭	金10両（土蔵引当借用）／金10両（時借）／金10両（年賦金）
小川町今川小路 佐藤十兵衛様内	平沢勾当	金15両／金３両
牛込神楽坂　上わら店	川主市	金２両
小舟町弐丁目 川島屋金五郎	岸岡検校	金55両／金30両／金５両／ほか
神田鍛冶町壱丁目	萬屋善兵衛	金41両／金20両／金13両／ほか
小川町	大岡靭負様	金10両
本所南割下水 松前三郎兵衛様御一所	松前伊織様	金10両
麴町拾丁目	柏屋源四郎	金15両〈利金３分〉
小川町　堀田弾正様御内	清水孫兵衛	金10両
目白台　御徒士組屋敷	古橋周作	金９両
青山渋谷	長谷寺	金４両２分
御侍　父	中野吉蔵	金15両
天神裏門前町	魚家長吾	金５両１分１朱
上州溝呂木村	伊左衛門	金200両
上州津久田村	半右衛門	金100両
上州津久田村	（池田）権兵衛	金100両
御向	秋山内蔵助様	金３両
	御部屋　母	金１両
	大工太吉	金１両１分
	井戸替人	金１分２朱
天神裏門	桶屋	金１分２朱
	縮屋	金３分３朱
和泉橋通おかち町	益城良斎	（薬礼）
	羽鳥嘉藤次	金50両
	常陸屋平吉	５両２分
	郡代御貸附所	金100両／金60両／金31両２分／金５両２分
	日光御貸附所	金65両
	駿府御貸附所	金39両

典拠：「御地頭所　御借財金高調幷返済方覚帳」（群馬県立文書館所蔵県史収集複製資料、勢多郡赤城村津久田池田元明家文書）

県渋川市赤城町）の池田権兵衛は、割元役や御勝手御賄方に任じられ、保々家の財政状況を監督していました。保々家の家臣に管理能力がなく、そのしわ寄せが知行所村々へ来るのに耐え兼ね、嘉永期（一八四八〜五四）以降においては、権兵衛が消極的ながらも保々家の財務に関わるようになります。そのため、池田家文書には、保々家の家計に関する各種の帳面が残っているのです。

「御地頭所　御借財金高調幷返済方覚帳」は、継続的に使用された管理簿であるため、合計いくらの借用金があったのかを把握することは困難なのですが、どのような所からお金を借りているのかが具体的にわかります。先述の牧野家と同じく、何十両もの大口のお金は馬喰町貸付役所など幕府の公金貸付を受けていたり、知行所の有力百姓から借り受けています。なお、知行所の百姓から借りると言っても、農村の百姓に一〇〇両、二〇〇両を貸せるほどの資金力があるはずはなく、彼らも借りたお金をかき集めて保々家に貸しているのです。上州妙義山《みょうぎさん》（山岳信仰の霊地で、波己曽社や別当の石塔寺がありました。現、群馬県富岡市）の寺社名目金を借りた年もあります。旗本家の既存の借金に利息が加算され、さらに財政が悪化すると面倒になるので、知行所村々が借財を引き受けざるを得ません。その利息が高い借金とは、江戸の座頭《ざとう》官金などです。保々家では、盲人が行う金融にしばしば頼っていました。名前に「勾当《こうとう》」「検校《けんぎょう》」や「〇市」とあるのは皆、盲人です。特に、小舟町に住む岸岡検校からは相当額を借りていることが判明します。もちろん一般的な商人からも借りており、神田鍛冶町の万屋善兵衛、麴町十丁目の柏屋源四郎などの名が見えます。

そのほかに、意外と武士から借りることが多いことに気づきます。大岡靭負（旗本、三〇〇俵）や松前伊織（旗本、五〇〇石）などの名前が出てきますが、彼らは親類筋なのかもしれません。また、手元金が足りない時に駆け込むのは屋敷周辺の人物だったようです。保々家の屋敷は湯島天神近くにありましたが、天神裏門の桶屋や縮屋と一両未満の貸借関係があるのは、注文商品の代金支払いを滞納している可能性もありますが、当座の借用金だったかもしれません。また、「御向」の秋山内蔵助とはまさに、保々家の真向かいの屋敷の主《あるじ》で、御家人と推察されます。向かいの屋敷から金を無心されるのでは、容易に断れなかったのではないでしょうか。

知行所村々による旗本財政の管理

本来ならば、旗本の家臣が知行所村々の年貢・諸役の納入を管理し、納入させた米金を適切に使用していく主体となるべきですが、江戸時代中期以降は家臣の人材に事欠くようになり、旗本家から経理能力が失われていきます。そのため、知行所の名主・庄屋を務めている有力者を在地代官などに任命して、知行所の行政全般から年貢・諸役収納までを請け負わせるようになっていきました。この点は、第四章で触れた通りです。在地代官は、旗本の家臣格かつ武士身分で職務に従事することになるので、デメリットもあります。そこで身分的特権性を抑えるために、代官ではなく在役や勝手賄といった役名にする場合もありました。代官・在役・勝手賄は、それぞれ付与される権限や地域的分布に相違があります。

では、旗本保々家と津久田村池田家の関係はどうだったのでしょうか（以下は勢多郡赤城村津久田池田元明家文書による。群馬県立文書館所蔵群馬県史収集複製資料)。

旗本保々家の家禄は八〇〇石ですが、実際には一一八八石の知行所が与えられていました。表高と実際の知行所の石高に差があることは珍しくありません。この点で言えば保々家は恵まれているほうなのに、財政は火の車に陥っていたのです。知行所は上野国の三ヵ村と武蔵国の一ヵ村に分かれていたので、村数がまとまっている上州知行所のほうの勢多郡津久田村の池田権兵衛が割元役や御勝手御賄方に任じられ、知行所年貢の全般的な目配りを求められていました。そして嘉永期以降は、保々家の財政について監督を行うようになったわけです。しかし状況は好転せず、文久二年(一八六二)には、埼玉郡(上)三ツ俣村(現、埼玉県加須市)の永野市郎右衛門と津久田村の池田権兵衛とで隔月で出府し、御勝手御賄方を務めるよう保々家から要請されるに至ります。これはいわば、屋敷詰めの家臣ではもはや会計管理ができないという降参宣言です。その頃には借財の返済が追いつかず、屋敷に借金取りが「日夜催促人立入」という危機的状況になっていました。

旗本保々家は知行所村々との間に何度も議定書を交わして財政改善に取り組んだものの、借財は一向に減りませんでした。知行所の百姓たちは「出精する詮がない」とすでに諦めモードであり、池田権兵衛も同意見で、「この上何を仰せ付けられても、私たちから百姓に対し、借財金の払方や先納金・上金を申し付けることはできません。これまで通りでは、所詮、御家法が立たない(財政健全化は見込めないとの意ヵ)と恐れながら存じています。ですから、格外の質素倹約を願い上げたいのです。それが実現したなら、来春に私たちを呼び出して、勝手方の御役目等を申し付けてください」と書面で述べるほどでした。保々家の側が誠意を示さない限り、引き続いての協力はできないという条件提示です。この文書に対し、主人の保々継太郎は「書面の趣聞き届け、尤もの事に候、承知承り届け候」と返答するよりほかありませんでした。

知行所側から厳しい声を上げられ、反省するよりほかないはずの保々家ですが、家の管理体制は完全に崩壊しており、幕末まで混乱が続くことになります。慶応三年（一八六七）には「御屋敷御改革連印帳」が作成され、財政改革を行うことが再度取り決められます。そのきっかけは、用人（「御用役」）酒井多十郎の横暴でした。保々家では元治元年（一八六四）に家督相続があり、慶応三年段階では二三歳の若い当主になっていました。当時は年齢にサバを読むことが普通でしたから、本当はもっと若年だったのでしょう。前殿様の死去後に入り込んで屋敷の財政方を担当するようになった酒井は、知行所に対して私欲横領の行為を重ね、それに我慢がならなくなった知行所村々は連携して、酒井の召し放ちを要求するに至ったのです。運営困難に至った旗本家には問題ある渡り用人しか寄りつかず、仕方なくそういった人物を採用するも、知行所に対して悪行を働くという負のローテーションが生じてしまう典型例です。こうした事例も枚挙にいとまがありませんでした。

借金を抱えたからといって、すべての旗本家が知行所との間で困難な関係になってしまうわけではありませんが、少しの驕りと油断によって、立ちどころに泥沼に転落するかもしれない危うい立場にあったことは間違いありません。

旗本の生活費

幕末期には、どの旗本家においても財政状況が悪化していました。借金に借金を積み重ね、利息返済ですら滞るようになれば、そのしわ寄せが知行所の村々に来るので、百姓らは次第に我慢がならなくなっていくわけです。そこで、旗本家の生活細部にも及ぶ厳しい倹約を要求する財政改革案が知行所の村側によって作成され、突き付けられるケースも出てきます。また、年間の予算計画書を立てて、その予算にあたる金額だけを知行所から江戸の旗本屋敷へ送金するという工夫も行われるようになります。毎月、送金した金額の範囲で暮らすようにさせ、浪費しないように制限したのです。本来なら、年間予定収入（知行所の年貢・諸役）を踏まえ、自らが支出計画を立てて、足りなくならないよう気をつけて使っていくべきなのですが、それすら実行できないという事実が露呈しています。

旗本山名家（家禄一〇〇〇石、表高家並寄合《おもてこうけなみよりあい》）の事例では、知行所の百姓が賄金を対象月の前月二五日までに江戸屋敷へ納め、一一月一五日までには毎年の総勘定を取り調べ、帳面を作成すると規定されています。会計年度は、一一月から翌年の一〇月までだったことになります（芦田伸一「旗本の知行所支配と用人」。山名家の事例は同論文によります）。

旗本山名家に関しても家計管理を知行所の百姓側が握っていたために、村側に旗本家の会計文書が残りました。文化九年（一八一二）「年中御仕方帳」（江戸屋敷の予算書）の情報をもとに計算すると、年間の総支出予定額が金一七七両（飯米分四四石を除く）で、その内訳は、給金・小遣が総支出の二一%、生活費は二九%、旗本役料が二九%、祝儀・付届が二〇%、借財返済が一%（これ以外にも別会計にて、借財返済のための金子が確保されているはずです）を占めていることが判明します。役料は寄合金（無役の旗本が幕府に納入する金）を指すと思われますが、それが家計を圧迫していることがわかります。また、祝儀・付届に要する金額も相当な割合です。当時の山名家の家族構成は、殿様・奥方・若殿・孝次郎・お美和・お益・お定・銀之丞・隼之丞の九人に、「隠居」一人、ほか家臣は二人、足軽とみられる無苗字家臣が二人、中間三人、奥女中は四人という構成でした。やはり士分の家臣を最低限度の人数に抑えることが支出削減には一番手っ取り早かったと推測され、このような家臣団構成になっています。

旗本保々家に対しても、借金を返済する分のお金を確保するために、知行所側から屋敷内での年間生活予算が示されています。安政五年（一八五八）「御仕法行届候様之書」における計算では、殿様ほか家族や家臣、屋敷の諸経費一切を切り詰めたうえで総計して金一六五両と見積もっています。年代が異なる別の関係史料に拠るため数字が若干違いますが、内訳は【表7】の通りです。それに対して収入は、物成米が約一六〇石、うち七〇石余を飯米・給米分として引き、残米が八九石余。それを換金して一二〇両になります。年貢金一四一両余、その他と合わせて全収入金を金二六八両一分と予定します。そこから「年中御物入一六五両」を引いて、一〇三両余が借財返済に充てられる金額としていました。

こうして示された年間予算の金一六五両が、標準と比べてどうなのかを確認してみましょう。前掲『経済随筆』中で示されている家禄一〇〇〇石の旗本の生活費モデルと比較してみると、著者の橋本喜八郎は、一〇〇〇石の家柄なら金二四六両（と米一八〇俵）の年間予算が確保できるとみています。保々家の場合、一〇三両を借財返済に充てるために予算一六五両に抑えているだけであり、収入自体は二六八両程度見込めるわけです。橋本の掲げる数字とほぼ合致しています。よって、やはり家格からすると厳しい支出削減を求められていることになります。支出額のどれがモデルと違うかを比較し

【表7】旗本保々家の年間予算規定

人件費（給金）	用人（七両）、中小姓（四両）、若様付小侍（二両二分）、御膳焚中働（三両二分）、腰元（六両二分）、御守小女（一両二分）、中間（三両／二両三分）	（三〇両三分）
食費・雑貨	水油（一分二朱）、蠟燭（二朱）、醬油（一分一朱）、味噌（一分）、汁の実（一朱）、酒（一両二朱）、御菜（一両二分）、若様御小使（一分）、侍女中菜（二朱）、紙類・茶その外（二分二朱）	〆（月）金四両。年中にて五七両。
飯米	一日あたり四升五合（上三人・下九人分）／二人扶持（二人分。用人・中小姓）／御客様・日雇分	（月）白米五俵
薪炭	冬：炭一両・薪二分、夏：炭二分・薪二分	（年）一五両
年中御入用	衣服料（一五両）、盆入用・薬礼その外（五両）、暮入用（五両）、附届御入用七月十二月（七両二分）、五節句（二両ずつ一〇両）	（年）四二両二分
辻番所		（年）二両一分余
臨時入用見込高	臨時物年中見込（一〇両）	一〇両
合計		金一五七両二分余（＋米六〇俵）

典拠：文久二年「年中御入用取調定帳」（群馬県文書館所蔵県史収集複製資料、勢多郡赤城村津久田池田元明家文書）

てみると、圧倒的に人件費で、橋本のモデルは七八両、それに対して保々家では三〇両余です。保々家の家臣数や構成を橋本のモデルと照らし合わせると、家禄五〇〇石の旗本と同程度になります。つまり、五〇〇石の旗本の家臣団で我慢しなさいということなのです。また、保々家のプランには馬飼費がなく、経費がかかる馬の飼育を諦めさせたことがわかります。なお、日々の食費や慶弔・交際関係費用は橋本のモデルとせいぜい二割程度の違いしかなく、切り詰めるのが難しいというのが現実だったのでしょう。

なお旗本家では、殿様だからといって自由に米金を使えたわけではありませんでした。勘定方担当の家臣が機能しているのであれば、その家臣が厳重に管理したはずです。金森家のような上層旗本でも月あたりの経費が決められており、殿様と奥方様の賄料は月あたり金三両、小遣い（個人的な用途に使えるお金）は殿様が金一両、奥方様が金一分二朱で、毎月、定額が渡されていました。

油・薪炭の使用と経費

旗本屋敷における光熱費の使用状況は、どうだったのでしょうか。当時における油の用途は、ほとんどが照明です。油・薪炭共に日の短い冬季は使用量が多く、夏季は少なくなるものの、屋敷内は広いため、馬鹿にならない金額がかかりました。最大限の倹約をしなくてはならなかった保々家でさえ、薪炭だけで年一五両を見込んでいます。

旗本金森家では、屋敷のブロックごとに油の管理担当者が定められており、月あたりの使用量も決められていました。奥向（このケースでは殿様・家族の生活空間を指しています）は御次女中の担当（「預り」）となっており、居間・御次・御仏前雪洞《ぼんぼり》の三ヵ所に明かりがあって、使用量は正月なら三升、六月なら一升五合という具合でした。油は近隣の越後屋から通い樽で購入し、大納戸方の役人が費用を支払います。同様に茶之間は御末の預り、御表は御坊主の預りになっていました。炭も同じ方式です。屋敷内で炭を使う場所は限られ、奥と茶之間の炬燵《こたつ》・火鉢、御呂《ろう》（爐）之間（湯を沸かすための炉を切っている場所）だけでした。そうした消耗品の経費について、予算より節約できたならば褒美が下されるという決まりもあり、奥女中のやる気を引き出す策として採用されていました。

旗本家の生活スタイルにまで知行所村々が口を出す

知行所村々の側が旗本家の財政管理にあたる場合、支出を抑えるために、生活上の留意点についての要請を行うこともよく見られました。形としては「要請」としていますが、実質的には「規定」として突き付けられたのです。

旗本保々家は、先述したように知行所側から家政向きの改革を迫られ、文久二年（一八六二）三月には、保々家の地頭役所を差出人とし、当主の保々継太郎が裏書をして、知行所村々を宛所とする議定書を作成しました。改革の誓いを立てざるを得ないほどに追い込まれていたのです。何度要求しても改善が進まない保々家に対して、突き上げを強めていく知行所村々が、実質的には下案を提示して作成させたと推測されるこの文久二年の議定書には、屋敷内で旗本や家臣がどのような生活をすべきかを示した部分もあります。①朝六つ時（朝六時頃）に御目覚すること。夜五つ半時（夜九時頃）に御寝詰すること。家来はそれぞれ半時早く起き、半時後に寝臥すること。②御膳は一汁一菜にすること。③家来は、用人・中小姓・腰元が各二人。中間は二人のみとすること。④座敷向きの掃除は小姓役、御庭向きは中間がすること、などです。早く寝るようにというのは灯油代の節約のためでしょうし、すべて経費節約に関する指示です。

旗本山名家に対しても同様に、厳しい倹約を要求する改革案が知行所の村側主導のもとで作成されました。それにも、冗費倹約に関する一般的な事項以外に、特別な日以外は米は朝一度に炊くこと、表門の出入りは夜五つ時（夜八時）までにして奥も早く休むこと、入浴は月に六回にして時間を空けずに入ることなど、燃料費の節約に繫がると思われる事細かな点が定められています。効果は限定されるでしょうが、容易に節約できる経費がもはや食費や燃料費しかなく、また、旗本家に対して責任と覚悟を示してもらうために、このような規定が突き付けられたのでしょう。

なお、知行所側から財政面の監督を受けていたすべての旗本が、このような踏み込んだ生活上の指示まで受けていたのではありません。経済的な感覚を持ち合わせている百姓・商人に、いわばアドバイザーとして財政管理に参画してもらうというような形もあり得ました。もちろん、財政面を用人・給人の家臣でしっかりと管理できていた家もあります。旗本三嶋家や金森家では、財政面の余裕こそありませんでしたが、知行所側に主導権を握られるというほどにはなっていません。旗本家は小規模な経営体、小さな会社のようなものです。「資本」も「収益」も規模が小さいからこそ、ちょっとした選択や心構えの違いが運命の分かれ道となりました。三嶋家の場合、政堅《まさかた》期には危険レベルに入りつつありましたが、養子政養が軌道修正を行ったことにより踏みとどまったことも、そうした側面を示しています。

第六章　楽しくも辛きかな――旗本屋敷での日々

第一節　食の世界

毎日の食の記録を付ける旗本

旗本本人が記した日記のスタイルは実に様々です。日記は、公用日記（その段階で務めていた役職に関わる事項を留めた日記）と私日記に大きく分けられますが、両者の境界は曖昧で、公用日記でありながらプライベートの事柄が書き込まれることもありました。天保一四年（一八四三）からその翌年まで大坂町奉行を務めた久須美祐明《くすみすけあきら》は、公用日記に、毎日食べた三食の料理を書き留めていたという人物です。

久須美祐明の父祐光《すけてる》は家禄一〇〇俵の御家人でしたが、幕府の財政部門（勘定奉行所系統の組織）で昇進して旗本になっています。その子である祐明も出世街道を歩み、佐渡奉行、大坂町奉行、勘定奉行を歴任するほどになるのです。大坂町奉行の場合、奉行所の役所建物に隣接する役宅、つまり官舎で生活することになるので、食事も公的性格を帯びることにはなるとは思いますが、毎日三食、食べたものがすべて記されているのを見ると、この人物は単に食へのこだわりが強い、「食いしん坊」だったのではないかと感じずにいられません。久須美祐明は、年少時から旗本の若殿として暮らしてきたのではありません。父がなした土台と自身の努力により、遠国奉行まで昇進しました。遠国奉行に就任すれば当然、各地で山海の美味を味わう機会が増えたことでしょう。幼少時と大人になってからでは、彼の食をめぐる環境は激変したと言えます。前々職は佐渡奉行でしたが、赴任先の佐渡で「世の中にこれほど素晴らしい山海の美味があるとは」と気づいてしまったのかもしれません。かくして、祐明は「食いしん坊」になったと推測するのですが、いかがでしょうか。

　久須美は大坂町奉行に任命され、江戸から大坂へ向けて中山道を旅している時にも日記を書いていました。実のところ大坂到着以前から、朝昼晩の三食に食べたものを細かく記録していたわけです。その日記中に、うなぎを食べた話が出てきます。信州諏訪にて、大名諏訪因幡守から見舞いとしてうなぎが届けられます。その届け方が圧巻で、「うなぎを十本、長キままさき候て肴台えならべこれ有り、いまだうごき候もこれ有り」という具合です。うなぎの進呈は定例のことでしたが、同役の跡部《あとべ》能登守が通行した際には御精進日（歴代将軍の命日などでしょう）だったので、うなぎの代わりに干瓢《かんぴょう》を贈られています。品は違えど受納した旨の書留を前に見ていたので、久須美はうなぎを受納し、早速焼かせます。夕食に酒を飲みながら食べることになるのですが、その感想は以下の通りです。「うなぎは相応なれども焼方宜しからず、長キ儘《まま》焼き候て跡にて切り候様子、漸く壱寸五分計りに切り、串一本ずつさしこれ有り、然れども珍しきなり、好物に付き余の品は用いず、うなぎにて一壺を過ごす、正一郎も十分に喰い、残りは近習え遣わす」。焼き方が良くないと文句をつけた割には、珍しい供し方だと書き、好物だからほかのおかずは食べず、うなぎばかりを腹いっぱい食べ、酒を一壺飲み、食べきれない分は家臣らに食べさせたというわけです。一〇本のうなぎのうち、彼は果たして何本分を食べたのでしょう。羨ましい限りです。旅は進み、三日後には美濃中津川《なかつがわ》宿へ到着します。本陣の市岡長右衛門方へ止宿しますが、本陣の向かいにうなぎ屋があると供の丈助が教えてくれたので、久須美は金二朱分のうなぎを注文して焼かせました。「できあがったうなぎは、三日前に諏訪で食べたのより良いほうだが、焼き方は同様である、しかし好物なので、酒の肴に用い、また酒を一壺以上飲んでしまった」とあります。中山道の道中では、好物のうなぎを三度（諏訪の前に上州坂本宿でも食べていました）も食したことがよほどうれしかったようで、「天より給り候哉」と一笑したとあります。

大坂へ到着してからもグルメぶりは変わりません。祐明は毎日の公用日記の冒頭に、その日の食事メニューを、ほぼ毎日欠落なしに記していきます。だからといって毎日ご馳走が出たわけではなく、日常の食事は質素でした。おかずは季節の野菜と豆腐が基本で、朝食は汁もの（味噌汁）とご飯の組み合わせが多く、夕食は魚・肉・玉子が入り、酒も少量つけるという構成になっています。なお、現在と違う点を挙げるなら、飯を毎回三、四杯も食べているということでしょうか。質素ながら、久須美は「天下の台所」たる豊かな大坂の食材に接し、食を満喫していたに違いありません。久須美の食道楽ぶりは、翻刻されている『大坂西町奉行久須美祐明日記』（藪田貫編、清文堂出版、二〇一六年）

を読めば、あんぐりとなるほど実感することができます。

旗本家における食品の贈答

第三章で述べたように、旗本には同族の家があるのが一般的であり、かつ姻戚関係で繋がる家についても、両敬の関係を結んで何代かにわたって家同士の交際を続けるものでした。そのほか、役職上の上司や同僚にあたる旗本、屋敷の隣近所の旗本家などもあります。こうした家々と友好的な関係を維持するために、冠婚葬祭や節供等の際には、様々な品物を贈り合っていました。現在に続く御中元や御歳暮の習慣にその名残が見られるように、こうした贈答品は食品を主体としていました。

旗本自身が記した日記は多種多様だと先ほど書きましたが、旗本竹垣直清《たけがきなおきよ》の日記は、とにかく贈答品に関する記録を漏らさずに書き留めていくタイプの日記でした。彼の文化一三年（一八一六）の日記が残されています（寺田登校訂『江戸幕府代官竹垣直清日記』、新人物往来社、一九八八年）。竹垣は当時、代官に就任していましたが、管轄地域が関東地方（安房・上総・下総・常陸・下野国の幕領を担当）のため、現地の陣屋には赴任せず、江戸にある自分の屋敷にいて万事の指図をしていました。実は、竹垣は書画骨董収集を趣味とするのが高じて、品物の取引・仲介業をサブワークにもしていました。そのため交友関係が広く、当時権勢を振るっていた御側御用取次や大名との接点もあったことが日記からわかります。ゆえに、贈答品のやり取りも想像を超える頻度です。暑中見舞いの贈答の時期である六月下旬（現在の暦で八月上旬）を見ると、毎日、これほどの品物が行き交っていたのかと驚くほどです。暑中見舞いでは同僚の代官や親戚の家とのやりとりが多いですが、出入町人からの贈答品もあります。江戸では魚介類が手に入りやすいからでしょう、品物に生魚がよく選ばれているのは現在と異なる点です。夏季なので、鮑《あわび》・コチ・鱸《すずき》・鮎《あゆ》・ヒラメ・イナダ等が贈られています。もちろん菓子も多く、カステラ、羊羹《ようかん》、落雁《らくがん》、饅頭などが見えます。竹垣家では、贈答品にしたり客へ振る舞うために、特定の食品を大量に注文することがありました。それを一包ずつに分けて、贈っていったのです。

武家の贈答文化は経済的負担が大きいものでした。その対策としてか、戴いた品物を他家へ回すようなことが頻繁に行われていました。竹垣直清の日記を丁寧に追っていると、数日前に他家から贈られた品物が、自分の家からの贈答品として使われているのを発見できます。例えば、六月二六日に木村定次郎という人物から暑中見舞いとして干菓子をもらい、その翌々日の二八日には河野八郎次へ朦《もう》中《ちゅう》見舞いとして干菓子を贈っています。朦中見舞いとは、亡くなった人があって喪中の家へ贈る見舞いの品です。干菓子が、めでたい図柄を象《かたど》ったものではないことを確認して包み直したのではないでしょうか。また、七月四日に忠左衛門という人物から暑中見舞いとして鰹・コチ・鱸を一尾ずつもらい、同日、島田帯刀から駒込茄子一二個をもらった翌五日、竹垣が松島条太夫という人物に贈った暑中見舞いの内容が、鱸の切り身と越後味噌、駒込茄子でした。越後味噌以外は、戴き物の一部を渡しているはずです。夏季に、魚介類まで「再利用」するのは、他人事ながら心配になります。また、受納した食品を家族で食べてしまうことはせず、親戚に届けたり、客に振る舞ったりなどして利用してもいました。当時の人々も無駄が多いとは感じつつ、やめたり省略することができなかったのが贈答の習慣だったのではないでしょうか。江戸城ではまさに時を同じくして、大名から将軍へ領地の名産品が献上されており、それは、将軍に対して忠誠を示す行為の一環と認識されていました。よって、旗本だけが変わるということはあり得なかったのです。

奥向で消費した日用品の買物記録

先ほど触れたように、上州津久田村の池田権兵衛は、旗本保々家の財政状況を監督するために多種多様の帳簿を作成・保管していました。「御奥買物控之帳」（慶応三年〔一八六七〕一一月）もその一冊です。「御奥」なので、旗本家族が私生活を送るために購入した品物について書き留められた記録です。月単位でまとめられたようで、本史料は一一月のひと月を対象としています。

具体的に何を買っているのでしょうか。海産物類では、魚・かつふふし（鰹節）・鮭・このしろ・塩引・数の子・浅草のり・さしみ、野菜・果物類では、菜之物・にんじん・れんこん・ぎんなん・小松菜・ねぎ・さつま（サツマイモ）・くわひ（慈姑）・きのこ・かき（柿）・きんかん・蜜柑などが購入されています。当たり前ですが、旬の品を中心に購入されていることがわかります。ほかに、茶・とうふ・油揚げ・かまぼこ・玉子・そば・うどん粉・甘味噌・味醂・御神酒などが買われ、消費されています。経済的に厳しいにもかかわらず、白砂糖・御菓子・大福餅といった甘味類を購入しているのは、旗本家ならではの事情がありそうです。鳥（雁・鴨）の購入があったのも同様でしょう。

食品以外の雑貨では、日常生活に必要な、半紙・ちり紙・安息香《あんそくこう》（線香のことヵ）・花・墨筆・小ようじ・はみがき・水油・小蠟燭・灯明かわらけ（灯明皿）・下駄・水引・手拭・鬢《びん》付けすき油のほか、衣服の作り替えや繕い物に必要な真綿・絹糸・木綿糸・あさ（麻）・小袖綿・真岡木綿・さらしなども購入されています。嗜好品としての煙草、子供に与えたと思われるおもちゃの鳥一羽・ちよ紙、早めに準備した来年分の柱暦なども見えます。

何を食べ、何を使っていたのかがわかると、旗本家の生活の様子がイメージしやすくなるのではないでしょうか。

旗本屋敷の「自家製」食品

日常的に口にする食品の多くを出入の商人から買い求めていたのは間違いないのですが、保存食については自家製していた点も旗本屋敷の生活の興味深いところです。敷地は広いので、空き地を耕して野菜を植えたりもできますが、身分の低い御家人と違って、そこまではしていなかったようです。客が来ても恥ずかしくないよう、表書院や奥客間から見える場所には、たとえ手入れが行き届いていなくても、築山や池を設け、庭木を植えておくものでした。旗本三嶋家の屋敷図に示されていた通りです（58・59頁の【図8】参照）。建物から離れている空き地も、畑にはせず、様々な草花を植えて楽しんでいました。風流人としての見栄を張ることができるくらいの生活の余裕はあったということになるでしょう。格調の高さが必要とされる庭に植えられた松の木は、姿を愛でる以外に使いようがありませんが、梅は万能選手です。梅の花は美しく、香りもよく、早春の庭を気品高く彩ってくれるだけでなく、梅の実という実用ももたらしてくれました。旗本屋敷の多くでは、一年に消費する梅干しを自家製します。そういう目で見てみると、三嶋家に植えられている梅の木の数が何とも多い理由がわかります。三嶋家の屋敷図に書き添えられている庭木の種類を確かめると、梅、柿、花梨《かりん》など実用の木が多いことに気づきます。薬湯などにして民間療法の材料として使うことのできるコノテガシワ（児の手柏）も植えられています。植えられた植物の一つ一つに目的があったのかもしれません。

さて、梅干し作りです。家臣も奥女中も総動員で、梅干し作りが行われました。旗本彦坂家では五月朔日に庭前の梅の種（実）を落とし、塩漬けにしています。その頃に青梅を収穫し、一ヵ月以上漬けたあと、梅雨明けの時期に土用干しの作業を行いました。旗本金森家では六月の梅の詰め替えの時に、奥方様から「勤番」の者へ梅干しが分け与えられています。詰め替えとはおそらく、去年作った梅干しが入った桶を綺麗にあけて、新しい今年の梅干しを入れることを指しているのではないかと思われます。「勤番」の者ということは、知行所がある越前国からやって来た家臣であり、男性のみで暮らしている可能性が高いわけです。毎日の食事の用意に苦労している家臣への配慮であると共に、日常的な労をねぎらう意味があるのでしょう。梅干しは、主たる目的としては旗本とその家族たちの食卓に添えるために作るわけですが、このように、家臣に分け与える分も必要ですし、屋敷に住み込んで働いている奥女中らの食卓にも供したと考えられます。よって大量に必要だったのです。大量に消費されるという点では大名屋敷も同じですが、大名屋敷は人が多すぎて、皆で分かち合うのは不可能です。それに対して旗本屋敷では、屋敷に住む者が分け合える量を確保できるよう見越して梅の木を植え、皆が協力して梅干しを作ったのです。旗本屋敷だからこそ、毎年恒例の梅干し作りが成り立っていたと言えるでしょう。なお、敷地内の長屋に住まっている家臣は、独身でも家族同居でもそれぞれ自炊するのが基本で、各自で食事を用意することになりますが、梅干しでわかるように、御殿（旗本家族）の食と長屋（旗本家臣）の食の世界は、緩やかに繋がっていました。

梅干しのほかにも、一年の間に旗本の家族そのほかが消費する保存食が季節ごとに作られていました。何でも出入町人から購入するというものではなかったのです。旗本金森家では定例として、九月には大根の糠漬けを二〇〇本分作ります。大根の葉も無駄にせず、葉だけの糠漬けにしました。一〇月にはさらに沢庵漬けを一三樽と、三河島菜の漬物も一樽仕込みました。桂川家には梅干し・沢庵・味噌漬けが常にあったとあります。それらは大きな桶に入れて蔵に保管されており、少しずつ取り出して使ったとのことです。桂川家の漬物蔵は別棟の建物だったようですが、金森家の漬物桶は台所の一隅に置いてありました（54・55頁の【図7】に描き込まれています）。

旗本屋敷で日常に供される食事は、朝はご飯に味噌汁、昼は豆腐やおから、煮物が出る程度で、ごく質素なものだったと桂川家の娘みねは回想しています。こうした質素な食生活において重要な役どころとなったのが自家製の漬物類でした。ただし、殿様（主人）の食事は特別だったとも書いているので、先述した久須美祐明の「美食」も、本人だけが堪能した可能性が高いわけです。

ご飯に味噌汁、漬物を主体とする日々の食事は、町人や百姓と大して変わらないように見えます。

それでも旗本家では、贈答品として受け取った菓子などを食する機会もあり、庶民層とは一線を画していたと考えられます。

カステラは、先ほど紹介した竹垣直清の日記にも暑中見舞いとして受け取ったり贈ったりした記録が見られ、贈答品の定番でした。このカステラ、当時はレシピが流布していたようで、旗本家でも手作りされていました。例えば、旗本江川英龍《ひでたつ》（坦庵《たんなん》）の母久《ひさ》にはカステラを焼く趣味があったと記されています（橋本敬之『幕末の知られざる巨人　江川英龍』、同『江川家の至宝』）。久《ひさ》は、少年期の英龍を厳しく躾けると共に、彼の学びを手厚くサポートした人物です。英龍はその後、西洋式軍制の導入を進めていく中で、兵士が兵糧として携行するパンを試作し、広めようとしたことが知られていますが、母から作ってもらったカステラとその後のパン奨励は、もしかしたら繋がっていたのかもしれません。また、旗本彦坂氏の日記には、彦坂氏が多賀兵庫方へ兼ねてよりの約束として「手製かすていら」を土産として持参したとあります。検討の余地はありますが、素直に読めば、旗本本人またはその家族が作った「かすていら」です。もちろん、こうした手製のカステラは現在の長崎カステラのようなものではなく、素朴な、クッキーやホットケーキのようなものだった可能性が高いでしょう。旗本屋敷の食生活には、こうした西洋風の菓子も入り込んでいたのです。考えてみれば、節季の祝いの際には家臣も奥女中も総動員で柏餅やおはぎなどの餅菓子を作ることはしているのですから、レシピがわかり材料が手に入るのならば、彼らにとって何のことはないのかもしれません。

主従で分け合う食

江戸藩邸に勤番する藩士たちは、長屋で男性一人暮らしながら日々自炊して食を楽しんでおり、時に屋敷へ出入する商人から惣菜を買ったり、江戸市中へ出かけて買い食いを楽しんでいました。また、同じ長屋に暮らす者同士一緒にご飯を食べたり、当番制でご飯を作ったりなどの工夫をして食を豊かにしていました。旗本の家臣の食世界はそうした藩士とおおよそ共通していたと言えますが、少し違いもあります。江戸藩邸には勤番者が多数いるため、藩士同士の横の繋がりで料理をおすそ分けし合ったり、一緒に飲み食いをしたりすることになります。それに対して旗本屋敷の長屋は、世帯数が数戸から十数戸と少ないこともあり、横の繋がり、すなわち同僚同士の食べ物のやり取りにとどまらず、殿様やその家族と家臣の間で食べ物がやりとりされることが日常的にあったのです。梅干しに限った話ではないのです。

江戸城では、将軍が側仕えの者に対して、使用している日用品を下賜したり、御台所《みだいどころ》（正室）が奥女中に着物を与えたりすることがありました。非公式な場における授受であり、個人的・恩恵的なものではありますが、その行為に含み込まれている権威性は拭い去れません。それに対して、旗本屋敷内におけるやりとりは素朴です。殿様から臣下に対して下賜するといった身分序列に基づく行為というよりも、殿様による目配りや配慮といった行為に分類されます。身分制に添った主従関係と、温情的な関係が日常的に混在しているのが旗本の家組織の一種の特徴であると言えるのではないでしょうか。

旗本金森家の家臣中井大右衛門は、国許の越前国に家族を置いて、単身で江戸に来ていました（父子で一緒に江戸赴任している年もあります）。彼の日記を追っていくと、毎日のように同僚らと食べ物のやり取りをしているのがわかります。菜のごまあえ、煮豆、五目ずし、アサリの山椒煮、らっきょう漬け、笋《たけのこ》の煮つけと、季節ごとに旬の食材を調理したおかずを配り合っていました。同輩（大右衛門より格下）とみられる片岡弥兵衛からは、なんと手製の白味噌までもらっているのです。大右衛門によくおかずをくれる同僚（大右衛門と同じ用人）の稲垣勇は家族と同居しているので（家内が出産したとの記事があることから判明します。稲垣氏は譜代家臣の家筋ですが、江戸に家族を呼び寄せていたようです）、何かと気にかけてくれていたようです。

三月一四日には、同僚の伊達氏が塩干（潮干狩りのこと）に出かけ、アサリをどっさり獲ってきたので、アサリ汁をもらったとあります。宮川氏（御徒目付の宮川太吉ヵ）からもアサリをもらっているので、伊達氏と宮川氏が誘い合って潮干狩りに行ったのでしょう。行き先は、屋敷からほど近い芝の海岸あたりでしょうか（【図30】）。アサリは「奥」（金森家の奥向）にも届けられたようで、三日後、中井大右衛門は「奥」からもアサリ汁をもらっています。旗本の家臣が揃って潮干狩りに出かけ、獲ったアサリを、殿様の家族も、家臣も、皆が分け合って堪能する、それが旗本屋敷の食の世界なのです。

大右衛門は慶寿院様（亡八代近典の正室）から干大根の煮しめを頂戴するという機会もありました。別の日には「奥」から昆布の煮しめやムツの吸物をもらったので、代わりに「大坂漬け」（蕪《かぶら》の漬物

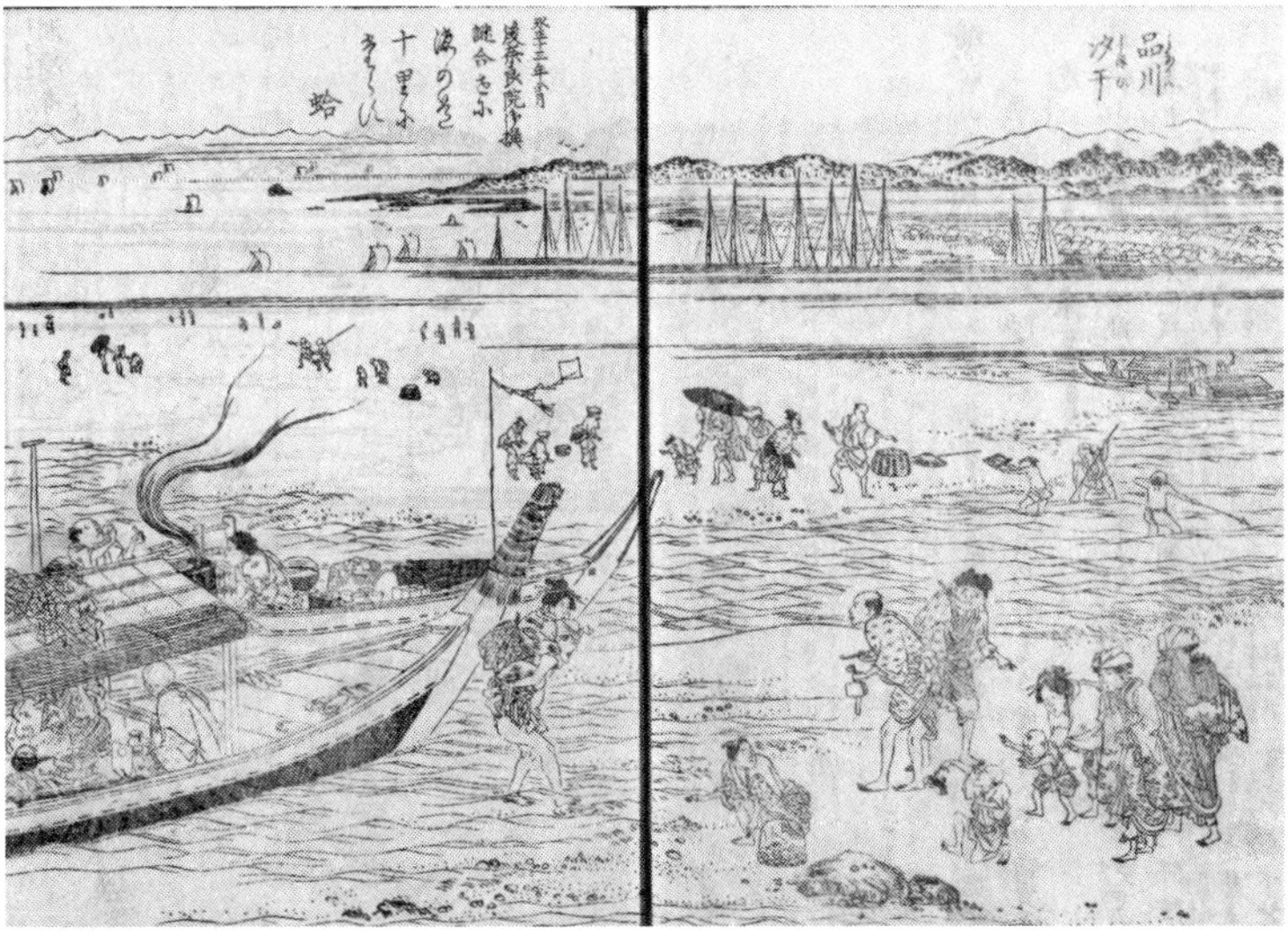

【図30】品川の浜辺での潮干狩り「品川汐干」（『江戸名所図会』巻七、国立国会図書館所蔵）

のようです）を差し上げています。三月のある日には、「奥」へ「御田《おでん》」を頂戴しに行ってます。そのお礼なのでしょうか、慶寿院様へ「新橋の煮豆」を一曲、差し上げました。これは買ってきたものでしょう。わざわざ「新橋の」と書いているところからすると、世間で評判の品なのかもしれません。食を通じた主従の交流は気さくなものです。文久三年（一八六三）には大名土井家の姫君が金森家に嫁してきますが、その新奥方様から中井大右衛門は、お茶の相手に呼ばれています。お茶の相手とは、茶飲み雑談の相手役か、あるいは茶の湯の客役かのどちらかでしょう。江戸城大奥や大名屋敷の奥では考えられないようなシーンです。

　中井大右衛門は、屋敷へ出入する町人からも様々な食べ物をもらっています。金森家出入の人宿《ひとやど》である越前屋要蔵からは正月の挨拶として海苔を、出入大工の五郎吉からはマグロの味噌漬けなどをもらっています。出入町人にとってみれば、殿様よりもこうした家政を取り仕切る家臣層と友好的な関係を保つことが重要ですから、大右衛門に届けられるのも当然です。二月には、井戸屋太兵衛からホウボウ（魴鮄）を二尾もらっています。しかし、自分で食べることはせず、「奥」へ一尾、伊達氏へ一尾を渡しています。あまりに立派なホウボウだったからでしょうか。それとも、あまりホウボウは好きではなかったからでしょうか。事情は不明ですが、さも役得であるかのようにもらい物を独り占めしていたのではないことはわかります。

旗本屋敷では、屋敷に住まう者が食べ物を分かち合っていたことを縷々示してきたわけですが、ここで飛び切りのエピソードを紹介しましょう。

旗本金森左京家の同族旗本である金森甚四郎家の家臣伊藤貢は、魚獲りが趣味だったようで、ある日、品川（鮫津〔鮫洲〕と記す箇所もあります）の漁師とみられる圓司（圓次郎）という人物に頼んで、網漁をしています。どのような網漁だったのかは記されていませんが、品川沖で、漁師の船をチャーターしてとなると、投網漁または簡単な曳き網漁ではないかと思われます。その成果はなんと魚六〇尾、内訳は一尺二寸（三五センチ）くらいの大物が四尾、七寸くらいの中物が二五尾、残りは六寸くらいの小物でした。この大量の魚の一部は、左京家の殿様や奥方様まで差し上げられただけでなく、土岐様（左京家当主金森近明《ちかあき》の実父、当時は金森家の厄介）や家臣一同、小姓部屋、徒士部屋、女中衆へも配られたのでした。翌年にも伊藤が催主となって網漁が行われています。この時には金森左京家の家臣田中平馬や中井大右衛門の忰鋑太郎も参加し、獲れた黒鯛・コノシロ・いな（鯔、ボラの幼魚）が、奥向や左京家の家臣中に配られました。

大名屋敷では、家臣がどのように日常を過ごそうと主君の生活とは関わってきませんし、主君は家臣の日常にさしたる関心もないはずです。ところが旗本屋敷では、家臣のレジャーが、殿様やその家族に食の楽しみをもたらしてくれ、ほかの家臣や奥女中もその恩恵にあずかれたのです（なお、足軽・中間といった武家奉公人層までは配られなかったようです）。それならば、家臣の遊びくらいは少し大目に見よう、という気にもなりましょう。財政規律さえ踏み外さなければ、旗本屋敷ではこのような心豊かな生活ぶりも可能でした。屋敷には長閑な空気が流れていたのです。

第二節　旗本の家族の娯楽

旗本屋敷に招かれた門付芸人

食に限らず、旗本の家族や家臣にとって楽しみと言えるシーンは様々ありました。旗本屋敷の年中行事には格式ばった決まりごとが多い一方で、楽しみの要素が膨らんでいったことは第五章で指摘した通りですが、門付芸人《かどづけ》の来訪もその一つと言えるでしょう。江戸では、正月と二月に猿回しの門付が家々を回ります。それは武家屋敷にも呼び込まれました。旗本金森家では「袷之口」と呼ばれる場所で、殿様と家族がご覧になっています。史料には「御簾を上げるも下げるのも好み次第」とあるので、きっと子供がいたなら御簾を上げて、間近で見たことでしょう。芸がひと通り済むと、猿にせんべいと銭を投げてやります。その猿の喰いかけせんべいは疱瘡《ほうそう》除けのまじないになるとして、屋敷側で取っておくこともありました。猿回しの者には改めて米銭や酒・料理を遣わします。なお、猿は馬の守り神のため、猿回しは帰りがけに馬屋に寄って札を置いていくことになっていました。一年に一度のこの機会は、祈りを目的にしていたとはいえ、娯楽的な要素もあったはずです。

ちなみに、金森家では万歳《まんざい》の門付は招かないことになっていたとあります。万歳も正月の奉祝芸で、特に三河万歳は、徳川家が三河国出身であることから保護されたのですが、金森家ではその昔、万歳を呼び入れた際に変事が発生したことがあったために、江戸でも国許でも、たとえ領分の百姓であっても万歳を舞うことは禁止されたとあります。このように、広く受け入れられている行事であっても、その家固有の事情によって禁止されるということもあるのです。旗本小笠原久左衛門方では、大澤仙太夫という者が正月に毎年やって来る万歳師だったとみられ、芸能者とも、出入町人に似た年々変わらぬ関係が築かれていました。

殿様・奥方様のお忍び寺院参詣

金森家一一代当主の近明は、文久三年（一八六三）七月二四日、家臣を連れて川崎大師へお忍びで出かけています（【図31】）。帰宅後、屋敷の者にお土産も下さったのでした。殿様の外出自体はよくあることだったでしょうが、八月九日に、今度は奥方様が川崎大師に参詣しています。殿様から聞い

【図31】大師河原大師堂（平間寺）（『江戸名所図会』巻七、国立国会図書館所蔵）

た土産話が楽しく、奥方様も行ってみたいという話になったのかもしれません。川崎大師は江戸御府内ではないので、参詣には届け出が必要なはずですが、それは面倒です。結局、奥方様もお忍びでのお出かけを決行しました。殿様は七つ時（夕方四時）に帰宅しているので、馬で行った可能性が高いでしょう（【図32】）。しかし、奥方様はそうはいきません。駕籠に乗らなければならないので帰宅時刻は五つ半時（夜九時）になってしまいました。余程楽しかったのか、八月二六日の午後にはにわかに目黒あたりへ行きたいとおっしゃり、男性家臣六人、女中八人を連れてお出かけになり、またしても五つ半時にご機嫌よくお帰りになったとあります。奥方様は大名の姫君の生まれでした。姫君でいる時はなかなか外出が叶わなかったでしょうが、旗本の奥方となれば足枷が少しは外れたはずです。

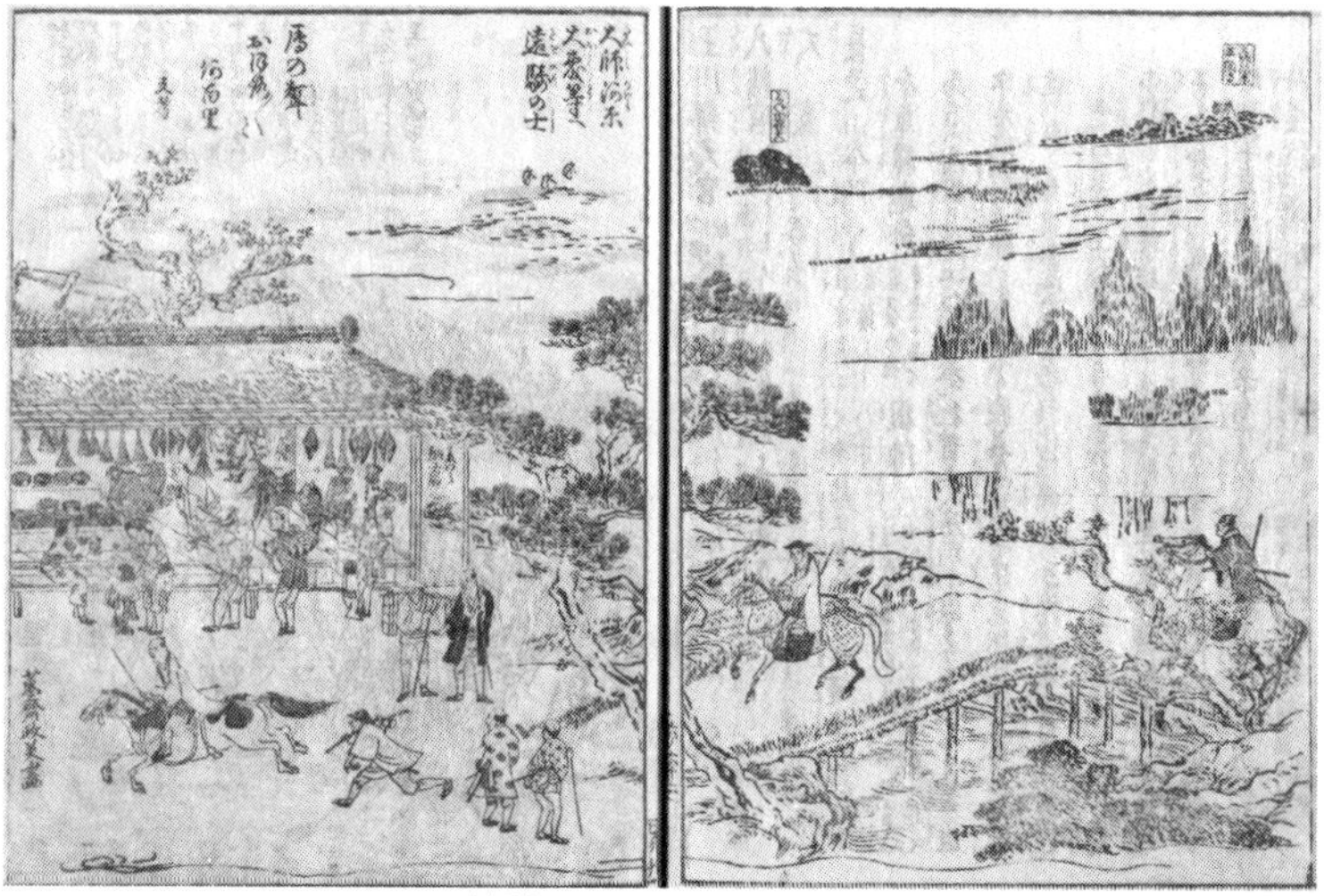

【図32】大師河原や大森まで遠騎《とおのり》をする武士たち（『東海道名所図会』巻之六、国立国会図書館所蔵）

なお、この奥方様は、里抜きが済めば、金森氏の陣屋がある越前国南条《なんじょう》郡白崎《しろさき》（現、福井県越前市白崎町）へ引っ越すことが決まっていました。それもあって、江戸は見納めと、奥方様は出かけたがったのかもしれませんし、殿様のほうもそれでお許しになったのでしょう。外出の楽しさに魅惑されてしまったのか、奥方様による名残の江戸見物は止まりません。九月一六日には浅草の「静願寺」（誓願寺のことヵ）に出かけます。お弁当を持って、汐留から舟をチャーターして行きました。奥方様が乗る舟とお供の舟とを雇い入れたので、合計金二分と銭一貫文もかかってしまいましたが、窮屈かつ路傍の光景がよく見えない駕籠と違って、舟路ならば思う存分、江戸の美しい光景を堪能できたことでしょう。

殿様の釣り趣味

一方、夫の金森近明は、その奥方様と結婚した文久三年（一八六三）頃から釣りにはまってしまったようで、たびたび出かけています。一〇月五日には圓次郎方に家臣が舟釣りの打ち合わせに赴きました。前節で、金森甚四郎家の家臣伊藤貢が圓次郎の舟で網漁をし、獲れた魚を皆で賞味した話を紹介しましたが、同じ圓次郎なので、金森家の家臣にとってはすっかり顔なじみです。金森近明は竿釣りのほうを好んだようで、打ち合わせの翌々七日に小舟をチャーターして釣りをしています。お供に家臣五人を連れたため舟は二艘、大ボラ・イナ・ハゼが釣れたとありますから、沿岸近くで釣ったのでしょう。殿様は同月二三日にも供を三人連れて釣りに出かけています。その翌日、中井大右衛門は、奥からハゼと大根の煮しめを頂戴しています。ハゼは殿様御手釣りの獲物に違いありません。同じ秋の頃、将軍が鷹狩で獲った鶴や雁は「御鷹の鳥」として大名に下賜され、大名は丁重な拝領儀礼にて受け取り、調理をさせて戴きました。鷹狩の獲物の拝領は、主従関係の深さを象徴的に示すと受け取られていました。それならば同様に、旗本の殿様が釣ったハゼは「御手竿のハゼ」となるでしょうか。大右衛門は、さぞかしありがたく受け取ったに違いありません。

なお、旗本が釣りを趣味とすることは珍しくなく、旗本彦坂家の惣領は家臣を連れて大川（隅田川）で釣りをしていますし、旗本江川英龍は伊豆の狩野川《かのがわ》での鮎釣りを趣味とし、江川文庫の収蔵品には英龍が製作したと伝わる毛鉤《けばり》もあります。

【表8】三嶋家のレジャーに関する記事

日にち	レジャーの内容	場所・誰
嘉永4年9月15日	神田祭見物	夏目邸にて。奥方・銈之丞
嘉永6年5月	長唄を楽しむ（杵屋彦四郎ほか）	夏目邸にて。奥方
嘉永7年10月16日	堀之内妙法寺（現、東京都杉並区）へ参詣その後、旗本有田方に宿泊	奥方
安政2年5月28日	両国川開き見物	奥方・銈之丞（家臣が供）
安政5年6月15日	（日枝）山王祭を見る	夏目方にて。奥方・銈之丞・兼之助。
安政6年5月25日	稲荷祭。子供神楽興行	三嶋屋敷内ヵ
万延元年3月27日	仏参の帰りに上野の花見 閏3月には夏目氏の屋敷の花見	
慶応3年6月15日	大川筋納涼	挙家

典拠：『旗本三嶋政養日記』

旗本三嶋家の奥方と子供たちのレジャー

男性らが釣りなどを楽しんでいる一方、旗本の奥方や子供たちは屋敷に閉じ込められた籠の鳥の状態に置かれていたのかと言えば、金森家の奥方の例を示したように、そうでもありません。花見などの遊山に出かける機会はあり、時に江戸郊外まで足を運んでいました。三嶋政養《まさきよ》日記から、政養本人だけでなく家族が一緒に楽しんだレジャーの記載をピックアップしてみたのが【表8】です。庶民のように毎年というわけにはいきませんが、江戸の代表的な祭礼や四季の風物を見物していたことがわかります（【図33】）。

興味深いのは、奥方や子供が政養の実家である夏目家へ行って、それらのイベントを楽しんでいる点です。政養は婿養子なので、嫁入りした夫人が実家で過ごすというのとは意味合いが異なります。政養が奥方を夏目家に行かせているのは、第

【図33】旗本家の隠居女性の外出風景（楊洲周延「江戸風俗十二ヶ月之内　七夕筋違見附八辻」、国立国会図書館所蔵）

供の老齢の男性が帯刀の武士である点から見て、杖を突いて歩いている老女は旗本家の隠居の大奥様だろう。七夕の日、奥女中に付き添われてどこかへ出かける姿。荷物を背負った若い従者は屋敷の中間である。なお、後方に見える7人の登城行列（建物側）は旗本の行列。主人は礼装の麻裃姿で馬乗している。

一に、夏目家の交友ネットワークの輪に加えてもらうためだったと考えられます。女性は、文化的なサークルに参加する機会をなかなか持てません。文学や音楽などについて他人と語り合うことがなかなかできない日常にいるので、政養は自分の実家に滞在させ、夫人を夏目家のサロンに参加させているのでしょう。幕府で政治的な立場もある夏目家には様々な人物が出入りし、交友関係も広いので、夫人機《はた》にとっては新鮮な体験となったはずです。旗本夫人の井関隆子《いせきたかこ》は、和歌や古典に関する素養を、親戚筋の家に滞在した際に同席した人々とのコミュニケーションを通じて深めていったと指摘されています。実際、政養の夫人機《はた》も、夏目家で杵屋彦四郎が出演する長唄の会に参加しているので、会のあとは長唄談議に花を咲かせたのかもしれません。旗本家の女性にとって、親戚や知人の家に泊りがけで滞在するということは、社会を学び、見聞を広めるうえで大きな意味を持っていたのです。

旗本小笠原家と彦坂家の娯楽

旗本の家では、殿様も奥方様も、若君も姫君も、そして家臣もよく遊んでいました。

小笠原家の殿様久左衛門は、旗本仲間と安政五年（一八五八）四月二五日に川口善光寺（武蔵国足立郡。現、埼玉県川口市）の開帳へ参詣に行く約束をし、江戸小石川《こいしかわ》（現、東京都文京区小石川）の牛天神の上茶屋で待ち合わせます。メンバーは斎藤・西山・杉浦・早川と小笠原の五人、川口へは徒歩で行ったようです。当然、参詣だけでなく、川口の茶屋で飲食を楽しんでいます。当時の川口は、脇往還の宿場町とはいえ田園風景が広がる場所でした（【図34】）。そうした光景や風俗を一興と考えて

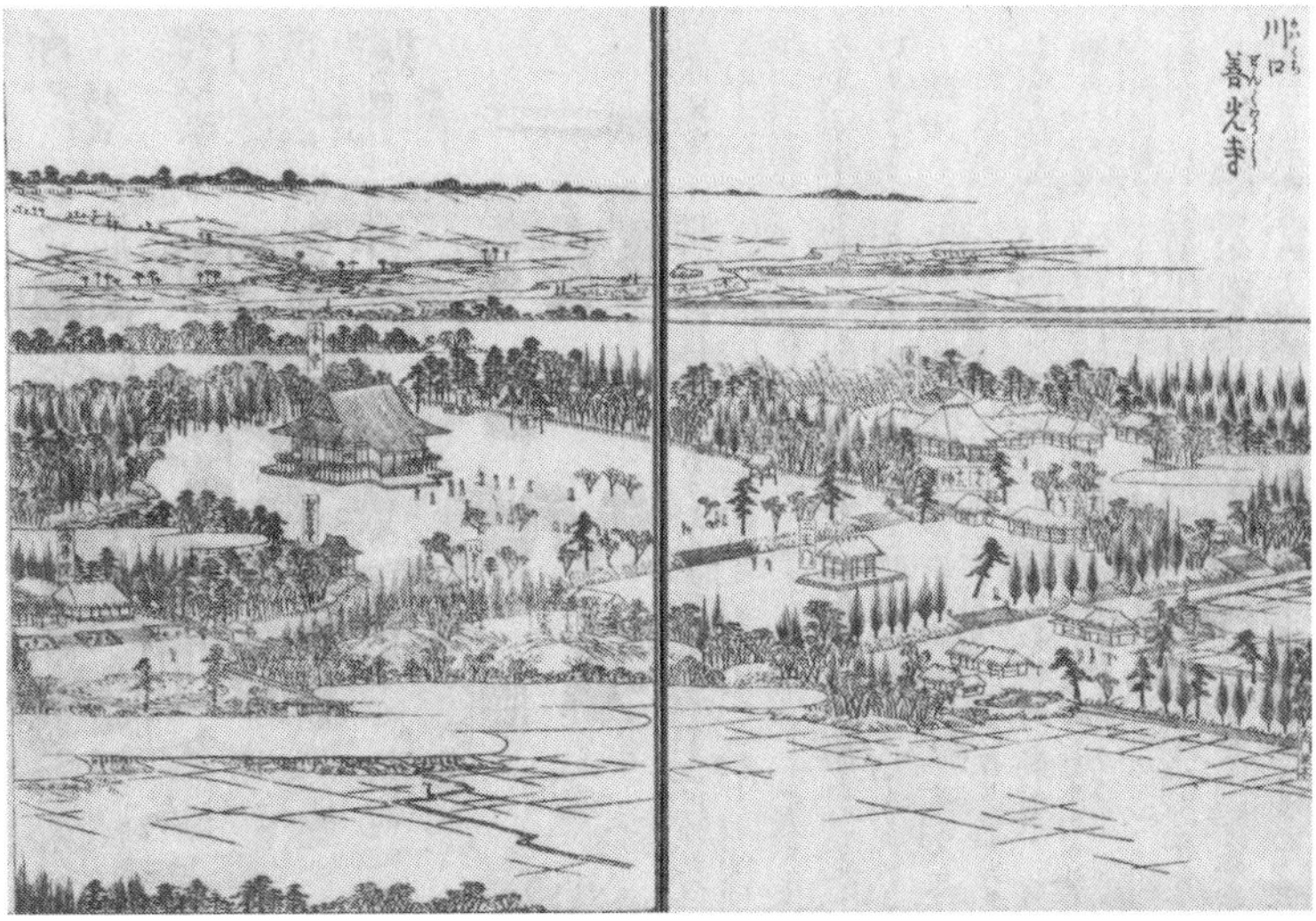

【図34】川口善光寺（『江戸名所図会』巻七、国立国会図書館所蔵）

の企画だったのかもしれません。一〇月一五日には、久左衛門と惣領政太郎の父子で滝野川《たきのがわ》（現、東京都北区滝野川）の紅葉見物に出かけます。王子権現へ参詣し、扇谷（屋）弥三右衛門方（王子の有名な料理屋）でご飯を食べ、帰路、雑司《ぞうし》ヶ谷《がや》鬼子母神《きしもじん》（現、東京都豊島区雑司が谷）の祭礼である「御会式《おえしき》」に寄り、さらに市ヶ谷八幡宮（市谷亀岡《かめがおか》八幡宮。現、東京都新宿区市谷八幡町）にも参詣して帰宅するという盛りだくさんコースです（【図35】）。江戸郊外のショートトリップを満喫したことでしょう。その政太郎は俳諧好きで、夜を徹しての俳諧の会にしばしば参加していたことは第三章で触れた通りです。彼は、俳諧の門弟仲間の土屋国之允に、曲亭馬琴の合巻本である『傾城水滸伝』の本一〇冊を貸しており、国之允とはこうした大衆文学を好む友達同士でもあったようです。

【図35】雑司ヶ谷鬼子母神堂の御会式（『江戸名所図会』巻七、国立国会図書館所蔵）
この雑踏にもかかわらず、武士が何人も描き込まれている。武士にとっても御会式は参詣したい祭礼だったと言える。

旗本小笠原家の家族構成は、殿様の久左衛門、惣領の政太郎のほか、奥方のお良、政太郎の弟真五郎、妹のお哉でした。彼らは皆、頻繁に外出します。六月一三日に、お良・政太郎・真五郎・お哉は、お供に女中三人を連れて麹町の灯籠見物に行き、五つ時（夜八時頃）に帰宅しています。奥方の外出記事は多くありませんが、娘のお哉のほうは活動的です。真五郎とお哉はお供に女中を連れて、市ヶ谷閻魔（牛込寺町の閻魔堂ヵ）・小日向《こひなた》大日尊・市ヶ谷八幡宮・平川（河）天満宮へお参りしたり、お哉とお供の「たつ」だけで、柳町光徳院の「菅神御作」（菅原道真作ヵ）観世音の開帳にも行ってます。旗本の娘が一人で出かけるということはさすがにありませんが、よく出歩いているのです。駕籠には乗らず、徒歩で颯爽と行ったようです。

　お哉は一〇代の娘とみられますが、そのお哉にとって無二の親友が「（石原）おさと」でした。おさとの家は火消屋敷にある、との記載があるので、御家人（与力・同心階層）の娘ではないかと推測されます。お哉は一年に何度もおさとの家に泊りがけで滞在し、おさとのほうも小笠原家に来て泊っています。例えば三月一四日から一六日にかけてお哉はおさと方に泊まり、一六日におさとの父親に送られて帰宅しますが、そのまた翌日、おさと方へ出かけ、帰りがけには飯田町御役屋敷内（定火消の役屋敷）の御宮が賑やかな様子だったとのことで、お参りしてきたとあります。当時の武家の女子は、手習いや音曲《おんぎょく》の習い事に行く機会はあっても、男子が学問塾へ通うように集団でレッスンを受けるわけではないので、同年代の友達に出会いにくい環境だったと言えます。母や姉妹、親戚、奥女中が身近な女性たちでした。しかし、お哉はお年頃、一緒に音楽を楽しんだり悩みを打ち明けたりし合う友達が欲しいと思う気持ちはあったはずです。そこに石原さとが現れたのです。史料中の表現から推測するに、断言はできませんが、おさとは小笠原家へ奥女中奉公に来て、その雇い主の娘であるお哉と意気投合した可能性もあるのではないかと筆者は考えています。町人の娘では、身分の問題もあって友達付き合いは難しいかもしれませんが、御家人の娘ならば許容範囲です。おしゃべりは尽きず、話したいことがありすぎて、お互いの家に泊まり合っているのではないでしょうか。それを親は許しているのですから、大らかなものです。現代と変わらない若者像がだんだんと見えてきた気がしませんか。

さらに、旗本彦坂家の日記史料からも、旗本の娯楽世界を知ることができます。一二月、同族彦坂氏の本家の隠居の賀の祝い（長寿の祝いと思われます）が開かれ、彦坂三太夫のほか、息子（愛之助）や娘（お幾）も招待を受けて本家を訪問しました。主賓の隠居には帯と肴をプレゼントとして持参しています。賀の祝い＝要するにパーティーは夜遅くまで続き、男性陣は夜四ツ半（なんと夜十一時）にようやく帰宅しました。女性のお幾は、安全上の理由もあって本家へ泊まることになり、そのまま二、三日滞在しています。女性が親戚宅へ泊る機会のメリットは先ほど述べた通りです。正月二三日には本家方で福引を行うとのことで呼ばれ、男子二人（愛之助・栄之助）を遣わしています。本家はパーティー好きだったのかもしれません。一方、彦坂分家も負けていません。九月六日には、殿様三太夫の誕生日祝いということで人々が集まり、賑々しく祝いました。当時、将軍や大名などでは誕生日の祝儀が行われていたので、旗本が誕生日会を開くのもおかしくはありません。このように旗本社会では、主に親戚のまとまりが楽しみを共有するまとまりとなっていたのです。

ちなみに彦坂三太夫の趣味は園芸で、特に松葉蘭《まつばらん》に凝っていました。九月には懇意の植木屋半蔵方へ植木見物に行き、ご馳走になっています。趣味を通じて町人とも親しい関係になっていたことも指摘しておきたいと思います。

旗本の遊女屋通いに困惑する家族と家臣

殿様の趣味が釣りであっても園芸であっても一向に構いませんが、遊女屋遊びだけは困ります。実際、遊郭に通い詰めてしまう旗本やその若殿はいました。外聞が悪いだけでなく、大金を使ってしまうため、旗本家にとっては心配でならなかったのです。

旗本北家は彦坂三太夫の子右馬助が養子に入った家ですが、旗本なのに五〇俵三人扶持という低禄でした。嘉永二年（一八四九）四月二四日の夜四ツ半頃ですから、現代の時刻なら夜一一時に近づくという頃、裏四番町にある北家から右馬助の奥方お安が、小石川にある彦坂家の屋敷内の長屋に住む家臣半兵衛を訪ねてきました。お安の話によると、右馬助が心得違いをしてまだ帰宅していない、右馬助の養父蕃五郎は当番のために江戸城で夜勤をしており留守なので困っている、そこで内々に何とか頼みたいと訴えてきたのでした。半兵衛から報告を聞いた三太夫は、すぐに半兵衛と丹次を遣わして調べさせたところ、右馬助は内藤新宿の遊女屋へ行ってしまっていたことが判明しました。夜明け近くになって本人がようやく帰宅して、わかったのです。

三太夫は、養父の蕃五郎に詫びなければならないと思いましたが、右馬助本人は、遊女屋へ行ったことを実父三太夫へは隠し置くようにと、お安や家臣らへ申し付けたというので、仕方なく、様子見していています。叱責したいのはやまやまでしょうが、右馬助は低禄とはいえ旗本家の当主です。彼の指示に妻や家臣は背くことはできず（お安が駆け込んだため、すでに露見しているのですが）、もやもやが募ります。五〇俵三人扶持は、経済的には御家人と同じ水準なので、遊女屋で散財する余裕はないはずです。婿入り時に彦坂家から渡された持参金を使い込んでいるのかもしれません。三嶋政養の養子入りに関して触れたように（第二章第三節）、養子を受け入れる側が同族団を含めてしっかりとしていれば、婿養子が勝手な行動を取るのを制御できます。しかし、それがなければやりたい放題になりかねません。なお、旗本の家督相続に際しては、御家人株の売買のようなことを行うと処罰を受けましたが、実質的にはそれと同様の行為が横行していました。おそらく北家は、旗本として低禄すぎるために養子の成り手が見つかりにくく、株売買のような条件を呑まざるを得なかった可能性があります。そのため養父が養子を抑えきれず、右馬助は遊女屋へ行くという身勝手を仕出かしたのかもしれません。これでは先が思いやられると思いきや、芸が身を助け、親の助けもあって、右馬助は昇進することになったのは第四章で紹介した通りです。

家禄三二〇〇石の旗本久永《ひさなが》家の若殿様のケースは、もっと深刻でした。若殿様は、遊女屋遊びを覚えた半年前から、しばしば吉原に出かけては二、三日以上も泊まるようになっていました。一度のお出かけで費用が一〇両ほどもかかり、通算で六、七〇両も浪費しているというのです。家計の費目「月並雑用金」からお金を捻出するものの、未払い金が一四、五両も残っている状態でした。お金を取り立てる催促人が屋敷に来るようでは外聞が悪いので、何とかお金を調達して送って欲しいと、久永家の家臣清水三郎治は、知行所村の名主萩原俊蔵に頼んでいます。お金の心配よりも、まずは若殿様の行動を止めることが肝要なはずですが、なぜ当主も親類も干渉できないのか、同族団も家臣団も機能不全に陥っていたのかもしれません。家臣の清水は家の恥をさらすことが情けないと思ったのか、文書の末尾に「尚々、御覧後御火中下さるべく候」と記しています（国文学研究資料館所蔵上野国佐位郡東小保方村萩原家文書）。第五章第三節で指摘した旗本家の年間予算規模を考えれば、六、七〇両という金額が大変なお金であることがわかるはずです。こうした事件が、旗本家を傾けるきっかけになったことは想像に難くありません。

旗本屋敷における音曲の楽しみ

意外に思われるでしょうが、旗本本人やその家族は長唄・常磐津《ときわづ》・端唄《はうた》などの音楽に親しんでいました。これらは庶民や芸者がするものというイメージがあるかもしれませんが、江戸時代までは、武家の子女も嗜むものだったのです。大奥の奥女中の採用においては歌や踊りの素養があるほうが有利だったとされており、長唄は女子の稽古事として広く普及していました。また、琴（箏）も女子の稽古事でしたが、琴を嗜む女性は三味線と比較すると、さほど多くなかったと思われます。江川文庫文書中に、山住検校《けんぎょう》から岡野お艶という女性が受けた箏曲免許状（「四季の友」「花の宴」等の楽曲口伝）が残っています。このお艶は、江戸役所に勤務していた代官江川氏配下の手代岡野荘四郎の娘とみられ、旗本の子女ではありませんが武士の娘です。また、第三章「旗本の娘の音曲稽古」の項では、旗本彦坂氏の娘が琴の免状を受けたことに触れました。このように箏曲を習って伝授を受けるとなると、当道座《とうどうざ》に属する検校・勾当《こうとう》に入門しなければならないので、そのあたりが学習者人口の差に表れている可能性があります。

江戸時代においては、三味線も琴も、楽器の音色を楽しむというよりは、演奏に合わせて歌うことを楽しむものでした。メインは歌なのです。そう考えれば、宴席で音楽を楽しむシーンにより適して

【図36】三味線と歌を楽しむ人々（鍬形蕙斎筆「職人尽絵詞」、国立国会図書館所蔵）

いるのは長唄や常磐津であることは自明です。百姓や町人には追分節《おいわけぶし》や木遣《きや》り歌といった労働歌の世界がありますが、武士やその家族にとって、歌を口ずさんで楽しむとなると長唄や常磐津に行き着くのでしょう（【図36】）。なお当時、武家の式楽《しきがく》とされていたのは能楽《のうがく》です。能楽には楽器なしで合唱する謡曲《ようきょく》という演奏法もありますが、能楽はそもそも儀礼音楽であり、男女共に楽しむような音楽としては認識されていなかったと考えられます。

　そうした三味線音楽に、旗本の家族らはどのような形で触れていたのでしょうか。旗本三嶋政養の夫人である機《はた》は安政四年（一八五七）、病気のために長い療養生活を余儀なくされました。その無聊《ぶりょう》を慰めようと、常磐津の師匠と思われる「小釜」という人物と、琴の師匠が三嶋家を訪れたとの記載があります。枕元で演奏して聞かせてあげたのでしょう。翌安政五年（一八五八）五月には、奥方と兼之助（政養の第四子、のち六歳で夭折）の「有《う》卦《け》入《いり》内祝」（陰陽道の占いで、幸運の年回りに入ったことの祝い）として屋敷で長唄の会を催しています。この時は盛大に、長唄の芸人らを屋敷に招き入れました。また、文久元年（一八六一）八月の記事を見ると、腰元として雇った「悦」（名を改め、小歌。下総国千葉郡前原《まいはら》新田吉右衛門の娘）は、岡安喜三郎の弟子で長唄が良くできるということなので、腰元の身ながら本所相生町の杵屋千代へ弟子入りさせて芸を磨かせています。これは「奥方の相手とす」、つまり「悦」に専門家の稽古を受けさせ、新しい曲を奥方に聞かせるためだったのです。旗本の奥方という立場で稽古を受けることは難しく、自ら歌うというよりは聞く側に回らざるを得なかったのかもしれません。とはいえ、旗本の娘でも結婚前には基礎的な稽古を受けているので、世界を深めていくことは可能だったはずです。第三章でも触れましたが、三嶋家では数え八歳の娘のお経に杵屋福十郎の稽古を始めさせています。

こうした状況は、決して特別なことではなく、旗本小笠原久左衛門の日記史料からも窺い知ることができます。知り合いの町人である肴屋弥七の忰兼吉が、姪っ子と近所の道中師（荷物を輸送する稼業）の娘ふさを連れて小笠原家に来て唄や三味線を披露し、その日は泊っていったという記事もあります。素人で上手な人を招いて小演奏会を催したというところでしょうか。坂東流の「踊術師」が屋敷に来たという記載もあります。このように旗本屋敷においては、男性も女性も音楽や舞踊に親しんでおり、そのために町人を屋敷へ招き入れることもごく普通に行われていたのです。

屋敷の中が長唄や端唄に溢れていたこと、武家の男性たちも俗謡の世界を楽しんでいたことは、奥医師桂川《かつらがわ》家における事例からもわかります。桂川家の娘みねは、長唄の芸人である杵屋文左衛門から稽古を受けていました。文左衛門は、桂川家に出入りしている柳河春三《やながわしゅんさん》や宇都宮三郎《うつのみやさぶろう》といった蘭学者などと友達になり、一緒に長唄を唄っていたようです。みねの父で奥医師の桂川甫周《ほしゅう》も端唄を好み、芸者の亀吉という女性を屋敷に呼んでその歌を聞くことがありました。芸者を屋敷に呼ぶのは、音楽で宴席を華やかにするためなので、屋敷の女性たちも同席できました。芸者に酒席の給仕をさせるためではないのです。当時、専業の演奏家の存在は限られていました。そのため、芸者や芸達者の町人が演奏家として旗本屋敷に出入りし、音の娯楽世界を支える存在にもなったのです。

第三節　旗本の菩提寺と仏事

旗本の葬儀の実態

旗本の葬儀は家督相続の問題と絡んでくるので、必ずしも亡くなってすぐに行われるわけではありません。惣領が決まっていない段階で急死してしまった場合には、とりあえず埋葬しておいて養子決定の相談を進めたことは第二章で触れた通りです。特に家督継承者にかかる問題がなくても、手続き上の理由から死を隠すことは当然のようになされていました。同様なことは徳川将軍家でも大名家でも行われています。そのため、幕府に届け出された歿年月日と実際の歿年月日が異なっていることはごく普通にありました。

一例を挙げると、旗本金森近典《ちかのり》の死に際しての流れは次のようなものでした。近典は天保一四年（一八四三）一一月一四日に亡くなり、同家の江戸菩提寺である広尾祥雲寺（現、東京都渋谷区広尾）への埋葬も済ませましたが、葬儀が行われたのは翌一五年（一八四四）四月末でした。埋葬を済ませていることは、二月下旬に屋敷内の面々を集めて百箇日法要が行われていることや、奥方が祥雲寺へ参詣していることからもわかります。秘密裡に埋葬を済ませたからといって、死者を極楽浄土へ送るために遺族が営む法要を執り行わないということにはなりません。そして旗本家では、問題が生じない限り、本当に亡くなった日を命日として祭祀を営んでいきます。幕府へ届け出た「死亡日」は、「家」にとって何の意味も持たない日にちなのです。旗本三嶋政養の養父政堅《まさかた》のケースでは、嘉永元年（一八四八）三月七日に死去し、幕府へは七月二七日に死去の旨を届け出ましたが、浅草浄念寺に現存する三嶋家の合同墓（明治一八年〔一八八五〕に政養の子政明《まさあき》が建立）には、政堅の命日は三月七日と刻まれています。子孫は実際の死去日だけを家の記録に残しているのです。

金森家では、婿養子に家督相続をさせる目途がついた四月中旬頃から、家臣らは本葬儀の準備を始めました。四月一七日には、葬列の者が着用する白丁《はくちょう》三〇着分（四八八匁五分）を注文しています。四月二六日に無事、判元見届が行われ、二七日に金森近典の死亡届が提出され、その日のうちに婿養子が金森家の屋敷へ移ってきて婚礼を行いました。そして翌々二九日にようやく本葬が行われます。「厚徳院」と諡《おくりな》された金森近典の尊骸は午刻（正午前後）に出棺しました。お供は、香爐持ちと位牌持ちの小納戸が二人、御棺脇が三人、徒士三人、棺持ち一二人、そのほかに提灯の持ち手や牽き馬も従います。これらのお供の多くが、半月前に注文した白丁を着用したと思われます。祥雲寺には先詰めの家臣が待っており、寺で葬列と合流して葬式に移りました。ところが実際には、寺で費用の精算をしたあとに家来へ粗末な支度（料理）が出た、としか書かれていません。それは埋葬がすでに済んでいたためだと考えられます。衆人から見える葬列だけは正式に立派に仕立てましたが、それ以外は略式にされたのでしょう。しかし、葬列を出した手前、以降の法事も行わなければなりません。そのため、二月下旬に百箇日法要を済ませているにもかかわらず、五月三日には「戻って」初七日法要を行うのです。旗本金森近典の死では、本当の死と幕府への届け出上の死の二つが生じたために、追善の期日法要も二度ずつ繰り返さなければならなかったのです。

なお当時は、主君が亡くなると、弔意を示すために家臣は月代《さかやき》を剃ることが禁じられました。武士社会一般に行われている慣習であり、将軍が亡くなれば旗本・御家人に対して禁じられたのと同様に、旗本の家臣にも同様の指図がなされます。月代を剃らないのは、服喪のために血の穢れを避けるというのが本来の趣旨です。しかし、これを実死亡日から行ってしまうと、家臣団一同が見た目にも不可解なことになってしまうので、幕府への死亡届の日から行われました。

小笠原久左衛門の日記からは、旗本家の年回忌法要の様子を知ることができます。文政九年（一八二六）に亡くなった父「万境院」の三十三回忌法要が菩提寺の海禅寺（浅草の海禅寺ヵ）で行われ、小笠原家の家族は、惣領政太郎・お良（久左衛門の夫人）・真五郎・お哉の全員が出席し、女中衆と下男が付き添いました。もし陸路を移動するなら、駕籠を何挺も準備しなければならず、大変です。小笠原家の屋敷は市ヶ谷門内土手三番町《どてさんばんちょう》（現、東京都千代田区五番町）なので、浅草まではかなりの距離があります。そうした不便さを回避するためか、女性たちは牛込揚場《あげば》からチャーター船で行くことにしています。牛込揚場とは牛込門近くにある舟荷の揚げ降ろし場で、当時、外堀は牛込まで舟を遡行させることが可能でした。久左衛門本人は馬で行ったようです。乗用車も人力車もなく、家族揃って寺までぞろぞろと歩いていくわけにもいかず、現代人には想像もできない苦労があったのです。

旗本の墓碑

旗本の墓所はどこに設けられたのでしょうか。知行取の旗本の場合、知行所内にある寺を菩提寺と定め、そこに代々の当主や家族を埋葬するケースもありますが、遠隔地では埋葬に不便なため、知行取であっても江戸に菩提寺を置くのが一般的でした。蔵米取の旗本の菩提寺は、たいてい江戸の寺です。

三河譜代と呼ばれるような、先祖が徳川家に古くから仕えていた家筋の旗本家では、三河国などに先祖の出身地があり、そこは「本貫地《ほんがんち》」とされていました。小田原合戦のあと、関東に移封された徳川家康に従って、旗本の先祖たちは江戸周辺に移り住むことになります。そして幕府が成立し、幕府の旗本として新たな道を進むことになった先祖たちは、墓所をどこに設けるか、検討することを迫られたのです。三嶋家の場合、先祖の三代政友《まさとも》までは、本貫地である三河国額田《ぬかた》郡日名《ひな》村（現、愛知県岡崎市）に葬られています。三代政友は、家康の江戸入部後の慶長元年（文禄五年、一五九六）七月に亡くなっていますが、日名村に埋葬されました。四代政次《まさつぐ》が寛永一〇年（一六三三）に亡くなった時に浅草浄念寺へ葬られ、以後、三嶋家では浄念寺を菩提所としたと系譜史料に書かれています。幕府が成立して三〇年ほどの月日が経過した頃にようやく、三河国の本貫地から菩提所を移す決断がなされたのです。元禄八年（一六九五）の百回忌法要の際には、浄念寺に三代政友の建碑もされました。

江戸時代の武士の墓制については、徳川将軍家や大名家を中心に調査や研究が進められてきましたが、近年は、旗本の墓制を対象とする研究も出てきています。知行所の寺を菩提所と定めた場合、敷地のゆとりもあるので、墓石は小ぶりながら、歴代当主の墓碑が一列に並ぶ大名家の墓所と同じような形式を取っていることもあります（埼玉県立歴史と民俗の博物館編『武蔵国の旗本』には、そうした江戸郊外に営まれた旗本墓所の情報が掲載されています）。しかし、江戸の寺院墓地において旗本がまとまったスペースを確保するのは困難でした。それでも当時は格式に添った墓域があったのでしょうが、近代になって墓地整理が行われたために配置が変わってしまったのであろうケースも見受けられます。浅草や巣鴨・駒込あたりにある諸寺院の墓地を訪ねると旗本の墓碑を結構見かけますが、よほど著名な旗本でなければ掃苔《そうたい》する人もいないのではないかという様子です。三嶋政明は明治一八年（一八八五）に菩提寺の浄念寺にあった墓石群を整理したとみえ、現在は、墓石の側面に先祖一同の戒名・実名・命日が刻まれた合同墓一基のみが残っています（【図37】）。三嶋本家の墓石群は失われてしまいましたが、政養の義大叔父で、分家を相続し、安政三年（一八五六）九月に歿した三嶋政行《まさゆき》の墓碑が浄念寺に葬られた当時のままに現存していることは前に触れました（108頁の【図13】）。彼の墓が残ったのは、明治時代にはすでに大きな評価を受けていた地誌『新編武蔵国風土記稿』等の編者の一人であるという理由が大きかったのでしょう。

それでも庶民の墓碑と比較すると、大ぶりな石が使用され、複数の石が組み合わされていることも多く、御目見以上の身分の武士の墓であることを自ずと示しています。金森家の記録からは当時の墓碑の値段がわかります。金森近典（厚徳院）の墓碑建立の際には、町人に入札をさせ、豊岡石屋久治郎が代金一四両と銀一一匁五厘で落札しました。現代の価格に直すと二〇〇万円にもなる高額な墓碑です。また、墓碑の前に据える灯籠一対は金一両三分二朱と銀一〇匁と記されています。墓碑よりだいぶ安く済んだようです。巣鴨本妙寺に残る旗本遠山家（遠山金四郎景元《かげもと》を輩出した家）の墓石群の例を挙げると、歴代当主は屋根付きの角柱墓、夫人は櫛形墓というように、立場によって形状の違いがあることがわかります（【図38】）。金森近典の墓碑の形式ははっきりしませんが、旗本遠山家の当主の墓と同様の屋根付き角柱墓、または、中世から見られる五輪塔・宝篋《ほうきょう》印塔形式の墓が設けられたのではないかと推測されます。葬式には当然、墓石以外の

【図37】三嶋家の合同墓（東京都台東区蔵前浄念寺、筆者撮影）

明治18年（1885）に三嶋政明が建立した墓。大永５年（1525）に亡くなった初代三嶋政成以降、すべての歴代当主の名前・戒名・歿年月日が刻まれている。また、当主の次にはその奥方の戒名・歿年月日等もある。また、理由はわからないが、三嶋政春の妾である「津勢」の名・戒名・歿年月日等が、妾ではただ一人、刻まれている。

【図38】旗本遠山家の墓所（東京都豊島区巣鴨本妙寺、筆者撮影）
左手の一番背が高い屋根付角柱墓は８代遠山景彰の墓、その右（櫛形墓）は景彰の前妻土岐氏「通」の墓、三番目は景彰の後妻本堂氏女の墓。その奥の、屋根部分が破損している小ぶりな屋根付角柱墓は遠山九十郎景安夫妻の夫婦墓。九十郎景安は６代遠山景元の養父だが、遠山家の家督を継いでいない。言うなれば「厄介」だった。

費用もかかります。「見性院様御葬式御入用覚帳」（栃木県立文書館寄託添野一夫家文書）は、旗本井《い》戸《ど》氏の、おそらく奥方の葬祭記録と思われますが、お供え物や埋葬に必要な品物の費用のほか、寺院への御布施や僧侶らに渡したお金、御棺持ちの八人に渡したお金など諸々で一六両三分三朱余がかかったと記録されています。これに上記の墓石の費用を加えれば、当時の旗本家で葬祭に要した費用のおおよそを窺い知ることができます。

第四節　おまじない頼り

病気からの快復を願って

江戸時代には医者の数も増え、診察を受けることができる人々の範囲も広がりましたが、それで病気を治癒できたかというと限界がありました。だからといって病におかされた家族を見て、望みを捨てることはできなかったはずです。そうした時、江戸時代の人々は神仏にすがる、つまり祈禱や占いに頼るよりほかありませんでした。中世までは顕著にそのような傾向が見られましたが、江戸時代も大して変わりません。

病気からの快復を願ってまず行ったのは、寺社に依頼して祈禱させることでした。徳川将軍家の場合、寛永寺と増上寺の菩提所寺院とは別に、神田橋外（のち音羽《おとわ》に移転）にあった真言宗寺院の護持院が祈禱所に定められていました。同様に旗本家においても、菩提所寺院とは別に「家」の悩みごとについて祈禱を行わせるための寺院が決められていたようです。金森家では、毎年正月・五月・九月に、愛染院を呼んで奥にて祈禱を行わせています（中井大右衛門家文書「奥掛年中行司」）。愛染院については どの寺とも断言できませんが、江戸四谷《よつや》の愛染院だとすると真言宗で、祈禱に必要な品物として「つくへ燭台」・「足」・蠟燭・火打ち箱・御膳米・水・初穂・しきみ花、などが挙げられているので、密教系の祈禱を行わせていたことはまず間違いないでしょう。また、本人の希望によったと思われますが、殿様の具合が悪いと、家臣の代表者が大師河原《だいしがわら》（川崎大師平間寺《へいけんじ》）に参詣しています。以下、こうした旗本家における祈禱やまじない行為について見ていきたいと思います。

婿養子鉚之丞の心の病

天保一五年（一八四四）四月、播磨小野藩一万石の大名一柳《ひとつやなぎ》家から家禄三〇〇〇石の旗本金森家へ婿養子としてやって来た鉚之丞（＝九代金森近清《ちかきよ》）は、婿入りの翌五月に体調を崩してしまいます。一柳家の御用医師が金森屋敷へ診察に来たり、一柳家から派遣されてきた家臣が介抱した甲斐もあって、六月には快復の兆しが見えてきましたが、ある夜、鉚之丞は庭にある池に飛び込むという事件を起こし、屋敷中が大騒ぎとなります。史料だけでははっきりとしたことはわかりませんが、生活環境が激変した鉚之丞は心がついていけず、病を発してしまったようです。

この事態を受けて金森家では、屋敷に三田町四丁目の梓巫女《あずさみこ》を呼んで託宣《たくせん》を行わせます。梓巫女は、生霊・死霊などを呼び寄せ、口寄せをする女のことです。身体の不調なら薬を処方してもらって様子を見ることになるのでしょうが、鉚之丞の尋常ではない行動を目の当りにした金森家の人々は、巫《ふ》術《じゅつ》しか頼るものが思い浮かばなかったに違いありません。その梓巫女は、「みとりしよき（＝翠瘴気）」の状態であり、荒神・水神の祟りがある、これは御先祖慈光院の差図である、と申しました。金森家では梓巫女へ謝礼として二〇〇文を払い、さらに翠瘴気を除くために金二〇〇疋（金二分にあたります）を渡して七日間の祈禱を行わせます。しかし、それだけでは心もとないと思ったのか、数日後、用人の中井大右衛門と側用人の谷求馬は、田町八丁目の河内屋忠七方の婆様を訪ねます。おそらく占い師として評判が高い人物だったのでしょう。金一〇〇疋を渡して鉚之丞を診てもらうと、金森家の過去の殿様の子で「文」という者が無縁仏同様になっていると告げられました。それが鉚之丞の病気の原因だというのです。梓巫女と言うことが異なり、心配はさらに増していきます。そこで今度は、房州生まれの千準和尚という者を呼んで「理趣分」の読誦をさせます。「理趣分」とは大般若波羅蜜多経の一部のことです。三日間、金森家の屋敷に十六善神の掛物を持参して奥書院で執行し、残りは寺に戻って行いました。

それほどに祈禱や占いに頼っても、鉚之丞の病気はよくなりません。七月末には無事、幕府から家督相続の許しが出ますが、新たな殿様はふさぎ込んだままでした。八月、摂津国勝間《かつま》村（現、大阪府大阪市西成区）の長源寺で頒布している「虫積散」という薬が、乱心・痺症《しびれしょう》の妙薬であると聞きつけた家臣は、江戸中橋富槇町《なかばしとみまきちょう》（現、東京都中央区八重洲付近）にあった取次所の藤田屋藤左衛門方で金二朱を払って購入し、服薬させますが、何の効果もなく困り入ってしまいます。八月二九日には、目黒の金毘羅高幢寺《こうとうじ》へ中井と谷の二人で行き、隠居和尚に祈禱に来てくれるよう頼みます。また、浅草柳橋に「能見《よくみ》」る者＝占い師がいると聞きつけ、家臣の田中平馬は何度も通いました。ところが、よくよく聞いてみると、金森家の大奥様（先々代当主の奥方ヵ）もその占い師に相談していたということが判明し、何とも気まずくなってしまいます。

金森家の家臣たちは、殿様の病気を治すためのがむしゃらな行動をやめられません。一一月一七日、赤蟇《あかひき》が痺《しびれ》の症状に効くと聞き、下谷広徳寺《こうとくじ》前にあった薬店の慶安栄助へ申し付け、雌一つを代金二朱で購入しました。ヒキガエルが乾物状になっていてそれを服用するのか、それともいわゆるガマの油（分泌物）を取って用いるのかわかりませんが、なりふり構わない様子になってきています。何かを依頼するたびにお金を渡さなくてはならないので、金銭的負担も大きかったはずです。占い師に頼ることで、家臣として忠義を尽くそうとしているかのようです。それでも病状は一進一退のままでした。

鉚之丞＝九代金森近清の体調はついに回復せず、翌弘化二年（一八四五）九月に亡くなります。享年二四という若さでした。九月は、新たに末期養子を迎えて死去を届け出た月であって、八代近典の事例から考えると、春か初夏の頃に彼は亡くなったのでしょう。鉚之丞本人にとって金森家での日々は病に苦しむばかりであり、金森家家臣団にとっては、殿様の病気を治したいと狂奔するばかりの日々でした。

年中行事に組み込まれた「おまじない」

旗本金森家の家臣中井小源太が記した「奥掛年中行司」をひもとくと、種々のまじない行為が家の年中行事に組み込まれていたことがわかります。当時の人々の感覚では、神仏に祈りを捧げる行為の延長線上に「まじない」があるのでしょうが、現代の私たちにとってみると、「まじない」は神仏に対する信仰とは全く次元が異なる印象を受けるものです。「まじない」に頼ることは、町人や百姓といった庶民にもあったことですが、武家の場合、それが、家臣団を巻き込みつつ毎年執行すべき年中行事に化してしまうため、珍奇な様子が現れてくるのです。

四月八日は灌仏会《かんぶつえ》です。一般的には「花まつり」として知られ、誕生仏（釈迦が生まれた時の姿を象った像）に甘茶をかけたり、甘茶を飲んだりします。金森家でも寺から甘茶を取り寄せて殿様に差し上げました。ここまではごく普通です。ところがそれに加えて、「千早振《ちはやふる》　卯月八日ハ吉日よ《（ママ）》　神さけ虫をせいばいそする」と書かれた紙と「北見村伊右衛門宅」と書かれた紙を一枚ずつ、あちらこちらにある雪隠《せっちん》や戸口に甘茶をつけて貼ることになっていました。これらの札を貼れば虫が上がることがない、と記されています。「ちはやふる……」のまじないは江戸で広く行われていた俗信で、「紙さげ虫」＝ゴキブリやウジ虫の発生を避けるためのものでした。一方、「北見村伊右衛門宅」のほうは、『願懸重宝記』（西尾市岩瀬文庫古典籍書誌データベース）によると、武蔵国多摩《たま》郡北見（＝喜多見）村（現、東京都世田谷区喜多見）の斎藤伊右衛門という百姓の家から出される守札で、主《あるじ》の自筆で「北見村斎藤伊右衛門」と記されており、蛇除けの効果があると信じられていました。金森家では、斎藤家から売り出されたまじない札そのものを買ったのではなく、伊右衛門の呪術力にあやかろうと、札を書いて貼った可能性が高いと言えます。「北見村伊右衛門宅」と「宅」が付いているためです。同じ日に、行灯の隅にぺんぺん草を釣るのも虫除けになると書かれてあります。また、家鴨《あひる》の玉子を一つずつ（殿様にヵ）差し上げるとあり、これも「火ふき」（火防ぎ）のまじないです。江戸で流行しているまじないが一度、家の行事として取り入れられると、それが前例・慣習と化し、なかなかやめられなくなってしまうのでしょう。

夏場になると痢病《りびょう》除けのまじないが増えます。六月にはあんころ餅を作って殿様に差し上げますが、これは痢病のまじないのようです。実際、屋敷内で食中毒は発生したようで、中井大右衛門日記の六月六日の記事には、殿様が舌平目《したびらめ》にあたってしまったとあります。盛夏のため、魚河岸から魚売りを経て屋敷へ届くまでに傷んでしまったのでしょう。まず、薬であろう「黒丸子」を差し上げ、次に「九年ぽ（＝九年母ヵ。柑橘類）の皮」を差し上げています。後者はおそらく気休めにしかならないはずです。殿様が苦しむ姿に接しても、まじない的な対処法しかできませんでした。幕府諸役人の記録を見ても、痢病で勤めを休む人物はやたらと多く、実際に食あたりは日常的にあったのでしょう。七月七日の節供には、水初穂（早朝に井戸水を汲む）を取って小豆七粒を差し上げるのが痢病除けのまじないで、これは「誠に妙なる」（効果があると思われるの意ヵ）まじないなので、金森家の屋敷では毎年行っているとあります。七月に行う御精霊様（先祖祭祀）の迎え火・送り火を使ってたばこを吸えば、無病で過ごせるというまじないもありました。

当然、まじない頼りは金森家だけではありません。旗本彦坂家では「砂」に凝っていました。嘉永二年（一八四九）正月一四日は吉祥日ということで、戌亥方（北西の方角）の神社の土を取り寄せて砂蒔きをしています。戌亥がこの年の恵方なのでしょう。正月二二日も吉祥日ということで巣鴨稲荷神社の砂を蒔き、二月二九日には神田明神社の砂を蒔いています。これで終わらず、三月以降も恵方から砂を取り寄せました。どうも、松浦野拝という占い師か何かとみられる人物から指図を受けていたようで、「三月分蒔き砂」「吉方・刻限」を記した書き付けを受け取っています。また、内藤新宿「老婆王」（正受院に安置されている三途川の奪衣婆の像）や帝釈天（柴又帝釈天ヵ）といった場所に家臣をしばしば代参させたり、翁稲荷（日本橋四日市の翁稲荷ヵ）へ家臣の惣吉を行かせ、前歯の痛むところを祈願させたりもしています。内藤新宿の「老婆王」も日本橋の翁稲荷も当時の流行り神です。人よりも早くあやかりたいというのが本音でしょうが、旗本本人はなかなか自由に歩き回ることが叶わないので、家臣に命じたのでしょう。

旗本家のまじない力・呪術力

江戸時代は、様々な流行り神が生まれた時代です。そのため、交代寄合の山崎家（家禄五〇〇〇石）や韮山代官の江川家では、なんと自身が旗本という立場ながら、まじない札の頒布を行っていました。江戸麻布にあった山崎家の屋敷内には「がま池」と呼ばれる池がありました。文政四年（一八二一）の大火の際、周囲の屋敷は焼失したのに山崎家の屋敷のみ類焼を逃れたのは、この池の大がまが水を吹いて火を消したためであると噂されました。そこで山崎家では「上」の字が書かれた御札を授けるようになり、このお札は防火・火傷の御守りになると信じられたのです。一方、伊豆国韮山にある江川家の主屋は、鎌倉時代に僧侶の日蓮が江川氏に贈った直筆の棟札（棟札は曼荼羅《まんだら》形式で書かれています）により数百年間、火災の難から守られてきたと伝えられており、江川家では、この棟札の写しを版木に彫って摺り、火災除けのお札として頒布していました。江川家では、棟札は寺社のお札とは違うという理由で謝礼金を受け取っておらず、頒布先は武家が多かったとされます。しかし、文政六年

（一八二三）には江戸に持っていって、寺院の出開帳のように人々に拝見させているのです。

旗本自身の存在が、まじない行為と結びついた例もあります。梅の舎主人「梅の塵」（『日本随筆大成第二期』2所収）には次のような話が載っています。

旗本の仁賀保《にかほ》公の先君（仁賀保大膳）は、英雄の賢君として知られているが、近頃疫病神を捕縛されたという。すると疫病神は一通の証文を出して一命を乞うたので助けた。それ以後、公の家には疫病が一切流行らず、また仁賀保金七郎と書いた札を入り口に貼った家は、疫病が入ってこないという。

この話は、「梅の塵」のほかにも同時代（文政期）の随筆に複数書き留められており、よく知られた話だったようです。このエピソードを踏まえて「仁賀保金七郎宛ての疫病神の詫証文」を写したものが、関東各地の旧家の古文書から見つかっています。「詫証文」を戸口に貼れば、疫病神が家に入り込まないと信じられたからです。話に登場する仁賀保大膳という人物は実在し、家禄一二〇〇石の旗本です。ですが、「詫証文」が宛所にしている「金七郎」という通称の人物は存在しません。仁賀保大膳家は分家旗本で、本家は仁賀保孫九郎家（二〇〇〇石）になります。仁賀保家は、鎌倉時代の武将で将軍源実朝《さねとも》にも仕えた大井朝光《おおいともみつ》の血筋を引く家であるとの由緒を持ち、仁賀保氏本家の出羽国由利《ゆり》郡の所領は、大井朝光以来、数百年にわたり変わることなく保たれてきました。せいぜい戦国期までしか由緒を遡れない大半の旗本と違い、仁賀保家はいわば「貴種」であることから、その家が持つ力への信仰が生まれ、まじない札が流行るようになったのでしょう。

同様のことが、交代寄合の新田岩松《にったいわまつ》氏にも当てはまります。「猫絵の殿様」として知られている家です。岩松氏は、新田氏と足利氏の両系統を引き継ぐ源氏の名家で、血筋の良さが旗本の中では抜きん出ていました。戦国時代に没落するも、江戸時代になって禄高一二〇石の旗本として取り立てられます。上野国新田郡下田島《しもたじま》村（現、群馬県太田市）に屋敷地を拝領し、居住しました。岩松氏は金森家と同じ交代寄合の家格を与えられますが、格式に釣り合わない一二〇石という禄高のため、経済的に困窮した岩松氏は、猫を描いた絵を売って収入を補うようになります。新田岩松氏が描いた「猫絵」が鼠除けの効果があると信仰されるようになり、養蚕が盛んな上野国・信濃国・武蔵国の農民らから猫絵を所望されることが増加したのです。鼠による被害は、足利氏に敗れた新田家主従らの怨霊によるものと考える俗信があり、そこで、新田氏の血筋を引く岩松氏が描く絵は、新田氏の怨霊＝鼠害を近づけないのではないか、と考えられたと推測されています。こうして「猫絵」は、新田岩松氏歴代の「サイドビジネス」となったのです。さらに岩松屋敷では、疱瘡《ほうそう》除けの薬や御札を頒布し、旗本岩松氏自身が呪術的行為を行うようにもなっていきます。

このように旗本と「まじない」の関わりを見ていくと、迷信と退けることもなく、武家社会とまじないはどっぷり繋がっていたことがわかります。旗本屋敷の生活世界は、科学的には割り切れない要素を含み込んで、動いていたのです。

第五節　病気と闘う

幕末期の流行病

前節では、殿様の病気に悩んだ家臣が、梓巫女や祈禱僧などに必死に頼っていたさまを紹介しましたが、医療というものに信頼がなかったわけではなく、病気に罹ればまずは医者を呼んでいます。旗本家における病気への対処法や、医師との関わり方を確認してみましょう。

幕末期に江戸で流行った疫病と言えばコレラがまず思い浮かびますが、実際のところ、感染者がより多かったのは麻疹《はしか》のほうでした。旗本三嶋政養《まさきよ》日記には自身と家族の闘病記録も詳しく、安政四年（一八五七）夏に疫病（具体的な病名は不明）が三嶋家に襲いかかったことが判明しますが、これはコレラとは別物でした（「疫邪」と記載。コレラは「暴瀉病」）。そして翌安政五年（一八五八）にコレラが江戸中を襲いますが、政養日記には「八月ヨリ　此頃、暴瀉病流行」と、さらっと記載されているだけです。井戸を外部と共有していなかったために、被害が少なく済んだ可能性があります。コレラの難は逃れましたが、文久二年（一八六二）の麻疹流行では、屋敷中が苦しむことになりました。

遡って安政四年の「疫邪」の経過から見ていきます。七月一九日、「お兼」（山鹿磯橘の娘で政養の養女）の発病からそれは始まりました。お兼の実母は妾《しょう》だったため、磯橘の死後に屋敷外へ出されていましたが、その実母「はつ」を呼び寄せ、山鹿家の長屋で看病させています。この時お兼は一四歳ですが、快復（九月二六日）まで二ヵ月を要しています。その後、屋敷内で次から次へと感染が広がり、腰元うた・奥女中すず、そして政養の夫人機《はた》までもが臥してしまいました。

奥女中二人が疫病に倒れたため、看病や奥向きの仕事をしてくれる人材を急遽探し、家臣の宮本益三の母「その」、「その」の姪（＝宮本益三の従兄弟）で千葉村（葛飾郡上千葉村または下千葉村ヵ。現、東京都葛飾区西亀有）在住の「ちせ」を呼んでもらったり、（政養の弟が養子に入った）旗本河田家の家臣石井群右衛門の母「なみ」、夏目家から「つね」と「ひさ」の二人を仮雇いしています。厩別当《うまやべっとう》の吉五郎の妻にも来てもらうありさまでした。さらに、中村源太夫（御家人）の娘「みち」、夏目家の家臣多田進の身寄りの「せき」という女性を呼ぶなど、政養の実家の夏目家の関係者、家臣の縁者を頼って看病や家事を担ってもらう人物を確保していたことがわかります。益三の母や群右衛門の母など、高齢の女性にも無理に頼んで手伝いに来てもらったのでしょう。政養自身は八月一〇日から月末まで、看病のために職務を休んでいます。夫人の機《はた》も、闘病期間が二ヵ月以上に及びました。

この三嶋家を再び疫病＝麻疹が襲います。文久二年（一八六二）七月の麻疹では「屋敷中まん延」という状況に陥りました。家族は、夫人機《はた》・銈之丞（政養の子息政明）・お経（政養娘）・お貞（政養娘）・お兼（政養養女）・山鹿孫之丞（政恒）が、家臣は田沢要人・新井孝蔵、腰元小千代が感染し、婢《はしため》たきはこの麻疹で死亡してしまいます。感染しないで済んだのは政養のほか僅かでした。

さらに悪いことには、安政四年（一八五七）の時と違って江戸中に麻疹が蔓延していたため、手伝いの人を頼もうにも、来てもらえない状況でした。おそらく実家の夏目家も同様の惨状だったでしょう。そのため、台所仕事などは下使いの町人に頼み、政養と三嶋勘三郎の男性二人が家中の者たちを看病したのです。勘三郎は分家三嶋政容の実男子ですが、放蕩のために惣領除されていました。とはいえ、居所はわかっていたので助けを乞うたのです。ともかく三嶋家では男手二人で、この困難をようやく乗り越えました。なお、後年の話になりますが、政養は明治維新後に静岡へ移住します。静岡で夫人の機《はた》は病のために亡くなりますが、その際、政養が長く看病し、彼女を看取るのです。政養という人物は、夏目家という比較的裕福な旗本家に生まれた「お坊ちゃん」ですが、家族思いであり、家族のためなら慣れない看病も厭わない人物だったと言えます。ステレオタイプな家父長的存在というより、現代の夫像・父親像に近いものが感じられます。政養のようなあり方が一般的だったとは言えませんが、実例として存在することを知っただけでも、江戸時代に対するイメージが変わってくるのではないでしょうか。

同年、金森家でも家臣が軒並み、麻疹に感染しています。伝染する病気であることはわかっていたので、感染がわかると自宅に引き籠りますが、すでにその前の段階で他人にうつしているためでしょう、屋敷内の感染者の波はなかなか落ち着きませんでした。金森家では殿様も感染してしまいました。そこで殿様に対して、病気でも食べられそうなもの、なし・あわゆき（淡雪豆腐または淡雪寒天ヵ）・かたくり・うどんなどを少しずつ差し上げて、体力を保てるよう努めています。それを三嶋家では、逆に殿様が家族や家臣にしてあげていたわけです。

旗本家の医療環境

家によって異なるとは思いますが、旗本家では、私たちの想像以上に高い頻度で医師の診察を受けていました。江戸時代後期には外科や眼科など医師の専門科が分かれてくるので、症状によって医師の使い分けもしていました。

文久三年（一八六三）九月から、三嶋政養は痔疾《じしつ》で苦しむようになります。日記によると、およそ四〇日間、彼は仰向けに寝たまま、横になることができないでいました。医師岡本周安と小堀祐益を頼んで療養し、艾《もぐさ》（お灸）の治療や薬湯二廻りをし、ようやく一ヵ月半で病床から復帰しています。しかし、こうした体調不良によって政養は気力をなくし、政明への家督相続を考えるようになるのです。痔というと大したことのないようにも思えますが、当時の人々の多くが痔疾に悩んでいました。武士ではおそらく、乗馬をしない、駕籠に乗らないなどの策を取らないと完治に至らないので、こじらせてしまっている人物がかなりいたと考えられます。

三嶋政養はお灸で痔の治療をしましたが、お灸は当時、効果が実感できる治療法だったとみえ、旗本家では灸治を行う者をよく屋敷に呼んでいます。小笠原家では伊藤春孝という医師を呼んで、息子や娘（政太郎・真五郎・お哉）に灸治を施させている日もあります。別の日には、お哉のお腹の具合が少々悪いからと春孝を呼び、薬をもらっています。三嶋家においても小笠原家においても、子供が病気になった際、男女による受診・投薬の差は見られません。

旗本彦坂家にもかかりつけ医のような存在がおり、家族の具合が悪いと診せています。嘉永二年（一八四九）二月には、夫人「お世茂」が不快とのことで医師昆衛仲を呼んで相談したところ、「赤丸煎茶」を兼用し、「ウハイ丸」を用いるのがよいとの指図があったので、吉村貞斎という別の医師に連絡して薬をもらっています。三月には彦坂三太夫自身が昆衛仲に病状を診てもらっています。これまでの大葉粉油ではよくないから別の薬をくれるという約束で、翌日、煎じ薬を一〇貼もらっています。一方、娘「お幾」に腫物ができた際には別の医者、玄俊から薬をもらっています。彼は皮膚科の医師なのかもしれません。「お世茂」の持病に対応してもらうために呼ぶのは針治療の栄枝です。症状によって医師を使い分けていることがわかります。

また彦坂家では、「驚風薬」を関係者に配っていました。彦坂家にレシピがあって「驚風薬」を調合していたのか、製造元と近い関係にあったのかはわかりませんが、ほかの旗本家から頼まれると「驚風薬」を分けてやっています。例えば、三浦甚五郎という人物から娘が「咄乳症」で困っていると相談を受けて渡しています。前節で紹介した、旗本家がまじないの札を関係者に頒布するのと同じような意味合いがあったのではないでしょうか。些細なことには違いありませんが、こうした薬の頒布を通しても旗本同士のネットワークは広がっていくので、メリットはあったのでしょう。

種痘をめぐって

幕末期には種痘《しゅとう》が普及してきます。旗本は江戸にいるので、種痘という最新の医療技術にも接しやすい環境にありました。安政五年（一八五八）、江戸お玉が池に種痘所を開設した蘭方医の伊東玄朴《いとうげんぼく》は、

【図39】種痘の様子（『新訂痘種奇法』国立国会図書館所蔵）

幕府の奥医師に取り立てられています。そうした状況が追い風になったのか、旗本子女に対する種痘の接種率は相当高かったようです。

嘉永七年（一八五四）七月、三嶋政養は四歳の息子銈之丞に種痘を受けさせています。御用医師竹内滋周の周旋により、人形町の町医師井上学方で、本多肥後守忠鄰《ただちか》（播磨山崎藩一万石）召し抱えの医師西村接斎から受けさせたとあります。種痘所の開設以前ながら、知己の人物に頼んで受けさせることができたのです。娘の「お経」も万延元年（一八六〇）に数え二歳で種痘を済ませています。男子と女子の分け隔てなく幼児のうちに接種させていることがわかります（【図39】）。

彦坂家ではさらに早く、嘉永二年（一

八四九）段階で子に種痘を受けさせていました。前項「驚風薬」繋がりがあるのか、鋑之助に「植疱瘡」してくれるよう、知己の人物を通じて幕府御医師の松本良甫《りょうほ》（良甫は維新史で有名な松本良順《りょうじゅん》の養父です）に頼んでいます。鋑之助は二月一九日に種痘を受けます。この時期にはすでに牛痘苗《ぎゅうとうびょう》になっていますが、不安定なためか七日後から鋑之助は軽い疱瘡を発症してしまいました。発熱もあったので、松本良甫から薬が送られてきたほか、良甫自身が様子を見に来ています。鋑之助の年齢は不明ですが、親戚から見舞いの使者が来て手遊び品二つを持参したというので、まだ幼年なのでしょう。回復すると酒湯《さかゆ》をし、内祝として赤飯を炊いています。なお、この年に娘の「お錠」が縁づく予定になっていた旗本戸田伊豆守方では伊豆守の娘が疱瘡で亡くなっており、その恐怖は他人事ではありませんでした。

産んだ子供が皆亡くなってしまうことも少なからずあった時代です。子供が病に罹ったなら必死に医者に診せ、看病し、疱瘡を防げるというならいち早く種痘も受けさせる。「まじない」頼りの非科学性と、最先端の医療技術を受け入れる合理的精神を、旗本は併せ持っていたことを差し示していると言えるかもしれません。

参考文献一覧

＊主要なもののみ。複数章に関係する文献に関しては最初の章のみに記した。

史料

西脇康編著『旗本三嶋政養日記――幕末・維新期を生きた旗本みずからの記録』（徳川氏旗本藤月三嶋氏四百年史刊行会、一九八七年）
中井大右衛門家文書（個人蔵。福井県文書館所蔵写真複製本にて閲覧）
越前市編『旗本金森左京家関係文書』（『越前市史　資料編5』、二〇一四年）
塩野芳夫「〈資料紹介〉幕末期における直参旗本の生活――嘉永二年・彦坂家『日記』」（『日本文化史研究』三・四、一九七八年・一九八〇年）
田中正弘「徳川幕府大番組衆　小笠原久左衛門の幕末日記［含 安政五戊午年 小笠原氏日記］」（『栃木史学』二三、二〇〇九年）
今泉みね『名ごりの夢――蘭医桂川家に生まれて』（平凡社ライブラリー、二〇二一年、原著は『名ごりのゆめ』長崎書店刊、一九四一年）
勢多郡赤城村津久田池田元明家文書（群馬県文書館所蔵県史収集複製資料にて閲覧）
神奈川県立公文書館寄託曽根原直子氏所蔵文書　＊旗本大澤家関係
岐阜県歴史資料館所蔵徳山稔家文書　＊旗本徳山家関係
財団法人江川文庫所蔵文書　＊旗本江川家関係

＊上記以外の引用史料については引用箇所に記した。

書籍・論文

全体に関わるもの

新見吉治『旗本』（吉川弘文館、一九六七年）
鈴木壽『近世知行制の研究』（日本学術振興会、一九七一年）
小川恭一『江戸の旗本事典』（角川ソフィア文庫、二〇一六年）
野本禎司『近世旗本領主支配と家臣団』（吉川弘文館、二〇二一年）
埼玉県立歴史と民俗の博物館編『特別展　武蔵国の旗本』（展覧会図録、埼玉県立歴史と民俗の博物館、二〇二〇年）
松尾美恵子・藤實久美子編『大名の江戸暮らし事典』（柊風舎、二〇二一年）
斎藤忠征「金森家家老、中井大右衛門の『役用私用日記』について」（『武生市史編さんだより』二四、一九九三年）
齊藤忠征『越前の旗本金森左京』（私家出版、二〇〇八年）
越前市編『雑書留――旗本金森左京家江戸留守居役の雑記帳』（越前市史別冊、二〇二三年）
杉山容一「一旗本の明治維新――旗本三嶋政養の日記を素材として」（『アジア文化史研究』一〇、二〇一〇年）

はじめに（引用順）

野口武彦『幕末の毒舌家』（中央公論新社、二〇〇五年）
氏家幹人『旗本御家人――驚きの幕臣社会の真実』（洋泉社歴史新書y、二〇一一年）
森銑三編『よしの冊子』（『随筆百花苑』第8巻・第9巻所収、中央公論社、一九八〇年・一九八一年）
鈴木棠三・小池章太郎編『近世庶民生活史料　藤岡屋日記』（全一五巻、三一書房、一九八七～一九九五年）
史籍研究会編『文政雑記　天保雑記』（内閣文庫所蔵史籍叢刊32、汲古書院、一九八三年）

第一章（引用順）

原田佳伸「交代寄合高木家の江戸屋敷獲得仕法――相対替 借地 抱屋敷をめぐって」（『論集きんせい』一二、一九九〇年）
松本剣志郎「若年寄役屋敷の交替拝領と武家社会」（『白山史学』四二、二〇〇六年）
鈴木賢次「上級旗本住居の平面構成における階層的性格について――幕末期、旗本・池田家屋敷の主屋の平面と居室からの検討」（『日本建築学会計画系論文報告集』三七一、一九八七年）
谷本潤「『旗本三嶋政養日記』にみる幕末期中級旗本の居住様態及び家政変遷に関する小考」（『日本建築学会計画系論文集』六九九、二〇一四年）
深井雅海『江戸城――本丸御殿と幕府政治』（中公新書、二〇〇八年）
中村操・茅野一郎・唐鎌郁夫「安政江戸地震（1855/11/11）の江戸市中の被害」（『歴史地震』一八、二〇〇二年）

第二章（引用順）

平野仁也『江戸幕府の歴史編纂事業と創業史』（清文堂出版、二〇二〇年）
松平太郎著、進士慶幹校訂『校訂　江戸時代制度の研究』（柏書房、一九七八年）
鎌田浩『幕藩体制における武士家族法』（成文堂、一九七〇年）
福田千鶴『大奥を創った女たち』（吉川弘文館、二〇二二年）
樋口雄彦「韮山代官手代の直参化と維新期の対応」（『静岡県近代史研究』四〇、二〇一五年）
姜鶯燕「徳川幕府の旗本の持参金養子に関する一考察――江戸時代前中期を中心に」（『日本研究』四〇、二〇〇九年）
高尾善希『驚きの江戸時代――目付は直角に曲がった』（柏書房、二〇一四年）
横山百合子『明治維新と近世身分制の解体』（山川出版社、二〇〇五年）

第三章（引用順）

三田村鳶魚著、朝倉治彦編『お大名の話・武家の婚姻』（中公文庫、一九九八年）

西沢淳男「旗本子女の婚姻について」（『高崎経済大学地域政策学部 地域政策研究』一九（四）、二〇一七年）
戸羽山瀚『江川坦庵全集』（江川坦庵全集刊行会、一九五四年）
仲田正之『近世後期代官江川氏の研究――支配と構造』（吉川弘文館、二〇〇五年）
橋本敬之『幕末の知られざる巨人　江川英龍』（角川SSC新書、二〇一四年）
橋本敬之『江川家の至宝――重文資料が語る近代日本の夜明け』（長倉書店、二〇一五年）
吉成香澄「将軍姫君の婚礼の変遷と文化期御守殿入用――尾張藩淑姫御守殿を事例として」（『学習院史学』四七、二〇〇九年）
福田千鶴『近世武家社会の奥向構造――江戸城・大名武家屋敷の女性と職制』（吉川弘文館、二〇一八年）
深沢秋男『旗本夫人が見た江戸のたそがれ――井関隆子のエスプリ日記』（文春新書、二〇〇七年）
野口朋隆「『井関隆子日記』――旗本家の女性が残した日記」（福田千鶴・藤實久美子編『近世日記の世界』所収、ミネルヴァ書房、二〇二二年）
川田貞夫『川路聖謨』（吉川弘文館、一九九七年）
野口朋隆『江戸大名の本家と分家』（吉川弘文館、二〇一一年）
松田敬之『次男坊たちの江戸時代――公家社会の「厄介者」』（吉川弘文館、二〇〇八年）
村越一哲「徳川武士の人口再生産研究――課題と仮説の提示」（『文化情報学　駿河台大学文化情報学部紀要』一七（二）、二〇一〇年）
太田素子『近世の「家」と家族――子育てをめぐる社会史』（角川学芸出版、二〇一一年）

第四章（引用順）

根岸茂夫『近世武家社会の形成と構造』（吉川弘文館、二〇〇〇年）
根岸茂夫『大名行列を解剖する――江戸の人材派遣』（吉川弘文館、二〇〇九年）
磯田道史『近世大名家臣団の社会構造』（文春学芸ライブラリー、二〇一三年）

堀田幸義『近世武家の「個」と社会――身分格式と名前に見る社会像』（刀水書房、二〇〇七年）
宮地正人「幕末期旗本用人の生活とその機能」（『白山史学』二八、一九九二年）
宮地正人『幕末維新期の社会的政治史研究』（岩波書店、一九九九年）
三野行徳「維新期、旗本家・家臣団解体過程の検討」（『関東近世史研究』七一、二〇一二年）
熊谷光子『畿内・近国の旗本知行と在地代官』（清文堂出版、二〇一三年）
川村優『旗本知行所の研究』（思文閣出版、一九八八年）
川村優『旗本知行所の支配構造――旗本石河氏の知行所支配と家政改革』（吉川弘文館、一九九一年）
澤村怜薫「近世後期旗本領支配と知行付百姓の『譜代意識』」（『地方史研究』六四（一）、二〇一四年）
南和男『江戸の社会構造』（塙書房、一九六九年）
松本良太『武家奉公人と都市社会』（校倉書房、二〇一七年）
岡崎寛徳編『遠山金四郎家日記』（岩田書院、二〇〇七年）
岡崎寛徳「遠山金四郎家と上総岩熊村出身者の雇用」（『大倉山論集』六一、二〇一五年）
三田村鳶魚著、朝倉治彦編『御殿女中』（中公文庫、一九九八年）
畑尚子『徳川政権下の大奥と奥女中』（岩波書店、二〇〇九年）
畑尚子『江戸奥女中物語』（講談社、二〇〇一年）
大口勇次郎『江戸城大奥をめざす村の娘――生麦村関口千恵の生涯』（山川出版社、二〇一六年）
柳谷慶子『江戸のキャリアウーマン――奥女中の仕事・出世・老後』（吉川弘文館、二〇二三年）

第五章（引用順）

尾張徳川黎明会編『徳川礼典録』上巻・中巻・下巻（尾張徳川黎明会、一九四二年）
市岡正一『徳川盛世録』（平凡社東洋文庫、一九八九年、原著は博聞社刊、一八八九年）
喜田川守貞著・宇佐美英機校訂『近世風俗志　守貞謾稿』一～五（岩波文庫、一九九六～二〇〇二年）

西沢淳男「旗本屋敷・役所における初午祭について」（『高崎経済大学地域政策学部 地域政策研究』四、二〇二〇年）
若月紫蘭『東京年中行事　上』（春陽堂、一九一一年）
橋本敬簡「経済随筆」（小野武夫編『近世地方経済史料』第一巻、近世地方経済史料刊行会、一九三二年）
小川恭一『お旗本の家計事情と暮らしの知恵』（つくばね舎、一九九九年）
芦田伸一「旗本の知行所支配と用人――旗本山名氏の事例を中心に」（『千葉県史研究9別冊　房総の身分的周縁』、二〇〇一年）
江後迪子『隠居大名の江戸暮らし――年中行事と食生活』（吉川弘文館、一九九九年）

第六章（引用順）

藪田貫編『大坂西町奉行久須美祐明日記』（清文堂出版、二〇一六年）
寺田登校訂『江戸幕府代官竹垣直清日記』（新人物往来社、一九八八年）
青木直己『幕末単身赴任 下級武士の食日記』（生活人新書、二〇〇五年）
大岡敏昭『幕末下級武士の絵日記――その暮らしの風景を読む』（水曜社、二〇一九年）
岩淵令治編『勤番武士の江戸滞在記――国枝外右馬江戸詰中日記』（勉誠出版、二〇二一年）
岩淵令治「庄内藩士江戸勤番武士の行動と表象」（『国立歴史民俗博物館研究報告』一五五、二〇一〇年）
岩淵令治「武士の園芸」（東京都江戸東京博物館都市歴史研究室編『花開く江戸の園芸』、二〇一五年）
池上悟『近世墓石論攷』（立正大学文学部学術叢書7、角川文化振興財団、二〇二一年）、
落合延孝『猫絵の殿様――領主のフォークロア』（吉川弘文館、一九九六年）
宮田登『江戸のはやり神』（筑摩書房、一九九三年）
鈴木則子『江戸の流行り病――麻疹騒動はなぜ起こったのか』（吉川弘文館、二〇一二年）
氏家幹人『江戸の病』（講談社選書メチエ、二〇〇九年）

あとがき

数年前に東京堂出版から、本を書いてみませんか、と初めてお話をいただいた時のご提案は、旗本と御家人をテーマとした本を、ということでした。それを遮って、御家人だけで書かせていただけませんか、と申し上げて完成したのが前著『江戸幕府の御家人』です。その機会を得られたことだけで光栄と思っていたところ、前著の出版後、旗本についても材料があるなら書いてみてはどうか、と言っていただき、本書に至りました。

前著の対象が「御家人」で本書が「旗本」ですから、対になっているように見えるかもしれませんが、焦点の当て方は違います。前著では、「御家人」の職制や身分の問題を中心に叙述しましたが、今回は旗本の「家」のことを中心に取り上げました。両書を通じて、幕臣の表裏の姿を解明できたと思います。

本文でも少し触れた通り、どうしても旗本の生活実態というのは学術的研究の対象になりにくい面があります。しかし、驚き、心惹かれるような旗本家のエピソードが古文書に記されているのに接する機会があり、それを広く紹介したいという気持ちは募っていました。

私が、旗本の「家」や私生活に関心を寄せるようになった一番のきっかけは、江川文庫古文書史料調査会に参加させていただいたことでしょう。現代の東京には一つとして旗本屋敷は残っていませんが、江川文庫を管理する江川邸は、江戸時代の旗本屋敷の建築を今に伝えている、貴重な場所です。江川邸での調査の折には、江川家に伝わってきたという、幕末期から明治期に当主だった江川英武やその女性家族たちのエピソードを聞く機会もあり、彼らの日常生活や家族関係に興味を抱くようになりました。また江川邸においては、江戸時代から絶えることなく、武家の年中行事である具足開きの祝いを行っていると聞いたのも驚きでした。その際に振る舞われるお汁粉が塩餡のお汁粉（砂糖は入れず、塩で味を付けたもの。砂糖が高価だった江戸時代にはよく作られました）だと知った時の衝撃は今でも覚えています。また、江川邸には「おちゃの間」と呼ばれてきた部屋があります。第一章で取り上げた、旗本屋敷の御茶之間という存在を初めて知ったのは江川邸においてだったわけです。その「おちゃの間」に、何とも言えない不思議な印象を持っていました。本書の執筆を通じて、その部屋の謎をようやく解き明かすことができたことは収穫だったと思います。

そして、『旗本三嶋政養日記』と『中井大右衛門家文書』に出会えたことも大きかったと言えます。刊行されている『旗本三嶋政養日記』には明治四年（一八七一）までの日記しか掲載されていませんが、実は日記は明治一六年（一八八三）まで続いています。むしろ明治維新後、静岡で過ごした時期の日記のほうに政養の人間性が表れているといえ、それを読んで、遡らせて江戸時代の政養像を解釈したという面もあるのです。『中井大右衛門家文書』のほうは、福井県文書館で複製本に接した瞬間にその魅力がわかり、学術論文にはならないのではないかと思いつつ複写させていただいたのを、ここに活かすことができました。

最後に、旗本池田家の屋敷絵図の転載をご快諾下さいました鈴木賢次さん、三嶋政養日記の魅力を教えて下さった西脇康さん、越前市史編さん室、そして史料所蔵者の中井繁さん、諸引用史料の保存公開機関の方々にお礼を申し上げたいと思います。また、『江戸幕府の御家人』に引き続き、的確なご意見・ご助言を下さり、本の完成に向けてサポートして下さった東京堂出版の小代渉さんに篤く感謝を申し上げます。

二〇二三年一〇月

戸森麻衣子

たちが相混じって祭礼を楽しんでいる点からも、旗本屋敷内で行われた初午祭の姿であるとわかるのです。

確実とは言えませんが、登場人物の絵解きをしてみましょう。３枚揃いの左図、石鳥居近くに立つ刀を差した男の子２人は旗本家の若君のはずです。その右隣の女性は、髪型・化粧・着物等から推測するに、旗本家の大奥様が赤子の若君をおぶっているのだと思われます。中央図手前の母子は、旗本の家臣の妻とその娘ではないでしょうか。その奥には、旗本家の士分の家臣らしき、帯刀の男性が何人か見えます。右図手前には３人の女性が描かれます。その左はこの屋敷の奥方様、その右が奥女中、右は姫君とみられます。身分によって着用する着物や履物が異なるため、そのように判別できるのです。例えば、奥方様とみられる人物のみ、家紋の入った裾模様の着物を着ています。これは絹の友禅染類あるいは刺繡の着物であり、身分の高い女性でないと着用できないものです。その他の女性は、絹ものでも小紋柄の着物や、木綿の縞や格子柄の着物を着ています。周延がそうした細部まで丁寧に描き分けているからこそ、誰であるのかが推測できるのです。本図には、武家の男女のほか町人たちも多数描かれています。彼らは、この旗本屋敷への出入を許されている町人たちでしょう。子供を肩車している職人風の男性も見えます。浮世絵ですから当然、多少のフィクションは含まれているでしょうが、旗本屋敷に暮らす人々が１年で最も楽しみにしていたとされる初午祭の華やぎ、そして身分を越えた交流の面影を伝える貴重な作品であると言えるでしょう。

楊洲周延「江戸風俗十二ヶ月之内　二月初午稲荷祭之図」について

本書カバーに載せている図は、明治時代に活躍した浮世絵師楊洲周延《ようしゅうちかのぶ》が明治23年（1890）に発表した「江戸風俗十二ヶ月之内　二月初午稲荷祭之図」（国立国会図書館所蔵）です。

楊洲周延には、江戸時代の武家の生活を描いた作品群が存在することが一つの特徴となっています。「江戸風俗十二ヶ月」シリーズには旗本家の男女が描かれた絵が何枚かあり、本書の図版として紹介しました。その中でも特に目を引くのが「二月初午稲荷祭之図」です。描かれている人物に注目してみれば、江戸の町方の稲荷社で行われた初午祭ではなく、本書第五章で紹介した旗本屋敷の初午祭を描いていると判断することができます。

鈴木浩平「楊洲周延と神木隊」（『浮世家芸術』157、2009年）によると、楊洲周延は天保９年（1838）前後に越後高田藩の下級武士の家に生まれ、20代半ばまで橋本作太郎として江戸の高田藩邸（高田藩榊原家の上屋敷は小川町、中屋敷は湯島にありました）で過ごしました。周延はその頃、旗本屋敷の初午祭を実見した可能性が高いのではないでしょうか。だからこそ、旗本屋敷の初午祭をリアルに描くことができたのではないかと筆者は考えています。

リアルさは、場面描写にも人物描写にも表れています。「二月初午稲荷祭之図」を見ると、地口灯籠がずらりと並んでいる様子や、「マタギ」と呼ばれる組み立て式の飾り門、囃子の屋台や幟が描かれています。三嶋家の屋敷図に書き込まれている情報や、若月紫蘭『東京年中行事　上』に記されている旗本屋敷の初午祭に関する記述とも合致しています。さらに、武家の男女と町人

【著者略歴】
戸森麻衣子（ともり　まいこ）
1975年、埼玉県に生まれる。
2007年、東京大学大学院人文社会系研究科日本文化研究専攻日本史学専門分野博士課程修了。
人間文化研究機構国文学研究資料館アーカイブズ研究系機関研究員、日本学術振興会特別研究員（PD）などを経て、現在、東京農業大学国際食料情報学部非常勤講師・早稲田大学エクステンションセンター講師。博士（文学）。
主要著作
『江戸幕府の御家人』（東京堂出版、2021年）
『長崎奉行遠山景晋日記』（荒木裕行・藤田覚と共編、清文堂出版、2005年）
「幕府勘定所における文書の整理と管理」（国文学研究資料館編『幕藩政アーカイブズの総合的研究』、思文閣出版、2015年）
「幕府代官手代の職分の継承と職務情報蓄積――代官手代文書の検討を通じて」（『論集きんせい』第35号、2013年）
「幕領郡代・代官附地役人の歴史的性格について」（東京大学日本史学研究室紀要　別冊『近世政治史論叢』、2010年）

大江戸旗本《おおえどはたもと》　春夏秋冬《しゅんかしゅうとう》

2023年11月10日　初版印刷
2023年11月20日　初版発行

著　者　　戸森麻衣子
発行者　　金田功
発行所　　株式会社 東京堂出版
〒101-0051　東京都千代田区神田神保町1-17
電話　03-3233-3741
http://www.tokyodoshuppan.com/

装　丁　　常松靖史［TUNE］
組　版　　有限会社 一企画
印刷・製本　　中央精版印刷株式会社

ISBN978-4-490-21095-8 C1021

東京堂出版の本

［価格税別］

江戸幕府の御家人

戸森麻衣子［著］
●四六判上製／464頁／3800円

徳川日本の洋学者たち

下山純正［著］
●四六判上製／300頁／2200円

雪国を江戸で読む――近世出版文化と『北越雪譜』

森山　武［著］
●四六判上製／400頁／3600円